大学生职业指导

（第三版）

主　编　叶　蓉　冯　玫
副主编　邹　莉　金　琼
　　　　孙　博　李瑞星
参　编　马　蜂　陈书芳
　　　　熊　岩

高等教育出版社·北京

内容提要

本书坚持立德树人根本任务，结合当前就业形势和现代职业特点，紧扣大学生认知规律、学习特点和成长需要，根据编者多年教学实践和研究成果，在第二版基础上修订而成。本次修订主要优化了知识结构及栏目设置，更新了知识点及案例内容，增添了数字化教学资源，并对第二版的疏漏进行了补充和完善。

全书分为七大模块，具体包括职业认知、职业生涯规划、求职应聘技巧、求职择业心理、职业形象塑造、职场人际关系和就业政策规范等内容，着眼帮助大学生纾解职业生涯规划、求职择业和职场适应所面临的困惑与困难，给予其特定阶段较为全面实用的指导。书中穿插了大量贴近时代、贴近职场、贴近大学生实际的典型案例，并且每个模块都精心设计了拓展训练项目（"沙场练兵"），具有较强的针对性、可读性和实操性。

本书既可作为各层次职业院校、应用型本科院校、成人高等学校的职业发展与就业指导教育课程教材和参考书，也可作为从事职业发展与就业指导工作相关机构和从业人员的培训用书，还可供社会人士在求职择业时自学参考。

图书在版编目（CIP）数据

大学生职业指导／叶蓉，冯玫主编. -- 3版. -- 北京：高等教育出版社，2022.7（2023.8重印）
ISBN 978-7-04-056745-8

Ⅰ.①大… Ⅱ.①叶… ②冯… Ⅲ.①大学生-职业选择-高等职业教育-教材 Ⅳ.①G647.38

中国版本图书馆 CIP 数据核字（2021）第 168772 号

Daxuesheng Zhiye Zhidao

| 策划编辑 | 陈 磊 | 责任编辑 | 陈 磊 | 封面设计 | 王 琰 | 版式设计 | 张 杰 |
| 插图绘制 | 于 博 | 责任校对 | 马鑫蕊 | 责任印制 | 韩 刚 | | |

出版发行	高等教育出版社	网 址	http://www.hep.edu.cn
社 址	北京市西城区德外大街4号		http://www.hep.com.cn
邮政编码	100120	网上订购	http://www.hepmall.com.cn
印 刷	涿州市星河印刷有限公司		http://www.hepmall.com
开 本	787mm×1092mm 1/16		http://www.hepmall.cn
印 张	16.5	版 次	2013年3月第1版
字 数	380千字		2022年7月第3版
购书热线	010-58581118	印 次	2023年8月第2次印刷
咨询电话	400-810-0598	定 价	38.00元

本书如有缺页、倒页、脱页等质量问题，请到所购图书销售部门联系调换
版权所有 侵权必究
物 料 号 56745-00

第三版前言

斗转星移，不知不觉间距上一次修订已三年有余。本书自初版问世以来，因其鲜明的实用性和实践性受到诸多高职院校师生喜爱，并得到同行和读者们的高度肯定。这使我们深感有责任、有义务再版此书，以飨读者。

时代发展日新月异，就业形势瞬息万变，互联网按下职业更替的"快进键"，我们力求准确把握时代脉搏、大学生求职心理变化和择业态势，适时更新内容、优化知识结构、拓展学习资源，以顺应学科和时代发展。

本次修订既强调"新"，即解读职业发展新趋势、就业形势政策新变化、求职择业新案例、职业发展新要求、学科研究新成果等；也凸显"精"，即精心选取大学生职业发展和就业指导中的精彩内容、典型案例，精心设计拓展练习与实践活动，精心制作了一系列数字化教学资源，旨在让大学生学之有趣，学之有用，学以致用；同时，我们还围绕"特"字下功夫，在知识体系构建、内容编排、栏目设置、案例选取、交互测试设计上立足高职院校学生的年龄特点、思想特点、心理特点、认知特点及专业特点，紧扣时代主题，大力弘扬劳模精神、劳动精神、工匠精神，从中华优秀传统文化中汲取养分，润物无声地将思政教育、劳动教育、爱国主义教育等融入学生成长、成人、成才全过程。

本次修订工作由马蜂、叶蓉、冯玫、邹莉、金琼、孙博、李瑞星、陈书芳、熊岩负责完成。具体分工如下：模块一"职业认知"由叶蓉、熊岩和李瑞星编写，模块二"职业生涯规划"由邹莉编写，模块三"求职应聘技巧"由冯玫编写，模块四"求职择业心理"由金琼编写，模块五"职业形象塑造"由叶蓉、陈书芳编写，模块六"职场人际关系"由陈书芳和孙博编写，模块七"就业政策规范"由马蜂和孙博编写。

本书修订过程中参考了国内外专家学者的文献和研究资料，吸收了其中不少有益的见解和创新案例，还得到了不少企业专家及高等教育出版社陈磊编辑的大力支持和精心指导，在此一并致以衷心的感谢。

由于编者水平有限，本书疏漏之处在所难免，敬请广大读者批评指正。

编 者
2022 年 2 月

第一版前言

就业是民生之本，也是实现人生价值的舞台。大学生就业是我国就业问题中带有战略性的核心问题。受众多因素影响，大学生就业难已成为不争的事实。剖析就业难的原因，我们不难发现，从高校步入社会，有的大学生茫然不知所措，表现出明显的水土不服。他们或者职业定位不准，生涯目标模糊，或者职业素养不佳、自卑心理较重，或者应聘技巧缺乏、政策法规不清，从而导致求职择业失败或初入职场失利。

每个大学生都是可塑之才，都承载着家庭和社会的厚望。给予他们较为全面的职业指导，帮助他们在知己知彼的前提下规划好职业生涯，以娴熟的求职技巧征服面试官，以优异的职场表现赢得企业青睐，以精心的准备实现创业之梦，为他们走进职场、适应职场搭桥铺路，这正是编者编写本书的初衷。

本书特色鲜明，既有理论知识的必要阐述，又偏重方法和技巧的传授；既引用了大量贴近时代、贴近职场、贴近学生的经典案例，又穿插了一些实用有趣的自我测试和情景模拟。每一章都精心设计了实操性训练题，适合课堂讨论练习使用或作为课外素质拓展训练项目。总之，本书内容全面，条理清晰，体例新颖，可读性强，较好地做到了理论性与实用性相结合，知识性与趣味性相统一。

本书由武汉软件工程职业学院叶蓉担任主编，拟定编写大纲并最后统稿。冯玫和康秋林担任副主编，协助完成全书的核校。全书分为八章：第一章"职业认知"由胡广龙编写，第二章"职业生涯规划"由邹莉编写，第三章"求职应聘技巧"由冯玫编写，第四章"求职择业心理"由陈自良和金琼编写，第五章"职业形象塑造"由康秋林编写，第六章"职场人际关系"由张汉芳编写，第七章"就业政策法规"由马蜂编写，第八章"自主创业"由叶蓉编写。

在本书的编写过程中，我们参考了国内近期出版的有关教材、著作、论文等，吸收和借鉴了相关作者的研究成果与学术精华。此外，搜索了人民网、百度、搜狐、新浪、阿里巴巴等网站上的大量文献，引用了其中的数据、资料，在此表示诚挚的谢意！另有一些资料、案例由于是多年积累，现已无法查证出处，在此，对无法标注的相关作者表示深深的谢意和歉意！也希望相关作者及时与我们联系。

本书特邀武汉软件工程职业学院招生与就业指导办公室主任梁正担任主审，该校教务处处长张红卫也参与了审稿。他们严谨细致、反复审核，提出了许多宝贵的意见和建议，在此致以衷心的感谢！在编写过程中，也得到了高等教育出版社相关编辑的大力支持和精心指导，在此一并表达诚挚的谢意！

由于编写此书是一项开创性的工作，加之成书仓促、经验不足、水平有限，在内容选择和体例安排上难免存在疏漏和不当之处，敬请读者谅解，也请大家批评指正，以利今后修改完善。

编写组

2012 年 12 月

目 录

模块一　职业认知 1
主题一　职业概述 1
主题二　职业发展 5
主题三　专业与职业 20
主题四　人生与职业 28

模块二　职业生涯规划 35
主题一　职业生涯规划概述 36
主题二　自我认知 41
主题三　环境认知 62
主题四　职业生涯决策 67
主题五　职业生涯管理 80

模块三　求职应聘技巧 91
主题一　就业信息采集 91
主题二　自荐材料准备 95
主题三　笔试和面试技巧 103
主题四　求职陷阱防范 116

模块四　求职择业心理 123
主题一　健康求职心理认知 123
主题二　求职择业心理调适 132
主题三　初入职场心理调适 143

模块五　职业形象塑造 155
主题一　职业形象概述 156
主题二　内在职业素养 161

主题三　职场礼仪形象 …………………………………… 172

模块六　职场人际关系 …………………………………… 193
　　主题一　职场人际关系概述 ……………………………… 193
　　主题二　职场人际交往策略 ……………………………… 202
　　主题三　职场新人人际关系 ……………………………… 210

模块七　就业政策规范 …………………………………… 219
　　主题一　就业形势与政策 ………………………………… 220
　　主题二　就业制度与法规 ………………………………… 234
　　主题三　就业工作基本程序 ……………………………… 244

参考文献 ………………………………………………………… 253

模块一 职业认知

开篇引例

高职生何以被中国工程物理研究院录用？

2021年1月26日，山东商务职业学院毕业生聂文豪因在全国技能大赛中连续获奖，被中国工程物理研究院破格录用的消息迅速传遍全国。

2014年，聂文豪因中考成绩不理想无缘高中，来到阳信县职业中专机电一体化专业就读。由于基础薄弱加上对专业理解不透，一年级时成绩不佳，一度萌生了退学的想法。2015年12月，学校数控铣加工技术技能大赛选拔开始，他加入了大赛训练队伍，在车间没有暖气和空调的情况下，他战严寒、斗酷暑，放弃假期休息时间，辗转省内5个县级市的10所兄弟院校拉练提升，最终不负众望，2016年在滨州市职业院校技能大赛中获得中职组机械加工技术专业数控铣加工技术一等奖、山东省职业院校技能大赛(中职组)"数控铣加工技术"项目竞赛个人二等奖。

经过大赛洗礼，聂文豪于2017年9月被山东商务职业学院数控技术应用专业录取，大学期间的他在大赛道路上越走越远并大放异彩：2018年在第45届世界技能大赛山东省选拔赛数控铣项目中获得三等奖；2019年在全国职业院校技能大赛高职组数控机床装调与技术改造赛项中荣获团体一等奖第一名；2019年在机械行业职业教育技能大赛的逆向建模产品创新设计与制造技术赛项中荣获三等奖。

中国工程物理研究院是国家科研计划单列的中国唯一的核武器研制生产单位，是以发展国防尖端科学技术为主的集理论、实验、设计、生产为一体的综合性研究院。中国工程物理研究院相关负责人表示，每年除了招聘"985"和"211"院校的硕士、博士等高学历人才外，还会招聘少量技术素质过硬的技术技能型人才，而硬性条件就是必须获得过全国甲级技能比赛的一等奖或二等奖。

(资料来源：根据大众报业·海报新闻资料改编。)

思考与探究：
聂文豪为什么能受到中国工程物理研究院的青睐？他的成功给你带来哪些启示？

主题一 职业概述

在现实生活中，职业活动几乎贯穿每个人的一生。从青年时期开启职业生涯，到老年时离开工作岗位，这一阶段长达数十年。青少年时期接受教育与培训，正是为将来的职业活动做准备。职业活动是每个人社会生活的重要组成部分。

一、职业的含义

职业是人类社会发展到一定阶段的产物，是随着社会分工而产生的一种社会现象，并随着社会生产力的发展而不断地发展变化。

人们对职业有着不同的理解。有人认为职业就是"某一种工作"，如医生、教师、律师、导游等；也有人认为，职业是一种"生活来源"；更有人认为，职业是一种"专业类别"，或者是一种"身份等级"。

《现代汉语词典》将"职业"解释为：个人在社会中所从事的作为主要生活来源的工作。从词义学的角度分析，"职业"一词由"职"和"业"组成，"职"即职位、职责、天职、权利与义务，"业"即事业、行业，所以"职业"即指一种承担了某种责任、义务的行业性、专门化的活动。

我国职业生涯指导专家程社明博士认为：职业是参与社会分工，利用专门的知识和技能，为社会创造物质财富和精神财富，获取合理报酬作为物质生活来源，并满足精神需求的工作。这一定义得到广泛认同，其强调以下五个方面：

（1）社会分工。比如人们都要穿牛皮鞋，但自己不能从养牛做起，在养牛、宰牛、制皮、设计鞋样、制作皮鞋、销售皮鞋的各个环节中，都需要相应的人员参与其中，每个人各司其职，最终才能将皮鞋制成，满足人们穿皮鞋的需要。

（2）知识技能。每种职业都要具备专门的知识和技能。比如，推销人员除需要掌握一定的企业知识、产品知识、营销知识、消费者行为知识外，还需要具备学习能力、洞察能力、分析能力、人际交往能力、执行能力等。

（3）创造财富。农民种粮食、果蔬，建筑工人建造高楼大厦，服装设计师设计精美服饰，作家著书，舞蹈家跳舞，这些都属于创造财富。有的人创造物质财富，有的人创造精神财富。有的人是直接创造，有的人则是间接创造。

（4）合理报酬。劳动者通过创造财富来获得合理报酬。我们创造出来的财富，一部分上缴国家，一部分留在单位，一部分由自己消费，各部分比例由法律规定或者由利益各方商定，这叫作合理报酬。

（5）满足需求。一个人通过获得报酬以满足物质生活和精神生活上的需求。物质生活需求的满足是指通过资金去购买生活上的必需品，包括吃、穿、住、行的用品。精神上的需求，包括喜悦感、团队认同感、实现自我价值后的满足感等。

二、职业的特征

根据职业产生和发展的历史及其对人类社会发展的影响，职业具有以下主要特征。

（一）产业性

一个国家、一个社会，就产业结构而言，通常可以分为三类产业：第一产业包括农业、林业、牧业和渔业等，是国民经济的基础产业。第二产业包括工业和建筑业，工业又包括制造业和采掘业等，这是国民经济的主导产业。第一产业和第二产业都是物质生产产业。第三产业是流通和服务业，虽然是非物质生产产业，却是社会物质生产和人们生活必不可少的产业。在传统农业社会，农业从业人口比重最大；在工业化社会，工业领域中的职业数量和从业人口显著增加；在科学技术和经济高度发达的社会，第三产业的职业数量和从业人口激增。

（二）行业性

行业是根据生产单位所生产的物品或提供的服务的不同而划分的，它是按企业、事业单位、机关团体和个体从业人员所从事的生产或其他社会经济活动性质的同一性来分类的。同一行业的职业内部，其劳动条件、工作对象、生产工具、操作内容相同或相近。由于同样的环境，人们就会形成相同或相似的行为模式，有共同的语言习惯和道德规范。不同行业的职业间存在着很大的差异，劳动条件、工作对象、工作性质等都不相同。

（三）职位性

所谓职位是一定的职权和相应责任的集合体。职权和责任是组成职位的两个基本要素。职权相同，责任一致，就是同一职位。在职业分类中每一种职业都含有职位的特性。从社会需要角度来看，职业并没有高低贵贱之分，但是，在现实生活中由于对从事职业的人员素质要求不同，以及人们对职业的看法或舆论评价不同，职业便有了层次之分。这种职业的不同层次往往是由不同职业体力、脑力劳动的付出，收入水平，工作任务的轻重，社会声望，权力地位等因素决定的。

（四）规范性

职业规范是职业存在和发展的基础，并以国家法律、职业道德、操作规则等形式表现出来，成为各种职业活动的行为准则。它规范从业人员开展职业活动必须遵守国家法律、职业道德以及本行业的各种操作规则等。每一种职业都有其特定的职业规范，无论职业规范以什么方式出现，也不管不同职业的从业人员主要遵从哪一类职业规范，任何职业活动都有行为准则可循，职业活动总要受一定的职业规范约束。

三、职业的分类

所谓职业分类，是指按一定的规则和标准，把一般特征和本质特征相同或相似的社会职业分成并归纳到一定类别系统中去的过程。世界上的经济发达国家都非常重视对职业分类问题的研究，这不仅是形成产业结构概念和进行产业结构、产业组织及产业政策研究的前提，同时也是对劳动者及其劳动进行分类管理、分级管理及系统管理的需要。

（一）国际职业分类

各个国家的职业分类，都参照了联合国的国际标准。1958年，联合国颁布《国际标准职业分类》（简称ISCO），后经1968年、1988年、2008年三次修订，形成目前的最新版本《国际标准职业分类（2008）》（简称ISCO-08），其将职业由粗至细分为4个层次，即10个大类、43个中类、125个小类、436个细类。其中10个大类如下：

（1）管理者。
（2）专业人员。
（3）技术人员和专业人员助理。
（4）办事员。
（5）服务人员及销售人员。

(6) 农业、林业和渔业技术员。

(7) 工艺及有关人员。

(8) 机械机床操作员和装配工。

(9) 非技术工人。

(10) 军人。

好文续航

象征职业的衣领颜色

在国外有一种有趣的现象，那就是以衣领的颜色分类命名职业。

白领职员：指从事脑力劳动的人员，如技术人员、医务人员和管理人员等。

蓝领人员：指以体力劳动为主的工作人员，如从事机械操作、修理、建筑、搬运等职业的工人。他们因劳动时穿蓝领衣服而得名。

灰领工人：指从事维修服务的工人，如汽车修理工、电器维修工等。

粉领职员：多数为女性职员，如售货员、教员和文秘等。

新领职员：又称为"新领阶层"，多从事服务性工作，如网约配送员、健康照护师、铁路综合维修工和装配式建筑施工员等。

金领职员：指进入信息时代的那些与知识打交道的人，如工程师、律师、各种分析师等。

（二）我国的职业分类

我国第一部《中华人民共和国职业分类大典》（以下简称《大典》）颁布于 1999 年，为适应发展需要，后历时数年，七易其稿，最终形成 2015 年版《大典》。根据我国国情，按照工作性质同一性原则，参照国际职业分类标准，2015 年版《大典》将我国职业归为 8 个大类，75 个中类，434 个小类，1 481 个细类（职业）。

对照我国职业分类体系的变化（见表 1-1），现有职业的分布（2015 年版《大典》）具有以下三个突出特点：

表 1-1 1999 年版《大典》与 2015 年版《大典》职业分类体系对比表

1999 年版《大典》				2015 年版《大典》			
大类	中类	小类	细类（职业）	大类	中类	小类	细类（职业）
第一大类 国家机关、党群组织、企业、事业单位负责人	5	16	25	第一大类 党的机关、国家机关、群众团体和社会组织、企事业单位负责人	6	15	23
第二大类 专业技术人员	14	115	440	第二大类 专业技术人员	11	120	451

续表

1999 年版《大典》				2015 年版《大典》			
大类	中类	小类	细类（职业）	大类	中类	小类	细类（职业）
第三大类　办事人员和有关人员	4	12	53	第三大类　办事人员和有关人员	3	9	25
第四大类　商业、服务业人员	8	43	197	第四大类　社会生产服务和生活服务人员	15	93	278
第五大类　农、林、牧、渔、水利业生产人员	6	30	135	第五大类　农、林、牧、渔业生产及辅助人员	6	24	52
第六大类　生产、运输设备操作人员及有关人员	27	195	1 176	第六大类　生产制造及有关人员	32	171	650
第七大类　军人	1	1	1	第七大类　军人	1	1	1
第八大类　不便分类的其他从业人员	1	1	1	第八大类　不便分类的其他从业人员	1	1	1
合计	66	413	2 028	合计	75	434	1 481

注：表中 1999 年版《大典》细类的数据包含 2005 年版、2006 年版、2007 年版增补本的相关数据。

（1）技术技能型职业依然占主导地位。占实际职业总量 43.9% 的职业分布在"生产制造及有关人员"大类，这一大类的职业分属我国工业生产的各个主要领域，这类职业的特点是以技术技能型操作为主。

（2）第三产业的职业比重有所增加。广义上第三产业的职业，即"社会生产服务和生活服务人员"占实际职业总量的比例，从之前的 10% 左右上升至 18.8%。

（3）知识型和高新技术型职业不断涌现并迅速发展。在现有的职业分类体系中，"专业技术人员"已占实际职业总量的 30.5%。

我国现有职业分布的特点体现了进入 21 世纪以来我国经济社会发展、科技进步和产业转型升级的态势，先进制造业、现代服务业深度融合、高质量发展，我国正朝着制造业强国、服务业强国阔步前进。

主题二　职业发展

职业是伴随社会的发展变化而变化的，随着生产力水平的提高和科学技术的进步，社会分工越来越细，专业化程度越来越高，职业的种类也越来越多，与此同时，传统的职业不断被淘汰。以色列特拉维夫大学大卫·帕西格教授认为，人类的职业大约每 5 年就更换 20%，到 21 世纪中叶，当今社会约 5 000 种职业将从人们身边消失。这句话深刻反映了职业的快速发展变化。

一、职业发展趋势

我们正处在知识经济时代，新理论、新知识、新技术层出不穷，使得相应的产业结构加快调整和升级，产业结构、行业结构、社会结构以及由此决定的职业结构发生着巨大变化，职业也因此呈现出新的发展趋势。

（一）职业分工越来越细

在职业产生初期，种类少，发展缓慢。据相关资料统计，我国封建社会初期（周朝），社会职业与行业是同义语，只被分为王公（发号施令的统治者）、士大夫（负责执行的官吏）、农夫（种田人）、百工（各种手工业工匠）、商旅（商人）、妇功（纺织、编织的妇女）六大类；到了隋朝，增加到100多个；宋朝增加到200多个；明朝则增至300多个，当时人们把社会分工统称为三百六十行；进入21世纪以来，随着经济社会发展、科技进步和产业结构不断转型升级，我国社会职业构成发生了很大变化，如上文所述，2015年版《大典》中，我国职业已达1 481个，工种更是达到了2 670个。

（二）职业结构不断调整

职业结构的调整，是指从事第一产业、第二产业和第三产业的人口所占比例的变化。随着社会发展，从事农业生产和工业生产的人数逐渐减少，从事商业和服务业的人数逐渐增多。从19世纪开始，一些工业发展快的国家从事制造业、运输业、采矿业等工业活动的劳动力逐渐超过从事农业生产的劳动力。20世纪，一些发达的工业国家又进入服务业取代制造业的时代，交通运输、邮电通信、饮食业、行政管理、文化教育、卫生、体育、信息服务等在职业中占了很大比重。如美国2007年从事第三产业的人数已占就业人口的77%。我国人力资源和社会保障部发布的《2020年度人力资源和社会保障事业发展统计公报》显示，到2020年年末，全国就业人员75 064万人，其中，第一产业就业人员占23.6%，第二产业就业人员占28.7%，第三产业就业人员已占47.7%。

（三）职业内容不断更新

同一职业在不同的时代可能具有截然不同的内容。现代农民不同于刀耕火种时代的农民，农业劳动已不仅仅依靠体力，还需要掌握现代生物学、育种、土壤肥料、气象、农业机械等知识与技能。邮政业也是如此，古代依靠骑马传送邮件，现代除了借助飞机、火车、轮船、汽车等交通运输工具外，还广泛使用传真、卫星通信、互联网等手段传递信息。

（四）新职业不断产生

新职业是指经济社会发展中已经存在一定规模的从业人员，具有相对独立成熟的职业技能，未被各国职业分类体系收录的职业。新职业主要包括两类：一是全新职业，即由经济社会发展、科学技术进步以及劳动组织方式变革而形成的新的社会群体性工作；二是更新职业，即职业活动内容因科学技术更新和劳动组织方式变革而发生质的变化的社会群体性工作。科学技术的不断更新是新职业不断产生的动力和源泉。如铁路的出现促使成百上千种职业产生；石油和电力的广泛应用，推动了城市电气、汽车、飞机、电话、无线电、化学工业、塑料工业等一大批行业与职业的产生。以原子能、计算机、空间技术和现代生物科学为标志的新技术革命，正在开辟许多高新科技产业及一大批新的职业领域。近年来，随着我国经济社会的快速发展以及居民消费需求的多元化，催生出众多新职业，从互联网营销师到 UP 主(uploader)，从网约配送员到网约车驾驶员，从电子竞技员到无人机驾驶员……新就业形态正呈现风起云涌态势，这些新职业改变着人们的生活方式，也给广大劳动者提供了广阔的就业空间。

> **好文续航**
>
> ### 新职业发布
>
> 新职业的发布，有利于促进就业创业，有利于人才培养，有利于产业发展。自 2015 年版《中华人民共和国职业分类大典》颁布以来，我国已先后发布了四批新职业。
>
> 2019 年 4 月 1 日，中华人民共和国人力资源和社会保障部与国家市场监督管理总局、国家统计局(以下简称三部委)联合向社会发布了人工智能工程技术人员、物联网工程技术人员、大数据工程技术人员、云计算工程技术人员、数字化管理师、建筑信息模型技术员、电子竞技运营师、电子竞技员、无人机驾驶员、农业经理人、物联网安装调试员、工业机器人系统操作员、工业机器人系统运维员等 13 个新职业，这批新职业主要集中在高新技术领域。
>
> 2020 年 2 月 25 日，三部委联合向社会发布了智能制造工程技术人员、工业互联网工程技术人员、虚拟现实工程技术人员、连锁经营管理师、供应链管理师、网约配送员、人工智能训练师、电气电子产品环保检测员、全媒体运营师、健康照护师、呼吸治疗师、出生缺陷防控咨询师、康复辅助技术咨询师、无人机装调检修工、铁路综合维修工和装配式建筑施工员等 16 个新职业，这批新职业主要集中在新兴产业和现代服务业两个领域。
>
> 2020 年 7 月 6 日，三部委联合向社会发布了第三批新职业，包括区块链工程技术人员、城市管理网格员、互联网营销师、信息安全测试员、区块链应用操作员、在线学习服务师、社群健康助理员、老年人能力评估师、增材制造设备操作员等 9 个新职业，这批新职业主要涉及预防和处置突发公共卫生事件领域、适应高校毕业生就业创业需要的新业态领域以及适应贫困劳动力和农村转移就业劳动者等需要的促进脱贫攻坚领域。
>
> 2021 年 3 月 18 日，三部委联合向社会发布了第四批新职业，包括集成电路工程技术人员、企业合规师、公司金融顾问、易货师、二手车经纪人、汽车救援员、调饮师、食品安全管理师、服务机器人应用技术员、电子数据取证分析师、职业培训师、密码技术应用员、建筑幕墙设计师、碳排放管理员、管廊运维员、酒体设计师、智能硬件装调员、工业视觉系统运维员等 18 个新职业，这批发布的新职业信息大多都是新行业催生而出。
>
> 至此，三部委已经发布了四批共计 56 个新职业。可以说，新职业发展的过程，正是我国深化改革、创新发展的缩影，也见证着各行各业发生的巨大变化。
>
> (资料来源：根据中华人民共和国人力资源和社会保障部网站资料改编。)

二、新职业发展特点

新职业主要集中在新兴产业和现代服务业两个领域，要求具备一定的数字化能力，"80后""90后"是主流人群。新职业在工作性质、工作内容、专业能力、工作关系以及评价标准等方面具有明显的特点。主要体现在以下几个方面：

（1）从岗位性质和行业分布来看，新职业主要分布在新兴产业和现代服务业两个领域。大致来说，新职业的类别呈现出"三个1/3"的分布特点，即1/3是与新兴产业密切相关的工程技术类岗位，1/3是与互联网和信息化相关的数字化管理和服务类岗位，另外的1/3是与健康养老咨询和服务相关的现代服务业类岗位。

（2）从工作能力构成来看，大部分新职业要求从业人员具备一定的数字化能力。与传统职业相比，数字化能力是大多数新职业能力要素的基本构成（经过30多年的迅猛发展，互联网信息技术已经由过去的小众化、研究型转变为大众化、应用型）。不管是与区块链、物联网等相关的工程技术类岗位，还是城市管理网格员、互联网营销师、社群健康助理员、在线学习服务师等现代服务业类岗位，都或多或少需要一定的数字化能力。

（3）从工作产出来看，无形性的专业咨询服务成为新职业的普遍性工作内容。现代服务业类的新职业同样需要较高的专业技能，如连锁经营管理师、健康照护师、呼吸治疗师、出生缺陷防控咨询师、康复辅助技术咨询师、在线学习服务师、社群健康助理员、老年人能力评估师等新职业，主要是向客户提供专业咨询和专业建议，供客户决策参考。这在客观上也折射出我国经济发展的方向和由传统工业经济向智能制造、服务经济以及知识经济转型升级的发展趋势。

（4）从工作联系来看，新职业越来越凸显"连接最后一公里"的特点。这种连接是指在人与机器、传统互联网与影子互联网、现实世界与虚拟世界、商业与道德之间搭建的"最后一公里"的连接网络。其一方面体现为"硬"的物理连接，如区块链、物联网、互联网等行业的新职业，偏重从硬件上建立连接；另一方面表现为"软"的服务连接，如健康照护师、网约配送员等新职业，偏重建立柔性连接。硬件的物理连接为柔性的服务连接提供了基础和保障，不仅帮助人们获得了专业产品和服务，也提升了人们的体验度和幸福感。

（5）从需求规模来看，新职业的未来市场需求非常大。根据人力资源和社会保障部中国就业培训技术指导中心联合阿里钉钉2020年7月发布的《新职业在线学习平台发展报告》，未来5年新职业人才需求规模庞大，预计需要云计算工程技术人员近150万、物联网安装调试员近500万、无人机驾驶员近100万、电子竞技员近200万、电子竞技运营师近150万、农业经理人近150万、人工智能人才近500万、建筑信息模型技术员近130万、工业机器人系统操作员和运维员均达到125万、数字化管理师从业人员超过200万。

（6）从从业人群来看，"80后""90后"是新职业从业者的主力军，占比高达83%。而随着"00后"开始踏入职场，新职业的主流人群中又新添一股生力军。许多毕业不久或即将毕业的大学生对职业发展尚未形成清晰的规划，新职业则为他们提供了更加多元的就业选择。

三、新生代职业变迁

在信息传播加快、价值认知多元的当今社会，人才价值超越资本价值，成为生产要素中最重要的部分，这在很大程度上促进了知识型和创造型人才脱颖而出；渐趋扁平化的组织架构使用人单位与员工的关系逐步由"雇佣"演变为"合作"，为"80后""90后""00后"职业的多元化发展提供了更多机遇。职业变迁不仅带来有品质、有趣味的生活，更见证着时代发展。新生代职业发展与时代发展相契合，呈现以下四大特征。

（一）流动时代：职业的更换

近年来，当代大学毕业生离职率居高不下。国内第三方专业调查机构麦可思研究院发布的《2020年中国大学生就业报告》（就业蓝皮书）显示，2019届大学毕业生半年内的离职率为32%，其中，本科和高职高专毕业生毕业半年内的离职率分别为22%和42%。河北搜才网一项调查数据显示，大学毕业生毕业一年以内，约40%的人会选择跳槽，毕业两年内会增加到50%，毕业三年内达到60%，也就是说，有60%的毕业生三年内至少跳槽一次。大学毕业生跳槽，某种程度上说明在就业过程中，通过不断磨合，大家找到了更加适合自己的工作，跳槽给了自己更适宜的选择。在新的岗位上，大学毕业生工作的积极性会更高，从而最大化地发挥自身价值，这无论对于大学生自身还是所在新单位，都有一定的积极意义。当然，频繁跳槽则不利于大学毕业生积累工作经验和提升能力，同时也增加了原所在企业的运营成本。

一家资源管理咨询公司的调查显示，有五种情形最可能成为引发大学毕业生跳槽的理由：一是发展空间小；二是待遇低；三是学不到东西；四是感觉领导管理不善；五是不能学以致用。现代社会中，许多找到心仪工作的人并非都拥有高学历、高文凭，有一技之长的人同样是时代人才。现代社会能够为青年发展提供更多可能，比如想获得更多收入来源、摆脱贫困现状等；在现有的职业中无法发挥或者满足自己的兴趣特长，而从不同的工作中可以学习到更多的知识和技术。

（二）智能时代：职业的变迁

伴随人工智能时代的到来，人工智能与现代制造业、现代服务业的结合越来越紧密，人工智能机器甚至直接取代了部分职业。例如，2017年8月8日四川九寨沟地震发生18分钟后，中国地震台网用机器自动编写了一篇新闻稿，只用了25秒。新闻稿用词准确，行文流畅，且地形天气面面俱到。此类机器人和应用程序如果大行其道，不少专业记者恐面临巨大挑战。又如，2000年，高盛集团在纽约总部的美国现金股票交易柜台有600名交易员，2020年时只剩下了两名。可见，重复的、标准化程度高的机械性劳动，规则性、协作关系简单、拓展面少的智力活动在人工智能时代将被淘汰。与此同时，很多和当代社会的需要完美结合的职业，不仅不会被机器人所取代，反而会变得越来越不能被取代。如各个行业与人工智能、大数据、移动物联网等搭接的领域会有新机会，电子商务、工业互联网、互联网金融、动漫视频、网络游戏等新兴产业发展势头迅猛，为青年创造了更多的就业岗位和职业空缺。例如，大数据、人工智能、生物科技等领域的高端技术人才，是拥有强大的思维逻辑和模糊情景判断能力的复杂模式判断者，也是为追求趣味和发掘人类爱好而创作的创意工作者。另外，诸如心理咨询师等通过深度的人与人互动的服务来工作的人际服务者等职业越来越受青年的青睐。

（三）新服务业时代：职业的升级

实践证明，很多人的成功往往并非完全由个人能力所决定，顺势而为同样关键，青年就业也是如此。在后工业时代，服务业将成为最大的产业，未来必将有大量青年人才涌入这个行业。服务业区别于工业的最大特点是，用来交换的主要是个人技能和时间，不需要大规模的生产场地，甚至不需要大规模的合作，个人成为服务提供商。因此，当下无需冗长产业链和复杂合作模式的服务业异军突起，备受青年关注。

改革开放以来，"吃住行"成为中国人的职业金矿。吃——"饮料大王"宗庆后当过中国首富；住——曾几何时，中国一半的商业巨贾出自房地产行业；行——中国汽车工业协会发布的数据显示，2020年中国汽车市场虽受新冠肺炎疫情影响，但回暖态势不减，全年中国汽车销量达到2531.1万辆，连续12年蝉联全球第一位。与"吃住行"相关的行业为青年创造了大量就业机会。而未来30多年我国将出现新的职业金矿——"游养娱"。

1. 旅游休闲业

目前，我国已成为全球最大的旅游休闲市场。《中华人民共和国文化和旅游部2019年文化和旅游发展统计公报》显示，全年国内旅游人数60.06亿人次，入境旅游人数14 531万人次，出境旅游人数15 463万人次，全年实现旅游总收入6.63万亿元，2019年末，纳入统计范围的全国各类文化和旅游单位35.05万个，从业人员516.14万人。虽然受新冠肺炎疫情影响，当下全球旅游业进入冰封期，但随着我国疫情防控持续向好，国内旅游市场已出现复苏迹象，相信在后疫情时代，旅游休闲产业会迎来再度井喷，届时会为广大青年提供了大量就业岗位。

2. 养老、养生与养孩产业

养老服务业发展空间巨大，健康养生产业和育儿产业同样有着巨大的市场前景。2021年5月1日，国家统计局公布的《第七次人口普查公报》显示，我国60岁及以上人口已达2.6亿人（其中，65岁及以上人口1.9亿人）。从中投产业研究院发布的《2021—2025年中国养老产业投资分析及前景预测报告》来看，目前我国有近84%的老年人需求还未得到满足，预计到2023年中国养老产业规模将达到12.8万亿元，养老产业正迎来发展的黄金机遇期。而随着国民健康意识的增强、国家相关政策的出台，以及高新技术的支撑，时至2021年，我国健康养生产业的规模已突破10万亿元。此外，随着二孩政策的全面实施，电商大数据库显示，仅2021年，我国母婴电商交易规模就已突破万亿元大关，用户规模为2.5亿人，而"三孩生育政策"的出台无疑将为我国育儿产业的蓬勃发展再添助力。

3. 娱乐文化产业

在移动互联时代，"娱"包括手游、电竞、体育产业、文化产业。这些产业比拼的不是标准规范化的产品或服务，而是个性化的定制产品或服务，最终靠的还是"质量为先，服务为王"。

> **案例品读**

"断舍离"生活专家

家里物品收纳对很多城市居民来说是一个头疼的问题,"收纳师"这个职业由此进入大众视野。

"90 后"女孩周瑜是重庆一家衣橱收纳工作室的负责人。周瑜的"厘米家"创办于 2018 年 2 月。原本是某公司销售总监的周瑜,每天都要花费两个小时找衣服,非常浪费时间。感受到了衣橱收纳的重要性,她看准了这个商机,不顾家人反对,选择了这个新兴职业。

刚开始创业的周瑜遇到了很多困难,最难的就是没有客源。大部分的人还是把它当作了"清洁阿姨"。而衣橱收纳和普通的清洁是非常不一样的,它不仅仅是打扫和整理衣橱,更可以协调人与空间、物品之间的关系,让生活更加有品质、更高效。和普通打扫整理不同的是,周瑜的衣橱整理服务是从客户的空间诊断和规划开始的。整理师还会根据用户和家庭成员的生活习惯以及爱好制定整理方案与计划,并根据家中物品的多少和杂乱程度确定整理所需时间和具体价格,然后再对衣橱进行整理和分类。除了衣橱整理,工作还会衍生到其他的房间物品收纳。整理完后,他们会对顾客进行基本的整理教学,保障整理好的衣橱不会马上变回原样。三天之内,还会对顾客进行回访。

高质量的服务和特色的体验,衣橱整理的价格也并不便宜。周瑜称,衣橱整理是按衣柜的横向长度收费(不按高度),400 元/米。除衣橱整理,他们还开拓了厨房和客厅等其他区域的整理业务,价格一般按照 100 元/小时/人收费。普通整理师,一个月的工资可以达到 8 000 元左右。

值得注意的是,收纳师这个职业呈年轻化趋势。2019 年的时候,周瑜的团队有十余人,全部是"80 后"和"90 后","90 后"占到八成,最年轻的是 1996 年出生,其中还有两位男性收纳师。

(资料来源:谈书,张玲,黄维正.重庆轰趴管家月入过万八成收纳师是 90 后[EB/OL].(2019-07-16)[2021-03-18].https://baijiahao.baidu.com/s?id=1639220024903820120&wfr=spider&for=pc.)

(四)共享经济时代:职业的跨界

共享经济时代给人才发展带来了新的发展机遇,相比以往固定于某一工作场所奋斗终生,现在的青年有更广阔的网络红利分享。平台经济、分享经济等经济模式的出现,正在形成新型的劳动关系,并为一人多职提供了可能,足不出户就可以实现多身份、多角色、多工作切换,"斜杠青年"受到越来越多年轻人的追捧。

> **案例品读**

疫情下"灵活用工"破局人才困境

2020 年,新冠肺炎疫情突如其来,一边是海底捞传出 10 天亏损 7 亿不止的新闻，西贝莜面村董事长坦言账面资金撑不过三个月的餐饮业惨淡景象，伴随而来的是大量餐饮员工处于休业待业状态；另一边却是盒马鲜生、每日优鲜、叮咚买菜等生鲜平台迎来生鲜配送订单大幅增加，门店员工极为紧缺。57度湘、茶颜悦色、蜀大侠、望湘园等著名餐饮企业与阿里旗下的盒马鲜生达成"共享员工"合作协议，支援盒马鲜生500多名员工，西贝餐饮也有1 000多名上海员工站上盒马鲜生的临时岗位。这颠覆了人们对传统劳动关系的认知，让"灵活用工"这个词一夜爆红。又如，在网络上分享教育、减肥健身、美食制作、护肤化妆等知识和技能，提供各类贴心小建议，直接为用户提供解决日常生活中遇到的疑难杂症的技巧，成为一批青年的专门职业。在共享经济时代背景下，青年人职业的拓展性大大增强。

　　一代人有一代人的择业观，随着时代的发展和社会进步，人们对职业价值的认知和选择呈现出多元化趋势。"80前"往往倾向于将政府机关、国有企事业单位作为优先甚至唯一选择，这固然有受当时其他领域就业机会较少等的影响，但从根本上来说还是缘于职业和就业价值观的相对唯一性。而从"80后"到"00后"，人们关于职业价值的认知和选择越来越多元化，体制内就业只是新生代的选择之一。随着独生子女新生代职场人的到来，不少青年人拥有代际财富积累保障，职业选择更多是根据自己的兴趣和爱好，不再过于考虑社会的评价以及他人的看法，具有相对较高的自由度。职业选择多元化以及大城市的"陌生人社会"趋势，也为人们特别是新生代选择和从事新职业提供了宽松环境。

好文续航

"无边界"人生

　　互联网浪潮之下，新兴产业不断衍生，传统企业组织模式被解构，自由职业者大规模发展，不少人开启了"跨界"尝试，有的酒店服务员成为流水线工人，有的卖房小哥干起了快递，有的城市白领做起了网络主播……这些人在自我介绍中会用"/"来区分不同职业，例如，作家/插画师/摄影师，于是"斜杠(slash)"便成了他们的代名词。

　　其实，"斜杠青年"并非中国特有，而是一个舶来品。《纽约时报》专栏作家麦瑞克·阿尔伯在其书籍《双重职业》中这样定义这一人群：他们不满足单一职业和身份的束缚，而是选择一种能够拥有多重职业和多重身份的多元生活。有调查显示，截至2021年，全国"斜杠青年"规模已近1亿人，高学历青年成为"斜杠"领跑人群。这让各种"斜杠"成为当今时代新潮流的标志之一。数字化管理师、付费咨询师等新兴职业也"C位出道"（合成词，多指团队的中心人物）。

　　"斜杠青年"为何会出现，并在青年人群中流行开来？首先，从时代背景看，随着人类进入后工业时代，服务业成为最大的产业，大规模生产让位于个人价值创造，人才成为生产要素中最重要的部分。由于经济组织方式变化，人的创造力也越来越依靠个体的自主和自我驱动状态。时代的变化驱动着社会的开放和发展。这一代年轻人不再局限于上一辈人强调的稳定，他们的思想更开放，更渴望创新和自由，更加追求自我价值实现。自主、多元、有趣、独立……这些特质让"斜杠青年"在这个不断改革体制和强调创新的时代更容易适应新环境。他们表现出了这个时代的新特征，是值得肯定的社会变化。其次，移动互联掀起的共享经济浪潮下催生的各类新职业的不断涌现，折射社会新发展。尤其是随着产业结构的不断升级调整，未来还会有更多的新职业出现。新技术的推动，必然会带来职业的兴替。这本身也符合职业发展规律。在当前，不少科技产品都在逐渐取代单纯劳动力，其不仅极大地提高了生产效率，还推动了相关产业的发展。

"斜杠青年"已逐渐成为一种广为人知的职场业态，只要社会各界善加引导，相信"斜杠青年"一定能为新时代提供一股新的，敬业奉献、奋发有为的正能量。

（资料来源：根据央广网资料改编。）

❓【问题求解】

新职业之问

新职业领域对服务质量提出了更高要求，"专业服务"的重要性被提到了前所未有的高度。那么，未来的生活服务新职业还存在哪些机会？新职业又要求从业者具备哪些素养？

四、互联网时代的职业能力

随着互联网在人类生活中的应用领域不断扩大，互联网企业已从单纯的信息服务、交易服务、社交服务，迅速涉足到了工业、旅游、家居、能源、农业、金融等几乎所有传统行业。与此同时，传统企业互联网化的趋势也在2015年之后快速发展，不主动"+互联网"，也会被"互联网+"。在互联网时代，信息的渠道更加多样化、普遍化、碎片化，信息的传播也更具时效性。与此同时，随着中国经济进入新常态，我们常常听到"创新"一词，国家把加快建设创新型国家作为现代化建设全局的战略举措，坚定实施创新驱动发展战略，强化创新是第一动力的地位和作用，企业把创新作为转型升级的重要途径。因此，企业的人才发展要求，也由传统的知识型人才向创新型人才发展，互联网时代需要大量的创新型人才，这种创新型人才通常需要具备以下七种关键力。

（一）批判性思维与解决问题的能力

人存在两种思维，一种让我们形成意见，做出判断，形成结论；另一种批判前一种思维，让前述思考过程接受理性的评估，这就是批判性思维，批判性思维是对思维展开的思维。批判性思维有三个关键词，即不懈质疑、多元意见和理性判断。批判性思维是把知识的表象和本质区分开来的能力。一些世界知名公司的高层管理者都谈到过自己对批判性思维的理解，尽管视角各不相同，但核心都强调了一种"连接"的能力，也就是说不能仅知道"是什么"，更关键的要能分析背后的"为什么"，要了解事情的来龙去脉，抓住关键点，系统整体地进行思考。批判性思维往往是创新思维的前提条件，因为只有不停留在问题的表面，学会独立思考，才不会一知半解、人云亦云。批判性思维意味着逐渐建立自己的思维体系、思维视角和思考方式，唯独如此才有可能发现新的问题，寻找到新的解决问题的方法。

（二）跨界合作与以身作则的领导力

当前我们进入了一个"更为平面的世界"，这里的"平面"有两层含义：其一是随着全球化进程，世界各地的联系越来越紧密，彼此之间的界限越来越模糊；其二是以往等级的金字塔开始坍塌，人与人之间的关系日益趋于平等。于是，跨界合作与以身作则的领导力成为一种很重要的能力。就目前来看，很多组织中充斥的依然是各种各样的"权威"，大家习惯于"命令和指挥"，这是一种陈旧的领导力，而新型的领导力是"聆听、理解、综合、影响"别人的能力。换言之，每个人都应该有自主的判断，同时学会听取吸收别人的观点，融合有益的部分，并学会表达自己的见解。

（三）灵活性与适应力

当今世界波诡云谲，充满了各种各样的不确定性，日新月异的外界变化、海量涌现的数据和复杂多样的工作项目，让学校里坚信"只要能找到正确答案就能得到奖励"的大学生们茫然不知所措。正如世界著名教育专家哈佛大学托尼·瓦格纳在其著作《教育大未来》中所写："在我们生活的世界上，并没有唯一正确的答案。如果有，它的正确性也只能持续1毫秒。"所以，今天的年轻人需要具备不断学习的精神和能力来适应当前瞬息万变的世界。

（四）主动进取与开创精神

一个人是锐意进取还是原地徘徊，对人生的成功与否有决定性影响。我们持什么样的人生态度，将决定我们有什么样的人生。许多著名企业的高层领导者都提到，他们需要的是有进取心，积极创新的人才。知识经济时代，最成功的员工不但要能适应工作环境，还必须要把这个职位改造成一个完全适合自身的工作——这是积极的改造能力。这意味着，我们需要打破那种"老板让我们做什么，我们就做什么"的传统思维，在适应工作环境的基础上展现自己个人的风格，学会拓宽和创造工作空间。

（五）有效的口头与书面沟通能力

2018年，一位名叫迈克尔·胡德的年轻企业家曾当面向一位举世闻名的投资家提问，问他在最受关注的技能方面能够给年轻企业家提出何种建议。这位投资家回复称，"投资自我。要想让自己的净资产增加至少50%，最简单的方法之一，就是去提升自己的口头和书面沟通交流技能。如果你无法与他人交流，就好比在黑暗深处对着自己喜欢的人抛媚眼一样，完全不会有任何结果。即便你智力极高，但你也必须要能够用方式表达出来，才会有意义。"瓦格纳在《教育大未来》中写道：有关机构调查了雇主对高中毕业生、大专毕业生和本科毕业生的书面表达能力的要求，有超过一半的雇主认为这项能力十分重要。然而，有相当一部分的雇主表示许多毕业生缺乏这项能力，他们不仅书面表达能力有欠缺，口头表达能力同样问题重重。在这个全球沟通的时代，无论是口头还是书面表达，清晰准确、重点突出、富有力量与热情都是良好表达的要求。

（六）评估与分析信息的能力

互联网如同打开了信息的闸门，我们的社会一下子从少数人掌握有限信息变为对所有的人来说都信息过剩。打开计算机，只要你能想到，就一定能检索到数十页甚至成百上千页的相关信息，学会梳理这些庞杂的数据，包括取舍、分类和综合分析的能力显得十分重要，否则你就会被这些数据吞噬。

（七）好奇心与想象力

如果说批判性思维和评估信息主要是左脑职责的话，那么另一半脑的职责也不可忽视，即右脑的好奇心、想象力和同理心。《全新思维》一书的作者、趋势专家丹尼尔·平克将未来定义为一个"高度概念化和深度接触"的世界。其中，"高度概念化"是指将看起来毫无联系的事情联结起来，编织起一个概念网络，如汇集成一个故事等；而"深度接触"则是指对他人有同理心，敏锐地察觉他人的内心世界，帮助他人超越平凡生活，实现自己的梦想，寻找快乐。因为未来的消费市场，仅有合理公正的价格、方便实用的特性已经远远不够，消费者的选择太多，而且随着基本需求的满足，他们越来越追求更高层次需求的满足，因此，在各行各业中，如果产品不能触动他人的内心世界，就不可能在竞争中胜出。

【活动体验】

能力盘点

请你认真反思、盘点自己，创新型人才的七种关键力你都具备吗？自己还有哪些不足？这些不足又该如何弥补？制定方案、措施并付诸行动。

【自我评测】

创造力倾向测试

1. 量表

威廉斯创造力倾向测量表通过测试个人的一些性格特点，来测量个人的创造性倾向。在量表的50道题中，如果发现某些题目所描述的情形很适合你，请选择"A. 完全符合"；若有些描述仅是在部分时候适合你，请选择"B. 部分符合"；如果有些描述对你来说，根本不适合，请选择"C. 完全不符合"。将各题选项填入表1-2。

请注意以下几点：一是每题必答，但不要花太多的时间去思考；二是所有的题目都没有"标准答案"，凭你的第一印象作答即可；三是每道题只能有一个选择。

（1）在学校里，我喜欢试着对事情或问题做猜测，即使不一定都猜对也无所谓。
　　　A. 完全符合　　B. 部分符合　　C. 完全不符合
（2）我喜欢仔细观察我没有见过的东西，以了解详细的情形。
　　　A. 完全符合　　B. 部分符合　　C. 完全不符合
（3）我喜欢听跌宕起伏和富有想象力的故事。
　　　A. 完全符合　　B. 部分符合　　C. 完全不符合

(4) 画图时我喜欢临摹别人的作品。
　　　A. 完全符合　　　B. 部分符合　　　C. 完全不符合
(5) 我喜欢利用旧报纸、旧日历以及旧罐头等废品来做成各种好玩的东西。
　　　A. 完全符合　　　B. 部分符合　　　C. 完全不符合
(6) 我喜欢幻想一些我想知道或想做的事情。
　　　A. 完全符合　　　B. 部分符合　　　C. 完全不符合
(7) 如果事情不能一次完成,我会继续尝试,直到成功为止。
　　　A. 完全符合　　　B. 部分符合　　　C. 完全不符合
(8) 做功课时我喜欢参考各种不同的资料,以便得到多方面的了解。
　　　A. 完全符合　　　B. 部分符合　　　C. 完全不符合
(9) 我喜欢用相同的方法做事情,不喜欢去找其他新的方法。
　　　A. 完全符合　　　B. 部分符合　　　C. 完全不符合
(10) 我喜欢探究事情的真假。
　　　A. 完全符合　　　B. 部分符合　　　C. 完全不符合
(11) 我不喜欢做太多新鲜的事。
　　　A. 完全符合　　　B. 部分符合　　　C. 完全不符合
(12) 我不喜欢交新朋友。
　　　A. 完全符合　　　B. 部分符合　　　C. 完全不符合
(13) 我喜欢想象一些没在我身上发生过的事情。
　　　A. 完全符合　　　B. 部分符合　　　C. 完全不符合
(14) 我喜欢想象有一天能成为艺术家、音乐家或诗人。
　　　A. 完全符合　　　B. 部分符合　　　C. 完全不符合
(15) 我会因为一些令人兴奋的念头而忘记了其他的事情。
　　　A. 完全符合　　　B. 部分符合　　　C. 完全不符合
(16) 我宁愿生活在太空站,也不喜欢生活在地球上。
　　　A. 完全符合　　　B. 部分符合　　　C. 完全不符合
(17) 我认为所有的问题都有固定的答案。
　　　A. 完全符合　　　B. 部分符合　　　C. 完全不符合
(18) 我喜欢做与众不同的事情。
　　　A. 完全符合　　　B. 部分符合　　　C. 完全不符合
(19) 我经常想知道别人正在想什么。
　　　A. 完全符合　　　B. 部分符合　　　C. 完全不符合
(20) 我喜欢故事书或电视节目里所描写的情节。
　　　A. 完全符合　　　B. 部分符合　　　C. 完全不符合
(21) 我喜欢和朋友待在一起,和他们分享我的想法。
　　　A. 完全符合　　　B. 部分符合　　　C. 完全不符合
(22) 如果一本故事书最后一页被撕掉了,我就自己编造一个结局补充上去。
　　　A. 完全符合　　　B. 部分符合　　　C. 完全不符合

(23) 我长大后，想做一些别人从来没想过的事情。
  A. 完全符合 B. 部分符合 C. 完全不符合

(24) 我认为尝试新的游戏和活动是一件有趣的事。
  A. 完全符合 B. 部分符合 C. 完全不符合

(25) 我不喜欢受太多的规则限制。
  A. 完全符合 B. 部分符合 C. 完全不符合

(26) 我喜欢解决问题，即使没有正确答案也没关系。
  A. 完全符合 B. 部分符合 C. 完全不符合

(27) 有许多事情我都很想亲自去尝试。
  A. 完全符合 B. 部分符合 C. 完全不符合

(28) 我喜欢鲜有人听过的新歌。
  A. 完全符合 B. 部分符合 C. 完全不符合

(29) 我不喜欢在班上同学面前发表意见。
  A. 完全符合 B. 部分符合 C. 完全不符合

(30) 当我读小说或看电视时，我喜欢把自己想象成故事里的人物。
  A. 完全符合 B. 部分符合 C. 完全不符合

(31) 我喜欢幻想200年前人类生活的情形。
  A. 完全符合 B. 部分符合 C. 完全不符合

(32) 我常想自己编一首新歌。
  A. 完全符合 B. 部分符合 C. 完全不符合

(33) 我喜欢翻箱倒柜，看看有些什么东西在里面。
  A. 完全符合 B. 部分符合 C. 完全不符合

(34) 画图时，我很喜欢改变各种事物的颜色和形状。
  A. 完全符合 B. 部分符合 C. 完全不符合

(35) 我不敢确定我对事情的看法都是正确的。
  A. 完全符合 B. 部分符合 C. 完全不符合

(36) 对于一件事情先猜猜看，然后再看是不是猜对了，这种方法很有趣。
  A. 完全符合 B. 部分符合 C. 完全不符合

(37) 玩猜谜之类的游戏很有趣，因为我想知道结果如何。
  A. 完全符合 B. 部分符合 C. 完全不符合

(38) 我对机器感兴趣，也很想知道它里面是什么样子，以及它是怎样运转的。
  A. 完全符合 B. 部分符合 C. 完全不符合

(39) 我喜欢可以拆装的玩具。
  A. 完全符合 B. 部分符合 C. 完全不符合

(40) 我喜欢想一些点子，即使用不着也无所谓。
  A. 完全符合 B. 部分符合 C. 完全不符合

(41) 一篇好的文章应该包含许多不同的意见和观点。
  A. 完全符合 B. 部分符合 C. 完全不符合

(42) 为将来可能发生的问题找答案,是一件令人兴奋的事。
　　　A. 完全符合　　　B. 部分符合　　　C. 完全不符合

(43) 我喜欢尝试新的事物,目的只是为了知道会有什么结果。
　　　A. 完全符合　　　B. 部分符合　　　C. 完全不符合

(44) 通常饶有兴趣参加各种游戏,而不在乎输赢。
　　　A. 完全符合　　　B. 部分符合　　　C. 完全不符合

(45) 我喜欢想一些别人常常谈起的事情。
　　　A. 完全符合　　　B. 部分符合　　　C. 完全不符合

(46) 当我看到一张陌生人的照片时,我喜欢去猜测他是怎样的一个人。
　　　A. 完全符合　　　B. 部分符合　　　C. 完全不符合

(47) 我喜欢翻阅书籍及杂志,但只是想知道其主要内容是什么。
　　　A. 完全符合　　　B. 部分符合　　　C. 完全不符合

(48) 我不喜欢探寻事情发生的个中原因。
　　　A. 完全符合　　　B. 部分符合　　　C. 完全不符合

(49) 我喜欢问一些别人没有想到的问题。
　　　A. 完全符合　　　B. 部分符合　　　C. 完全不符合

(50) 无论在家或学校,我总是喜欢做许多有趣的事情。
　　　A. 完全符合　　　B. 部分符合　　　C. 完全不符合

表 1-2　创造力倾向测量表

题目	完全符合	部分符合	完全不符合	题目	完全符合	部分符合	完全不符合
(1)				(17)			
(2)				(18)			
(3)				(19)			
(4)				(20)			
(5)				(21)			
(6)				(22)			
(7)				(23)			
(8)				(24)			
(9)				(25)			
(10)				(26)			
(11)				(27)			
(12)				(28)			
(13)				(29)			
(14)				(30)			
(15)				(31)			
(16)				(32)			

续表

题目	完全符合	部分符合	完全不符合	题目	完全符合	部分符合	完全不符合
(33)				(42)			
(34)				(43)			
(35)				(44)			
(36)				(45)			
(37)				(46)			
(38)				(47)			
(39)				(48)			
(40)				(49)			
(41)				(50)			

2. 评分方法

本量表共50道题，包括冒险性、好奇性、想象力、挑战性四项。

冒险性：包含(1)、(5)、(21)、(24)、(25)、(28)、(29)、(35)、(36)、(43)、(44)这11道题。其中(29)、(35)为反向题目，得分顺序分别为：正向题目中"A. 完全符合"计3分，"B. 部分符合"计2分，"C. 完全不符合"计1分；反向题目中"C. 完全不符合"计1分，"B. 部分符合"计2分，"A. 完全符合"计3分。

好奇心：包含(2)、(8)、(11)、(12)、(19)、(27)、(33)、(34)、(37)、(38)、(39)、(47)、(48)、(49)这14道题，其中(12)、(48)为反向题目，其余为正面题目。计分方法同冒险性部分。

想象力：包含(6)、(13)、(14)、(16)、(20)、(22)、(23)、(30)、(31)、(32)、(40)、(45)、(46)这13道题，其中(45)为反向题目，其余为正向题目。计分方法同冒险性部分。

挑战性：包含(3)、(4)、(7)、(9)、(10)、(15)、(17)、(18)、(26)、(41)、(42)、(50)这12道题，其中(4)、(9)、(17)为反向题目，其余为正向题目。计分方法同冒险性部分。

计算自己的最后得分，得分高说明对应能力强，得分低说明对应能力较弱。

3. 量表解释

冒险性特征得分：在冒险性特征上得分高者，表明其具有下列个性品质：勇于面对失败或批评；敢于猜测；能够在杂乱的情境下完成任务；勇于为自己的观点辩护。得分低者冒险精神差，因而创造性不足。

好奇心特征得分：在好奇心特征上得分高者，表明其具有下列个性品质：富有追根究底的精神；主意多；乐于接触迷离惆恍的情境；肯深入思索事物的奥妙；能把握特殊的现象并观察其结果。在好奇心特征上得分低者，表明其不具备上述特征，影响受测者创造力的发展。

> 想象力特征得分：在想象力特征上得分高者，表明其具有下列个性品质：善于视觉化并建立心像；善于幻想尚未发生过的事情；可进行直觉地推测；能够超越感觉及现实的界限。得分低者想象力差，因而创造性不高。
>
> 挑战性特征得分：在挑战性特征上得分高者，表明其具有下列个性品质：善于寻找各种可能，能够了解事情的可能性及现实间的差距；能够从杂乱中理出秩序；愿意探究复杂的问题或主意。得分低者在这方面表现出因循守旧的特点，因而缺乏创造性。

主题三　专业与职业

职业是工作门类，专业是学业门类，学业（专业）的完成意味着工作（职业）的开始。专业与职业既有区别又密切联系。

一、专业认知

通常从两个方面来理解专业，即学科专业和业务专业。

（一）学科专业

所谓学科专业，在学校教育活动中，是指大中专学校根据社会职业中专业分工的需要所设立的学业类别；在科学研究和知识管理活动中，则是根据所要研究或处理的对象性质和涉及领域的差异所做的门类划分，如数学、物理、化学、文学、艺术、经济、法律等。

（二）业务专业

所谓业务专业，是指人们在科学技术进步活动和生产实践中描述职业生涯某一阶段、某一人群长期从事的具体业务作业规范，是用于区别各种业务工作业绩的重要标志。比如，同样是从事医疗卫生活动的医务人员，有外科医生、内科医生、研究员和麻醉师等，他们各自表现出明显的业务专业差异。

根据职业分类并兼顾学科分类是职业技术教育设置专业的重要依据。例如，《职业教育专业目录（2021年）》按照"十四五"国家经济社会发展和2035年远景目标对职业教育的要求，在科学分析产业、职业、岗位、专业关系基础上，对接现代产业体系，服务产业基础高级化、产业链现代化，统一采用专业大类、专业类、专业三级分类，一体化设计中等职业教育、高等职业教育专科、高等职业教育本科不同层次专业，共设置19个专业大类、97个专业类、1 349个专业，其中中职专业358个、高职专科专业744个、高职本科专业247个（本书所谈的专业是指学科专业）。

二、专业与职业的关系

专业为职业服务，职业对专业起导向作用，专业类别和水平在一定程度上决定了自身的职业方向，而职业的发展需要具有某种达到一定水准的专业知识和专业技能，专业和职业之间存在以下四种关系：

（1）当专业和职业相交时，表现为两者互为彼此的子集，专业的部分只能作为职业技术要求的部分，专业的其他部分并不适合职业的技能需求，更多的是专业和职业的多对多关系，也就是一个专业可选择多种职业，同时，一种职业要求多种专业技能。那么，一个人的职业发展要在所学专业基础上，有重点地朝某一个方向拓展。

（2）当专业包含职业时，表现为专业与相关职业的一对多关系，这是在专业的基础上发展职业，这种情况下，选择的职业与所学专业吻合，能够做到学以致用。

（3）当职业包含专业时，表现为专业与职业高度相符，其专业应用于职业的范围较窄，同时职业发展远远超出专业学习的范畴。这种情况需要个体根据自身的职业生涯规划，在学好本专业的基础上，辅修或自修其他专业内容，以满足职业发展需要。

（4）当专业和职业分离时，表现为专业与相关职业无关联的关系，个人所学的专业与其未来的职业发展方向基本无关，此时就是明显的盲目选择专业，导致与自身职业目标的严重错位。

一个具体的专业，既可以对应一个职业岗位，更多的情况是对应一个职业岗位群（或职业领域）。职业岗位群一般是由工作内容、社会作用、基本技能要求相近，同时从业者所具备的素质接近的若干个职业岗位构成。如机械设计与制造专业毕业生对应机械设计、加工工艺制定、工艺装备设计、CAD/CAM等工程软件应用、数控编程、数控机床操作及技术管理等职业岗位；又如计算机应用技术专业毕业生的就业岗位群包括各类企事业单位、机关团体的计算机维护、数据库编程、网络设备安装与使用、多媒体制作、计算机营销等；再如市场营销专业，仅市场方面，岗位就细分为调研、产品定位、客户沟通、宣传品制作等。各项具体工作在专业素质和性格匹配上亦有不同的要求。

专业是用人单位选用大学毕业生的重要参考因素，用人单位到学校遴选毕业生，专业多是重要的招聘条件，有些招聘限定在某类或某几类专业中进行。接受了高等职业教育的大学生，在确立职业方向和就业岗位时，自然大多会倾向于选择与自己所学专业一致的职位。

但是，专业不是导致职业选择的必然原因，职业也不是专业选择的必然结果。由麦可思研究院跟踪撰写的《就业蓝皮书：2020年中国高职生就业报告》数据显示：我国高职高专院校2019届毕业生的工作与专业相关度为63%。这意味着，有37%的高职毕业生并未从事与所学专业相关的工作，他们的专业并未直接带来职业。

高职毕业生的职业与专业不对应原因之一是很多高职生高考填报志愿时盲目选择专业，进入大学后才发现兴趣和专业不能相融，之后又几乎没有更改专业的余地，导致了很多学生学习积极性不高，进而引发了毕业后就业难问题。如果依然选择与专业对口的职业，则兴趣、性格与岗位不能达到最佳匹配，故很多高职生选择了与专业不对口的职业。《就业蓝皮书：2020年中国高职生就业报告》表明，不同专业大类的高职毕业生从事本专业相关工作的比例较为悬殊，2017—2019届高职各专业大类毕业生的工作与专业相关度，如表1-3所示。

案例补充：专业不对口，她靠什么赢得知名国企的工作岗位？

表 1-3　2017—2019 届高职各专业大类毕业生的工作与专业相关度　　单位:%

高职专业大类名称	2019 届	2018 届	2017 届
医药卫生大类	89	90	90
土木建筑大类	73	71	68
教育与体育大类	73	70	67
能源动力与材料大类	70	68	70
生物与化工大类	67	65	64
水利大类	66	64	66
文化艺术大类	64	65	65
交通运输大类	64	64	64
食品药品与粮食大类	63	62	61
新闻传播大类	62	61	61
资源环境与安全大类	62	58	56
农林牧渔大类	59	56	55
公共管理与服务大类	54	53	55
财经商贸大类	53	54	56
装备制造大类	52	53	53
旅游大类	52	51	49
电子信息大类	51	52	51
全国高职平均	63	62	62

注：轻工纺织大类和公安与司法大类因为样本较少，没有包括在内。

三、不同职业的专业门槛

　　虽然高职毕业生在找工作时不会局限于自己所学的专业，但有时候隔行如隔山，一些专业门槛较高的职业还是会令"外行人"难以胜任。

　　哪些职业的专业门槛相对较高呢？《就业蓝皮书：2020 年中国高职生就业报告》显示，医学相关职业的从业门槛最高。在 2019 届高职毕业生与专业相关度要求最高的前二十位职业中，前八位均来自医学相关职业，这些职业均对专业能力要求高，对应专业特点明显。2019 届高职毕业生工作与专业相关度要求最高的前二十位职业，如表 1-4 所示。

表 1-4　2019 届高职毕业生工作与专业相关度要求最高的前二十位职业　　单位:%

职业名称	工作与专业相关度
医疗救护人员	98
放射技术人员	98

续表

职业名称	工作与专业相关度
护士	97
医学和临床实验室技术人员	97
兽医	97
医生助理	96
理疗员	95
兽医助手和实验室动物管理员	95
园林建筑技术人员	94
铁轨铺设及维护设备操作人员	93
航空乘务员	92
预算员	92
计算机程序员	91
工程造价人员	90
汽车机械技术人员	90
建筑设计员（非园林和水上景观）	90
铁路闸、铁路信号和转辙器操作人员	90
建筑绘图人员	90
会计	90
土木建筑工程技术人员	89
全国高职平均	63

注：毕业生规模过小的职业不包括在此排序中。

哪些职业的专业门槛低呢？《就业蓝皮书：2020年中国高职生就业报告》显示，行政后勤和销售相关的职业要求偏低，要求最低的前二十位职业见表1-5，可为高职生选择与专业不对口的职业岗位提供参考。

表1-5　2019届高职毕业生工作与专业相关度要求最低的前二十位职业　单位：%

职业名称	工作与专业相关度
信贷经纪人	20
保险推销人员	23
贷款顾问	24
公关专员	24
文员	27
银行信贷员	27

续表

职业名称	工作与专业相关度
金融服务销售商	27
行政秘书和行政助理	29
手工包装人员	30
数据录入人员	30
酬劳、福利和工作分析专职人员	31
融资专员	31
证券、商品和金融服务销售代理	31
招聘专职人员	31
房地产经纪人	32
餐饮服务生	32
游戏策划人员	33
保单管理人员	33
其他种类的人力资源、培训和劳资关系专职人员	34
餐饮服务主管	34
全国高职平均	63

注：毕业生规模过小的职业不包括在此排序中。

选择与自己专业相关的工作，不仅在求职时具有较大的优势，在工作伊始还会更加得心应手，如果恰恰是你喜欢的工作，简直就是如鱼得水。但是从事自己喜欢的工作，即使与大学所学专业无关，只要有从零学起的热情，也一样可以开创令人羡慕的事业。麦可思研究院的调研数据显示，从事与专业无关的工作的毕业生比从事与专业相关工作的毕业生在工作岗位上的表现毫不逊色，两组人群取得的报酬相差不大。当然，如果选择与专业不对口的工作，需要与更具专业背景优势的人竞争，这就需要进行更加充分的准备和以更积极的态度求职，在职场上往往需要付出更多的努力。

四、专业与职业关系的正确处理方式

具有鲜明的职业岗位针对性是高职教育的重要特征，如果把高职院校比作"舟"，那么专业就是高职生启航的"帆"。在准确理解了专业和职业之间的区别与联系后，高职生要以就业为导向，正确处理专业和职业的关系。

（一）了解专业

进入大学，我们都选择了自己的专业，但我们真的了解自己的专业吗？我们是否和我们选的专业"确认过眼神"？有心人从入校伊始就开始了解所读专业，但部分学生直到毕业都不太清楚自己所读专业的人才培养目标和规格、专业的特点和服务面向等，几年的大学学习都是被安排或跟着感觉走。专业是学科与职业之间的纽带，它依学科划分，且根据职业群的要求不断调整。以就业为导向的高职教育专业设置必须符合劳

动力市场需求，针对较具体的职业要求，着力培养学生的专业技能，并要求学生在校期间考取相应的职业资格证书及职业技能等级证书，以便毕业后顺利就业。因此，对高职生来说，无论是做学业规划，还是做职业规划，都要全面深入了解所学专业，明确专业内涵及目标，提升专业认同感，树立良好的专业思想、专业意识和专业精神，为其专业能力的发展注入不竭动力。

1. 了解专业人才培养规格

专业人才培养规格是指不同的专业所培养的人才应该具备的知识、能力和素养要求。每一所高职院校都会根据自己的办学定位、办学特色、服务面向等确定人才培养目标，专业人才培养规格则根据学校的人才培养目标来确定。因此，相同的专业在不同的高职院校会有不一样的人才培养规格。高职生要了解自己所学的专业为谁培养人才、培养何种类型的人才、人才的培养规格怎样等问题。每个专业都会制定人才培养方案，这是明晰人才培养的路线图，也是高职生了解人才培养规格的最好文件。

案例补充：专业人才培养规格示例

2. 了解与专业相关的职业

我所就读的专业将来适合从事什么样的职业？职业对应的行业发展前景如何？这类职业人才的市场需求是供不应求、趋向饱和还是人才过剩？用人单位对这类人才的基本要求是什么？应该怎样达到这些基本要求？这些是每一位高职生必须要清楚解答的问题，而且进入大学之后，越早弄清这些问题的最优答案越利于今后的职业发展。高职院校的专业设置均指向劳动力市场，高职生不仅要充分了解与所就读专业相关的职业岗位和岗位群的发展情况和基本要求，还要清楚所学专业的学科特征、学科门类中其他相关专业对应的职业岗位和岗位群的基本情况。我们可以通过向专业教师、职业生涯规划指导教师和辅导员等求教，来了解相关信息和知识；也可以和同专业的学长（尤其是已经步入职场的学长）加强沟通交流，以获取相关职场资讯；还可以通过互联网检索、人才市场和招聘现场调查等途径掌握所需的就业信息。"知己知彼，百战不殆"，我们只有明确了未来的职业发展方向，才能更好地发挥自身优势特长，更加倾情投入到专业知识和技能的学习中去，做到有的放矢、对症下药。

【自我评测】

我的专业选择与职业期待

我所读的专业对应的职业岗位和岗位群有哪些？这类职业岗位和岗位群是否符合我的职业期待？

（二）学好专业

1. 学好专业是顺利就业的前提

大学毕业生可以选择与专业不对口的职业，但绝不意味着专业学习不重要。现代社会中，一个人若不经过专业学习，不掌握一定的专业知识和技能，就很难就业，更谈不上实现职业理想。因此，对在校大学生而言，积极完成本专业学业，对实现职业目标具有重要意义。当然在大学阶段，除了学习和掌握本专业的特有技能之外，还需要学习通用知识和技能，养成良好的职业素养。这些都是我们立足职场的基础。

> **案例品读**

"中国大学生自强之星"陈澳

2020年12月9日,《中国青年报》揭晓2019年度"中国大学生自强之星"名单,武汉软件工程职业学院模具与设计专业1802班陈澳荣获该称号。

陈澳来自黄冈市蕲春县的偏远山村,父母均是农民,主要收入来自家里的农田,母亲身体不好,父亲外出务工。身为偏远乡村出生长大的孩子,从小便深知父母的艰辛和不易,也更加明白唯有自强不息,学有专长,才能走出大山、改变命运。

在村里,他真切感受到机械给繁重的农务带来的便捷,上职业高中时选择了学习机电技术应用专业。高考那年看到电影《厉害了我的国》更让他明白幸福是奋斗出来的,一个又一个的国之重器和"中国奇迹"更是靠几代人顽强拼搏、自力更生创造出来的。大学时,他坚定选择了被称为"工业之母"的模具设计与制造专业。入学第一堂专业课,听了老师对本校"设计者联盟"团队的介绍,他萌生了进行机械创新设计的想法,随后加入了学校的相关团队。

"工欲善其事,必先利其器",设计软件的熟练应用是机械创新设计的必备技能。由于课堂上学习设计的时间有限,陈澳便利用课外时间专研软件应用,自学了Rhino、KeyShot和3D Max等。经过半年学习,陈澳和团队其他成员开始了家用运动康复器械设计项目。其中,以陈澳为项目负责人的"手指康复器"第一代产品获得2019全国3D大赛12周年精英联赛湖北赛区"二等奖"。在设计实物化的过程中,经历了10余次大型设计调整;为使产品更小,更是经历了20余次优化;为使产品更轻,全面采用高分子材料,3D打印制作零件,再精准装配,也十分考验技能。尽管在职业高中有过三年的钳工学习基础,在产品调试过程中陈澳还是反复经历了失误和失败,但他始终坚持再学习、再提高。在学校里做项目,除了上课之外,每天他都重复着"实验室—寝室"两点一线的生活,一边优化设计,一边练速度、练精准度。

反复试验的设计作品2.0版本在2019年全国三维数字化创新设计大赛省赛中虽获一等奖,却与特等奖失之交臂,未能进入全国总决赛。但陈澳并未放弃,带领团队共同努力,通过网络人气奖的通道进入到全国总决赛。为了全力备赛,他每天第一个离开宿舍,遇到技术障碍时,彻夜查阅资料,力求解决问题,并将解决方案与团队分享,回到宿舍常常已是凌晨。终于,其团队在全国总决赛中成功逆袭,获得"国赛一等奖"。

(资料来源:邓玲.武汉软件工程职业学院学子获评2019"中国大学生自强之星"![EB/OL].(2020-12-14)[2021-08-18].https://www.eol.cn/hubei/hubgd/202012/t20201214_2056989.shtml.)

扎实的专业知识和技能是就业的必备条件。无论在什么岗位上,没有一定的专业知识和专业技能,都无法履行岗位职责,完成工作任务。如果计算机应用专业毕业生不会维修计算机,大数据与财务管理专业毕业生看不懂财务报表,电气工程及自动化专业毕业生看不懂电气设备图，又怎么能胜任工作呢？在就业形势严峻、就业竞争激烈的背景下，只有具备扎实的专业知识和过硬的专业技能，才能够顺利就业，笑傲职场。不管同学们毕业后是否从事与专业对口的职业，在校期间都要首先学好本专业知识。此外，由于现代职场需要"一专多能"人才，因此广泛涉猎其他知识、适当参加社会实践活动也非常重要。

2. 学好专业是提升学历的基础

随着产业转型升级和新旧动能转换，科技进步日新月异，当前部分专业专科层次的职业教育已不再适应技术进步和产业发展的需要。例如，智能制造、智慧城市领域的技术技能人才需要扎实的根基和发展后劲，相关专业人才如果能深造至本科甚至是研究生层次将非常有意义。此外，社会上依然存在"学历高消费"的现象，学历在一定程度上代表大学毕业生的后劲，一些薪资待遇好、发展空间大的企业，往往对人才的第一学历要求较高，而高职毕业生受限于学历，可能会错失机会。因此，提升学历成为部分高职毕业生的现实选择。

知识链接：《关于做好有关高校保送录取世界技能大赛获奖选手工作的通知》。

当前，国家正大力构建职业教育纵向贯通、职普教育横向融通的现代职业教育体系，着力打通职业教育上升通道，已给部分学生提供了专升本通道。最近几年，全国专升本的招生比例逐步加大，普通全日制高职高专应届毕业生，能如期毕业即能报名参加当年的考试。2020 年教育部扩大普通高校专升本规模，同比增加 32.2 万人，当年高职生报考人数几乎占到应届高职毕业生的三成。以浙江金融职业学院为例，2016—2019 年，该校专升本人数从 215 人增加到 917 人，报名人数与应届生的比例从 7.58%增至 27.23%，报名录取比例从 74.42%上升到 83.64%。2020 年 1 000 余名考生报考，超过 900 人被录取。又如，武汉职业技术学院 2020 年有 1 657 名学生专升本成功。

专升本需要参加考试，考试科目分为公共课和专业课，各本科招生高校根据考生成绩择优录取。专升本考试是高职生的第二次高考，是一生仅有一次的好机会，学好专业无疑是把握住这个机会的必备条件。

此外，立足新发展阶段，为增强职业教育适应性，我国职业教育正不断深化改革创新，围绕产业升级和国家战略新需求，向更高水平更高质量迈进。自 2019 年以来，教育部积极推动高职院校开展本科层次职业教育试点工作，力求打破职业教育止于专科层次的"天花板"，逐步构建职业教育完整的学历教育和能力培养体系，搭建职业教育人才"立交桥"，让专业基础扎实且有志于从事技术技能工作的人才能够看到希望和未来。

> **案例品读**
>
> ### 高职生逆袭成为名校博士
>
> 一名高职生成为名校博士研究生，还有多篇论文在国内外核心期刊发表，这要走多远的路？无锡科技职业学院 2015 届毕业生、优秀校友杭斌给出答案。
>
> 2020 年 8 月，杭斌被西北工业大学录取为 2020 级控制科学与工程专业博士研究生，这是近 3 000 个日日夜夜内心坚定的追光之行成就的梦想。

2012年，杭斌来到无锡，选择了就读于无锡科技职业学院光伏技术专业，这个自信、积极的大男孩进入他喜欢的专业世界开始探索之旅。熟悉他的学校老师们对他的评价是，总是笑着，又总是比别人快一步。

在校期间，他职责满满，担任了班长、学生综合素养负责人和一社区副主任等，两度获得国家励志奖学金，并获得过校一等奖学金、企业奖学金，还被评为无锡市三好学生、校优秀毕业生。由于表现优异，杭斌于2014年光荣加入中国共产党，他是师长的得力助手，更是同学的示范榜样。

随着学习的深入，愈加被专业吸引的杭斌在师长、家人的支持下确定了自己的前行目标，这个阳光男孩决定要继续奔跑，往更深奥的地方去。通过积极备战，他以第一名的好成绩考入了东南大学成贤学院，开启了本科阶段的学业。

本科阶段的学习为他打开了一扇扇新的窗口，专业领域内那么多的未知都在强烈地吸引他去进一步探索，这让杭斌更坚定了信念，对自己的人生有了进一步的规划，他选择了去扬州大学继续深造。

当他满怀期待进入扬州大学时，"高手如林"的现实给他泼了一盆冷水。对杭斌来说，看不懂文献的挫败感是难忘的，找不到正确答案的迷茫是难忘的，他也因此怀疑自己的坚持和选择真的合适吗？而怀疑过后，他没有停止脚步。"我清晰地知道自己追求的目标是什么！"他如是说，还是比别人更早一些，比别人多干一些，而实验成功后的满足与论文被录用后的喜悦也是难忘的。

杭斌读研期间两度获一等奖学金，发表了国际论文ICCRI 1篇，SCI源刊论文1篇，核心期刊论文2篇，获国家发明专利1项，软件著作权6项。这些难忘的经历，最终都成了他最宝贵的"财富"，成为他读博路上的资本和底气。2020年8月，杭斌成功被梦寐以求的西北工业大学控制科学与工程专业录取。

一路走来，杭斌始终坚守初心使命，始终向阳生长。无论身在无锡、南京或是扬州，他一直提醒自己牢记初心，坚定梦想，不忘自己是那个步履不停的追光人。谈起母校无锡科技职业学院，杭斌称她是"温暖的起点"，在这里坚定了出发的方向，在这里积蓄了出发的力量，在这里迈出了追光的第一步！

（资料来源：骆琳芳．逆袭博士！无锡科院学霸一路追光［EB/OL］．（2020-08-19）［2021-03-18］．http://edu.jschina.com.cn/zyjy/202008/t20200819_6772457.shtml．）

交互测试：专业与职业

主题四　人生与职业

一、人生发展阶段与职业

人的一生是一个漫长的过程，要经历许多发展阶段。不同国家、不同时期的学者，对人生发展阶段提出了不同观点。例如，奥地利心理学家西格蒙德·弗洛伊德的人格发展阶段理论，他将人生发展分为五个阶段，以及美国心理学家爱利克·埃里克森则在其提出的心理社会发展理论中将人生发展分为八个阶段。本书基于众多专家提出的人生职业生涯发展阶段理论，并结合我国实际，大体从以下五个阶段说明人生不同时期的职业生涯特征。

（一）出生到 20 岁左右——职业准备

一个人从脱离母体成为一个独立的生命体到 20 岁左右基本完成学业，是一个社会化的过程，其实就是为今后步入职场，选择和承担某种职业做身体、知识、技能、素质等各方面的准备。

（二）20 岁左右到 30 岁左右——选择职业和初步就业

人在这个阶段的主要特征，是离开学校走上工作岗位，这一阶段是事业发展的起点。这个阶段的主要任务之一是选择职业，在充分做好自我分析和内外环境分析的基础上，选择适合自己的职业，设定职业目标，制定人生规划。

（三）30 岁左右到 40 岁左右——调整修正职业

人在这个时期风华正茂，是充分展现自己所才能、获得晋升、事业得到迅速发展之际。这个时期的任务，除发奋努力、展示才能、拓展事业外，对很多人来说，还有一个调整职业、修正目标的任务。人到 30 岁，应当对自己、对环境有更清楚的了解，在这个时期会根据自己所选择的职业、所制定的职业生涯路线、所设定的职业目标是否符合现实，及时进行调整和修正。

（四）40 岁左右到 50 岁左右——成就和补给职业

这个阶段，是人生的收获季节，也是在事业上获得成功的人士大显身手的时期，更是职业的辉煌期。与此同时，在此阶段很多人会遇到知识、技术更新问题。特别是近年来科学技术高速发展，知识更新的周期日趋缩短，所以，很多职业人又会进一步补给、充电，推动职业向纵深发展。

（五）50 岁左右到 60 岁左右——职业转折

此阶段是人生的转折期。因为受年龄、身体和心理等诸多因素的影响，人们准备或者已经告别职业生涯，从此进入"半休眠"或"休眠"状态。即使有部分人退休后再就业，职业发展也不能与前面两个阶段同日而语。

二、职业对人生的意义

国外某知名新闻周刊曾经就影响人们生活质量最重大的三个因素进行调研，该国公众的回答惊人一致：第一是职业或工作的满足感；第二是家庭关系；第三才是金钱。人的生命价值，从根本上说就在于其职业生涯方面的成就。

如前所述，职业是人们参与社会分工，利用专门知识、技能为社会创造物质财富、精神财富，获取合理报酬，作为物质生活来源，并满足精神需求的工作。所以，职业对于人生有多方面的意义。

（一）满足和产生人的需要

人有各种各样的需求，人们只有通过某种职业劳动才能满足多方面、多层次的需要，同时在职业劳动中又会产生新的需要。基于此，职业劳动丰富了人生，实现了人生的价值。

（二）培养和提升个人能力

一个人的能力是在个人遗传素质的基础上，在一定的社会环境里，通过社会实践形成和发展起来的。人的能力是多方面的,如语言表达能力、组织管理能力以及在所学专业上的能力等。长期从事某种职业,会使人在某些方面的能力得到进一步提高。

(三) 养成性格和形成兴趣

性格是人个性中稳定并起核心作用的心理特征,它由处事原则、处事态度和活动方式三个方面构成,具体表现为一个人是活泼还是文静,是豪放还是拘谨等。

兴趣是一个人热衷于认识某种事物或积极进行某种活动的心理倾向,它是由于人的需要而产生,并在社会实践中培养和发展起来的。

每一种职业都要求掌握有关的知识和技术,遵守一定的规则、章程和职业道德,从而影响了角色承担者的行动方式、处事原则和态度,即个人性格。长期从事某种职业就会对职业的某些方面形成浓厚的兴趣,如音乐家对声音、地质工作者对矿石、历史学家对古籍等的兴趣正是如此。

(四) 影响个人及其家庭的社会地位

一个人社会地位的高低主要取决于以下几方面因素。

1. 经济收入的多少

不同职业、职位给就业者带来的经济效益差别明显。

2. 社会权力的大小

不同职业、职位能给就业者带来大小不同的权力。一般来说,高层管理类职位给就业者带来的权力比较大,而服务类职业、职位给就业者带来的权力相对较小等。

3. 社会声望的高低

经济收入和社会权力对职业的社会声望有一定的影响,但不能完全决定其高低,影响职业或职位声望高低的因素还有晋级提升的机会、职业声誉、劳动环境条件、安全感和历史传统等。

一个家庭的社会地位又取决于该家庭中已就业者的社会地位。

(五) 形成人们的生活方式

生活方式是一个内容相当广泛的概念,它包括人们的衣食住行、社会工作、休息娱乐、社会交往、待人接物等物质生活和精神生活的价值观、道德观、审美观以及与这些方式相关的方面。

不同的职业要求其就业者掌握不同的知识和技能,遵守不同的职业规范,由此便决定了不同职业有不同的劳动方式或工作方式。人们的衣食住行、休息娱乐、社会交往等都受职业影响,如军人的生活方式就与机关工作人员有别,教师的言谈举止又与公司职员不同,等等。职业不仅影响人们的兴趣、能力和性格,而且影响其生活方式,因此,一个人长期从事某种职业,便会形成一种特定的个性心理和行为模式,即形成特殊的职业生涯模式。职业生涯模式将长期影响其生活方式。

三、正确的职业观

职业观是求职者对职业的认知和态度,如对职业的评价、择业方向的选择等,是择业者选择职业的指导思想。我们的职业生涯很漫长,职业对我们的人生意义重大,因此在大学期间树立正确的职业观,对大学生理性择业、顺利就业起着至关重要的作用。2014 年 5 月 4 日,习近平总书记在北京大学师生座谈会上的讲话中指出:"人类社会发展的历史表明，对一个民族、一个国家来说，最持久、最深层的力量是全社会共同认可的核心价值观。核心价值观，承载着一个民族、一个国家的精神追求，体现着一个社会评判是非曲直的价值标准。"社会主义核心价值观倡导富强、民主、文明、和谐，倡导自由、平等、公正、法治，倡导爱国、敬业、诚信、友善。积极培育和践行社会主义核心价值观，对于大学生形成正确的价值观、树立正确的职业观具有重大意义。"

（一）培养大局观

当代青年人正处于中华民族发展的黄金时代，社会给青年人择业提供了多元化的选择机会，也对其寄予了深厚的期望。青年人则应该把个人的理想追求融入党和国家的事业之中，为党、为祖国、为人民多做贡献。可现实中，仍有部分大学生功利思想比较严重，在就业价值取向上表现为理想信念模糊、集体意识淡薄，只想找地域好、待遇高、轻松体面的工作，大局意识不强、思想境界不高。怀着这样的"遐想"走向社会，又岂能不四处碰壁？又何来"怀才不遇"之说？

【案例品读】

君子通大道

2011年，秦玥飞从耶鲁大学毕业后，婉拒国外百万年薪的工作，在无数人不解的眼光中选择回到祖国农村服务——到湖南省衡山县贺家山村任大学生"村官"，为当地改善水利灌溉系统、硬化道路、安装路灯、修建现代化敬老院；为乡村师生配备智能化通信设备，开展信息化教学。2013年他被评为央视"最美村官"。2014年秦玥飞认为"输血"并非最可持续的乡村发展模式，主动放弃提拔机会，转至白云村续任大学生"村官"，用"造血"建设乡村。他带领村民创办农民专业合作社发展山茶油产业，通过创业创新为当地创造可持续发展动力。

在旁人看来他这是堂·吉诃德式（意指充满理想，只按理想行事而不顾现实，为梦想而疯狂的做事方式）的行为，秦玥飞淡定地说："我是行动者，不是空想家。中国农村是蓝海，该有人到这里，为农民创富。"他补充道："年轻人的生命里应该有乡土，田野里的事、农民的事关乎家国。"

2017年2月8日，秦玥飞被评选为"感动中国2016年度人物"。评选委员会给予他的颁奖词是：在殿堂和田垄之间，你选择后者。脚踏泥泞，俯首躬行，在荆棘和贫穷中拓荒，洒下的汗水是青春，埋下的种子叫理想。守在悉心耕耘的大地，静待收获的时节。

【问题求解】

选择的对与错

有媒体报道称耶鲁大学的同窗为秦玥飞倍感惋惜，说他把一手好牌烂在了手里。请问你如何看待秦玥飞的选择？换作你，你会怎么做？

青年人是祖国的未来和希望，青年大学生作为祖国未来的建设者，更是对职业有着美好的畅想和追求。幸福生活的创造，诚然来源于个人奋斗，但作为大学生也要清醒地认知到个人的命运和前途更根基于国家的前途和人民的事业。个人择业，既要满足自身发展的需要，也要满足国家和社会发展的需要，将择业和民族的振兴、祖国的富强紧密联系起来，并以此为己任，增强全局意识、提高政治站位，大学生的职业道路才能走得更加长远、更加稳健。

树立大局观需要把握两个方面：一是大学生要对自己进行精准定位，不断了解探索和拓展自己的兴趣点和能力点，了解自己喜欢什么、能干什么；二是大学生要主动把握社会人才需求的动向，结合自身实际，做力所能及之事，还要考虑后续发展的可持续性，唯此方能将梦想照进现实。

（二）珍惜岗位

岗位是企业组织的基本单位，它在人与工作之间架设了一道桥梁。珍惜岗位是一种承诺、一种义务，更是一种精神，只有珍惜岗位，才能敬业爱岗。岗位是我们展现人生价值的天地，是实现自我价值的基本舞台。只有珍惜岗位，才能与工作融为一体，才能与企业同舟共济，才能产生危机意识和责任感，爱岗敬业才能成为潜意识里的行为准则。

树立正确的职业观，就是要珍爱自己的工作岗位，对从事的职业有一种自豪感、神圣感和强烈的使命感和责任意识。实现人生价值，必须始于足下，从爱岗敬业做起。

（三）甘于奉献

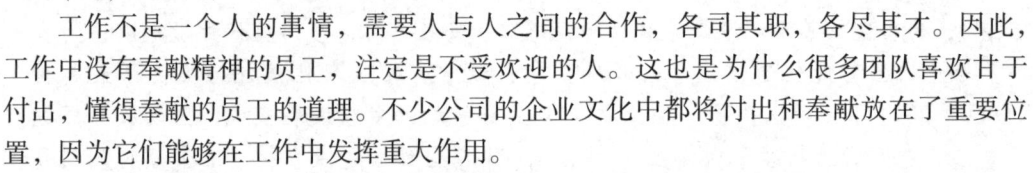

工作不是一个人的事情，需要人与人之间的合作，各司其职，各尽其才。因此，工作中没有奉献精神的员工，注定是不受欢迎的人。这也是为什么很多团队喜欢甘于付出，懂得奉献的员工的道理。不少公司的企业文化中都将付出和奉献放在了重要位置，因为它们能够在工作中发挥重大作用。

在工作中讲奉献，并非不求回报，而是提倡一种对工作全身心热爱的精神。奉献是爱岗敬业，忠于职守；是有与自己所在的企业或单位荣辱与共、勠力同心的认知和情感；是在工作中发现自我价值，找寻乐趣的过程；是全心全意去工作，在奉献中收获，在奉献中成才的共赢。

（四）敢于创新

爱尔兰剧作家萧伯纳说过这样一段名言：征服世界的将是这样一些人——开始的时候，他们试图找到梦想中的乐园，最终，当他们无法找到时，就亲自创造了它。

党的十八大以来，我国大力实施创新驱动发展战略，党和国家高度重视大学生创新创业能力的培养。2019年7月，教育部印发《国家级大学生创新创业训练计划管理办法》（教高函〔2019〕13号），积极引导各地各高校深化创新创业教育改革，加强大学生创新创业能力培养，全面提高人才培养质量。高校作为"为党育人、为国育才"的重要基地，对大学生创新创业能力的培养负有重要责任，应该积极改革，不断创新，肩负起创新创业教育的重任，大力培养信念坚定、品德优良、技能过硬、本领丰富的高素质专业人才和高精尖创新型人才。

大学生注重提高自身创新能力、培养创新素质，不仅有利于自身人格的不断完善，更符合当代创新型社会的发展需要，同时对毕业后的就业、创业和整个职业生涯的发展都有着巨大的帮助。大学生提升自身创新能力需要从以下四方面努力。

1. 树立创新意识

创新意识是创新素质的基础，没有创新意识，创新思维和创新成果将无从谈起。大学生要积极建立创新思维，发挥创新潜能。培养科学的学习习惯和思考习惯，善于用逆向思维考虑问题的症结，善于用科学的态度小心求证。

2. 具备创新知识

对大学生来说，知识包括基础知识和专业技能实践知识，创新知识是在两者基础上，具有强烈主观能动性的独立知识结构，一般来说，大学生的知识越丰富，其创新能力越强。要创新就必须打好学习基础：对于专业课的学习，在扎实掌握课堂知识的前提下，注重理论联系实际，了解行业的发展趋势，勇于发现、思考并解决问题。锻炼创新技能，采用行之有效的方法和途径去解决问题。

3. 培养创新人格

创新人格是创新意识和创新知识的总合，也是二者的发展保证，它对社会进步起到积极推进作用。创新人格最主要的特征包括丰富的创新认知和创新兴趣，其表现为强烈的创新自信和创新精神，是当代大学生创新素质培养最需要具备的品质与德行。

4. 具有创业勇气

大学生只有就业的思想准备是不够的，还需要有创业的勇气。现代社会飞速发展，市场出现了很多新的需求、新的职业，要树立创业的意识，激发开拓新天地的无畏精神，建立创造性思维，把握创业的机遇，破除依赖心理和胆怯心理，勇敢接受挑战，拓展职业生活，创造自己的事业，创业成功还能帮助他人就业。当然，创业之路必然是困难重重，但我们要有一往无前的勇气和冲劲，把握市场需求，守正出新、面向未来，在条件允许的情况下，方能实现自主创业。

面对依然严峻的就业形势，大学生要想立于不败之地，必须树立正确的职业观。只有学会根据主客观条件的变化，审时度势，脚踏实地，才能够实现自己的目标，才能够最终实现自己的人生价值和理想。

好文续航

职业选择中的十大误区

很多人认为自己选择职业的方法是正确的，结果却选择了自己不满意的职业。认清职业选择中的十大误区，有助于你做出明智的选择。

（1）认为选择职业很容易。事实上，选择职业是一个复杂的过程，需要花费大量的时间和精力。职业规划有很多步骤，包括了解自己，并了解自己想从事的职业对专业知识技能的要求，以便做出明智的选择。

（2）职业顾问会告诉我应该选哪个职业。职业顾问（或职业生涯发展专家）无法告诉我们哪个职业对我们来说最好，他们只能在我们选择职业时提供指导。

（3）用爱好来谋生。有人在选择职业时，执意认为最完美的决定是选一个跟自己的爱好相关的职业。人们通常更倾向做与自己兴趣相关的事，但这些事所需的大部分技能没有经过正式培训，未必是我们所擅长的。

（4）应该从"热门职业"里选择自己的职业。每年我们都会看到成千上万的网络、报刊文章列举"专家"预测的"热门职业"。看看"热门"清单里有没有吸引自己的职业，这倒也无妨，但千万不要用这个清单指导自己的选择。很多当前的热门职业，过几年可能变成冷门。此外，选择职业时，应当考虑到自己的兴趣、价值观和技能。因为一个有发展前景的职业，并不一定是最适合自己的职业。

（5）只要能赚钱的工作，就能让自己快乐。虽然薪水很重要，但选择职业时，却不能只考虑这个因素。无数调查表明，高薪工作不是必然会让人感到舒适。对大多数人来说，喜欢工作的内容才是更重要的。不过在衡量一种工作时，还是应该比较一下薪水。

（6）一旦选择了某个职业，我就要一辈子从事它。事实并非如此。如果自己出于某些原因对已选择的职业不满意，可以考虑换一份工作或换一家公司。当今社会，换工作再正常不过，但切忌太过频繁，要做理性判断和科学的规划。

（7）如果我换职业，我的技能就无处施展了。技能是我们的财富，依然可以在新工作中运用它们，尽管运用的方式可能不同，但绝对不会浪费。

（8）如果我的好朋友（包括亲戚、邻居）在这个领域工作得很快乐，我也可以做到。每个人都是不同的个体，对某个人有用的东西，对他人不一定起作用，即便两人有很多共同点。如果对别人的工作感兴趣，就去深入研究一下，认真思考那个工作是否真的适合自己。

（9）选择一个职业后，一切就会水到渠成。选择职业是良好的开始，但选择之后还有很多事要做。"职业行动计划"可以帮自己找到工作，并达成长期的职业目标。

（10）不从事某个职业，就无法真正了解它。虽然亲身经历很好，但人的时间、精力有限，可采用其他方式了解一个职业。例如，可以从书面材料或网络上查找有关资料，或拜访从事那个职业的人。

（资料来源：范河明，李江云.大学生就业与创业指导[M].2版.北京：高等教育出版社，2017.）

沙场练兵

专业选择与职业认知

你选择的专业是否符合自己的兴趣？你将来选择职业是否要与专业对口？为什么？请围绕以上话题进行一次课堂演讲。

"专业不对口"问题之我见

如果选择与专业不对口的职业，在大学期间需要做哪些准备？全班分成若干小组，围绕这一话题进行讨论，每组选出一位代表就本组的观点加以阐述，组际间开展互评。

模块二　职业生涯规划

开篇引例

四只毛毛虫的故事

毛毛虫都喜欢吃苹果，有四只关系很好的毛毛虫，长大后各自去森林里找苹果吃。

第一只毛毛虫跋山涉水，终于来到一棵苹果树下。可它根本就不知道这是一棵苹果树，也不知道树上长满了红红的甜苹果。当它看到其他毛毛虫往上爬时，稀里糊涂地就跟着往上爬。没有目的，不知终点，更不知自己到底想要哪个苹果，也没想过怎样去摘取苹果，一切全凭运气。它的结局也就充满了各种不确定性。

第二只毛毛虫也爬到了苹果树下。它知道这是一棵苹果树，也确定自己的目标就是找到一个大苹果。问题是它并不知道大苹果会长在什么地方，它猜想大苹果应该长在大枝叶上吧！于是它就慢慢地往上爬，遇到分枝的时候，就选择较粗的树枝继续爬。它一直这样爬，最后终于找到了一个大苹果。它刚想扑上去美餐一顿，但放眼一看，这个大苹果是树上最小的一个。更令它泄气的是，如果刚才选择另一个分枝，它就能得到一个大得多的苹果。

第三只毛毛虫也到了苹果树下。它知道自己想要的就是大苹果，并且研制了一副望远镜。开始爬之前它就用望远镜搜寻了一番，找到了一个很大的苹果。同时，它发现当从下往上找路时，会遇到很多分枝，有各种不同的爬法；若从上往下找路，却只有一种爬法。它很细心地从苹果的位置，由上往下反推至目前所处的位置，记下这条确定的路径。于是，它开始往上爬了，当遇到分枝时，它一点也不慌张，因为它知道该往哪条路上走，不必跟着一大堆毛毛虫去挤去抢。按道理说这只毛毛虫应该会有一个很好的结局，因为它已经有了自己的计划。但实际情况是，它爬行相当缓慢，抵达时，苹果不是被其他毛毛虫捷足先登，就是已熟透烂掉了。

第四只毛毛虫做事有自己的规划。它知道自己要什么苹果，也知道苹果将怎么长大。因此当它带着自己研制的望远镜观察苹果时，它的目标并不是一个大苹果，而是一朵含苞待放的苹果花。它计算着自己的行程，估计当它到达的时候，这朵花正好长成一个成熟的大苹果。结果它如愿以偿，得到了一个又大又甜的苹果，从此过着幸福快乐的日子。

（资料来源：根据金童话故事网资料改编。）

思考与探究：

面对人生规划，你觉得自己像哪只毛毛虫？你又愿意作哪只毛毛虫呢？

主题一　职业生涯规划概述

每个人都想成就一番事业，但很多人却不能如愿以偿。为什么？因为人生事业的发展除了需要努力和机遇外，还需要技术与方法，而职业生涯规划正是一种行之有效的技术与方法。

一、职业生涯规划的内涵

（一）生涯

在日常生活中，我们常听到"生涯"一词，如"体育生涯""艺术生涯""学术生涯"等说法。《辞海》对"生涯"的定义是：从事某种活动或职业的生活。

"生涯"的英文是 career，其最初含义是战车，后引申为道路，发展到现在，通常指人生发展历程。由于职业在每个人的生涯中处于极为重要的地位，career 也被翻译成"职业生涯"，强调个体职业发展历程。

世界著名生涯规划大师舒伯认为，生涯是生活里各种事态的演进方向和历程，它统合了人一生中的各种职业和生活角色，由此表现出个人独特的自我发展形态。生涯也是人生从青春期到退休后，一连串有酬或无酬职位的综合。除了职业之外，还包括任何与工作有关的角色，如学生、退休者，甚至包含持家者和公民的角色。

> 【活动体验】
>
> **我的生命线**
>
> 在白纸上画一条直线，这条直线代表了你生命的长度，直线的两端分别代表你生命的开始和结束。你希望自己可以活到多少岁？请在直线末端写下你期待的年龄。
>
> 在这条生命线中标出你现在的年龄点。
>
> 回顾你过往生命历程中发生的重大事件，在直线上方写出两到三件对你有积极影响的事件，并在直线的相应位置上标明年龄。在直线下方写出两到三件对你有消极影响的事件，并在直线的相应位置上标明年龄。
>
> 请思考这些事件对你的影响，它们如何使你成为今天的你？

生涯是一个动态的历程，不只发生在人生的某个阶段，而是如影随形，相伴人的一生。同时，因为遗传、家庭、经历、所处社会环境等的不同，每个人的生涯也会不尽相同。所以，生涯的发展是个性化的发展，即使处于同一时代或同一文化背景下的人们，因为生涯中其他因素的影响，也都会有属于自己的生涯。

生涯与职位、工作、职业有所区别：职位是和分配给个人的一系列具体任务直接相关的，它与参与工作的个人相对应，有多少参与工作的个人，就有多少个职位；工作是由一系列相似的职位所组成的一个特定的专业领域；职业则是一系列有内在联系的工作的总称，也可以理解为不同专业领域中一系列相似的服务或彼此相关工作的集合，也代表着一种身份。例如，一个足球队有 11 名首发队员，就意味着有足球场上有 11 个位置（职位），所有的队员都被称为足球运动员（工作），而运动员则是一种职业。

（二）生涯规划

> **案例品读**
>
> **孔子的人生总结**
>
> 孔子的"吾十有五而志于学，三十而立，四十而不惑，五十而知天命，六十而耳顺，七十而从心所欲，不逾矩"，可以说是生涯规划的典范。
>
> 第一个阶段（0~14 岁）：学习生活的基本知识。
>
> 第二个阶段（15~29 岁）：立志学习并从事社会实践。
>
> 第三个阶段（30~39 岁）：自立时期。
>
> 第四个阶段（40~49 岁）：形成完整的个人见解。
>
> 第五个阶段（50~59 岁）：完整地认识自然规律，懂得自身使命。
>
> 第六个阶段（60~69 岁）：能够冷静地倾听别人的意见，明辨是非。
>
> 第七个阶段（70 岁以上）：言行自由，不违背客观规律和道德规范。

职业生涯规划简称生涯规划，是指一个人对其一生中所承担的职务相继历程的预期和计划。对大学生而言，职业生涯规划就是根据自己的特点，结合社会需求，为自己设计最适合的职业和职业发展道路，并为实现职业生涯目标而做出的行之有效的安排。

生涯规划最早起源于 1908 年的美国。有"职业指导之父"之称的弗兰克·帕森斯针对大量年轻人失业的情况，成立了波士顿职业指导局，首次提出"职业指导"的概念，1909 年，其生前在职业辅导与职业选择方面所做的工作被结集成册，世界上第一本职业辅导的专著《选择一个职业》自此诞生，职业指导开始系统化。随后，心理测试的蓬勃发展促进了职业指导的扩展。当时的职业指导主要关注人职匹配，内容以测评和提供职业咨询为主。直到 20 世纪五六十年代，舒伯等人提出"生涯"概念，于是生涯规划不再局限于职业指导层面，而是有了更为广泛的含义。

舒伯的生涯发展理论将生涯的过程视为从出生到死亡，包括成长阶段（0~14 岁）、探索阶段（15~24 岁）、建立阶段（25~44 岁）、维持阶段（45~64 岁）和退出阶段（65 岁以上）。而且，在人一生的生涯发展中，各阶段都同样面对成长、探索、建立、维持和退出问题。舒伯认为，每个阶段都有特定的发展任务需要完成，即达到一定的发展水准或成就水准，而且前一阶段发展任务的完成与否关系到后一阶段的发展（见图 2-1）。

大学生的生涯发展阶段属于探索（阶段）。一方面，这个阶段主要的生涯发展任务是从多种机会中探索自我，逐渐确定职业偏好，并在所选定的领域中开始起步。另一方面，这个阶段也有成长、探索、建立、维持和退出问题。举例来说，大一新生必须适应新的角色和学习环境，经过成长和探索，一旦建立了较固定的适应模式，同时维持了大学生活之后,又要开始面对另一个阶段——准备求职。原有的已经适应了的习惯会逐渐消退,继而对新阶段的任务又要经历"成长—探索—建立—维持—退出"的过程,如此周而复始。

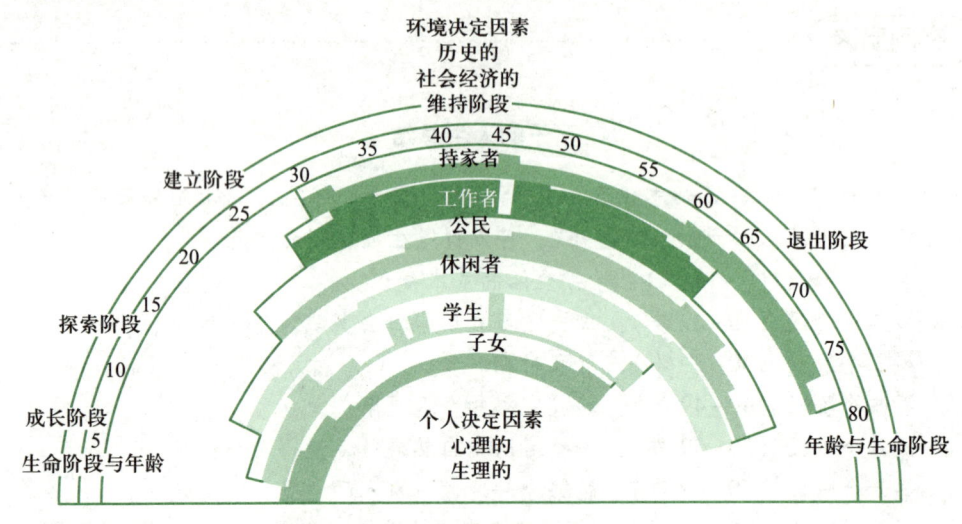

图 2-1 舒伯的生涯彩虹图

在图 2-1 中,横向层面代表横跨一生的"生活广度",又称为"大周期",包括成长期、探索期、建立期、维持期和退出期。纵向层面代表纵贯上下的"生活空间",由一组职位和角色所组成,具体包括子女、学生、休闲者、公民、工作者、持家者六个不同的角色。他们相互影响,交织出个人独特的生涯类型。

图 2-1 的阴影部分表示角色的相互替换、盛衰消长。它除了受年龄增长和社会对个人发展、任务期待的影响外,往往跟个人在各个角色上所花的时间和感情投入程度有关。从这个图的阴影比例中可以看出,成长阶段最显著的角色是子女;建立阶段是持家者和工作者;维持阶段工作者的角色突然中断,又恢复了学生角色,同时公民与休闲者的角色逐渐增加。这正如一般所说的"中年危机"的出现,同时暗示这时必须再学习、再调适才有可能处理好职业与家庭生活所面临的问题。

在舒伯的理论中,生涯规划更注重职业对人的意义。该理论认为,一个完美的人生,未必仅仅依赖于职业角色的完美与否,更多的非职业角色使人生有更多自我实现的可能性。生涯成效在纵向上取决于角色的顺利转换,在横向上取决于多种角色的平衡。

【活动体验】

绘制你的生涯彩虹图

想象自己未来的生活角色,找一张空白的纸,首先画出彩虹图的半圆,并标注年龄阶段和你可能扮演的角色名称,然后将你在某个年龄阶段所希望扮演角色的区域,按照你认为的重要性程度涂上颜色(一种角色一种颜色)。

二、职业生涯规划的意义

生涯规划是一个过程，规划的功能在于为生涯设定目标，并找出达到目标所需采取的步骤。在生涯规划中，目标的制定是一个探索过程，这个过程帮助一个人逐渐理清生命的价值与意义，并用行动去实现它，好像为飘忽不定的人生加了一个锚，无论风雨来自何方，人生之船都自有它的方向。具体来说，生涯规划有以下三个积极意义。

（一）发现、开发自身潜能，满足人生发展需要

潜能，就是到目前还没有发现的能力。科学家研究发现，每个人都有巨大的潜能，人类平常只发挥了大脑极小一部分功能。控制论奠基人诺伯特·维纳说："我可以完全有把握地说，每个人即使他是做出了辉煌成就的人，在他的一生中利用他自己的大脑潜能还不到百亿分之一。"由此可见，认识并了解"潜在的我"，是自我认识的重点之一，尽力把个人潜能开发出来，是职业规划的头等大事。

案例补充：
一位名导演的职业生涯

【问题求解】

我的潜能在哪里？

每个人的潜能如此之大，为什么我还没有发现自己的潜能？

（二）识别、突破人生障碍，提升职业生涯理念

识别、突破人生障碍是职业发展、生涯发展的基本课题。障碍有的来自外部，如政局变动、市场变化、经济衰退和社会秩序混乱等。一个没有生涯目标的人很容易受外界因素影响。但障碍更多地来自内部，如自私、盲从、浮躁、懒惰、恐惧、悲观，等等。内在障碍通常是由个人对自己不了解、低评价、不自信或者无安全感造成的。例如，有的学生很难看到自己的长处，总用自己的短处和别人的优势相比较，从未觉得自己有可用或特别之处，所以，找工作时缺乏信心，总感觉自己这也不好，那也学得不够，缺乏自信心，影响求职中的表现。这是典型的不能够真正了解和接纳自己，导致自我评价低，影响就业的情况。

（三）推动、完成自我实现，争取人生自我超越

生涯规划的目的是促进和推动一个人实现自我、超越自我。

（1）自我实现是水平式的发展。例如我们通过性向测试，了解到自己在形象思维方面，尤其是语言表达方面具有潜能，就可以多从文学、文字、文化等方面努力；了解到自己有逻辑思维方面的潜能，就可以多从数学方面努力，等等。自我实现意味着"将潜能变成实在的东西"，等于获得那些有形可见的成果。

（2）自我超越是垂直式的发展。垂直式的发展基本上不受水平式发展的影响。假如你智商不是很高，很难成为专家学者，但并不妨碍发展你的情商和逆商潜能。岗位有层次、职务有高低，生涯发展无处不在，自我实现没有物质和数量标准。社会上别人所说的、所认为的、所期望的那个"我"，都只是"假我"或"我的表现"。"真我"是"大我"的一部分。"大我"是包括"我"在内的更大的一个整体。这个整体是由

那些超越身体胖瘦、心智高低、天地时空、人类共有的情感和灵性所组成的,如良知和爱心。当我们做一个真正的自我时,才是自我超越。

总之,职业生涯规划可以帮助你设立目标、带来希望,从而开发自身潜能,突破发展中的内外障碍,最终实现幸福人生。

三、职业生涯规划的程序

生涯路上常见的三个问题:我是谁?我往哪里去?我如何去那里?从这三个问题出发我们开始规划自己。具体而言,一个系统的生涯规划应当包括自我认知、环境认知、生涯决策、生涯行动、生涯评估五个步骤(见图2-2)。

(一)自我认知

系统化的生涯规划是一个"从内而外"的过程。在规划职业生涯时,要先认识自己。我们可以诚实地自问:哪些东西是我生命中不能缺少的?我最看重什么?我有哪些人格特质?我的兴趣是什么?我有哪些能力是与众不同的、赖以为生的?等等。还要正视自己的健康情况、性别、民族等问题。值得留意的是,在自我认知中还应当借鉴他人的意见,这样才能得到比较客观、中肯的认知结论。

(二)环境认知

环境认知是生涯规划的基础部分。对环境的认知包括对社会环境、组织环境、个体环境分析,即评估和分析环境条件的特点、发展与

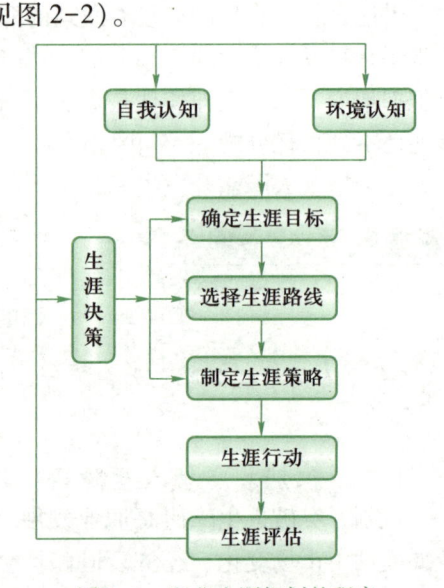

图2-2 职业生涯规划的程序

需求变化趋势、自己与环境的关系以及环境对自己的有利条件与不利条件等。

(三)生涯决策

决策是综合整理和评估信息的部分,是职业生涯规划的关键环节,在决策时可能因信息不全而重新回到前面两个步骤,具体内容包括确定生涯目标、选择生涯路线和制定生涯策略。

(四)生涯行动

行动是将全部的探索和思考加以落实的阶段,即职业生涯策略的实施阶段。如果没有行动,那么职业目标只能是梦想。

(五)生涯评估

当我们在实践中迈出生涯的重要一步——进入职场时,随着外部环境的变化,或许会继续沿着过去的规划前进,或许发现过去的规划已不适合自己,或者不尽如人意。这就需要再次探索并修正生涯规划。本步骤的具体内容包括走进职场、生涯评估与反馈。

💡【知识点拨】

探索，永不止步

为了方便学习，我们将生涯规划人为地割裂成不同的步骤，但无论在哪个步骤，对自我与环境的探索都不会停止，不要忽略这些部分带给你的新的启示。

❓【问题求解】

生涯规划应从何时开始？

（1）我是大三的高职生，正忙于找工作，我真正关心的是如何能找到一份好工作，现在才开始思考什么工作适合自己是否为时已晚？

（2）我是一名刚上大一的学生，虽然觉得生涯规划很重要，应该尽早动手，但毕竟离找工作还很远，现在规划职业生涯是否太早了？

（3）生涯规划是要有计划地安排自己的人生发展，但人生可能完全按计划进行吗？

> 交互测试：
> 职业生涯规划概述

主题二 自我认知

自我认知是职业生涯规划的基础，也是能否获得可行的规划方案的前提。一个有效的职业生涯必须在充分且正确认识自身条件与相关环境的基础上进行设计。只有深刻认识自我和了解自我，才能准确把握和合理规划未来的职业生涯。

自我认知的主要内容是与个人相关的所有因素，包括兴趣、个性、能力、特长、身体状况、学识水平、思维方式、价值观、情商以及潜能等。通俗地说，即弄清楚自己是谁、想要干什么、能做什么、应该做什么、在众多的职业面前如何选择等问题。

> 微课启学：
> 正确认识自己

一、价值观认知——我为"什么"而工作

（一）价值观的含义

✎【活动体验】

有关工作的一分钟联想

请在纸上写下我希望工作的"样子"，在一分钟内尽可能多地写下你脑海中所联想到的任何短语。

思考：你在工作中寻找的是什么？你判断工作好与坏的标准是什么？请将你所写的内容、你的思考与同学分享。

下面是一些大学生所写的内容：

每天带着期待去上班，能有<u>不断创新和挑战自己</u>的机会。在完成额外任务的时

候，能够获得<u>认可</u>。有足够的<u>自由支配时间</u>，能够<u>劳逸结合</u>。可以让我<u>快乐</u>，有<u>成就感</u>。

<u>没有太大压力</u>，能够有不断<u>学习提高及成长的机会</u>，同事之间能够<u>坦诚相见</u>。不受太多制约，体现自己的<u>价值</u>。

<u>清闲</u>，<u>离家近</u>，工作稳定，<u>不要太累</u>，人际关系不复杂，<u>薪资高</u>，单位有实力，有<u>晋升机会</u>。

能更多地<u>与年轻人接触</u>，富于交流的乐趣。尽量<u>贴近自然</u>，而不是成天面对计算机或文件，<u>健康地生活</u>，不会带来身心伤害。

因为我的工作，世界变得更加美好。并不是说我必须救死扶伤，我所要做的就是<u>为这个世界做需要我做的事情</u>。能够<u>帮助别人</u>，<u>赢得尊重</u>，收获<u>友谊</u>，感到<u>提供帮助的快乐</u>。

这些用下划线标出的语句都反映了个人在工作中所寻找的是什么，需要的是什么。用什么样的标准来判断工作的好与坏，这就是个人的工作价值观。

价值观就是我们在工作和生活中所看重的原则、标准或品质。换句话说，就是你在乎的、觉得重要的或者想要追求的。它指向我们一生中最重要的东西。

舒伯认为，职业价值观是个人追求的与工作有关的目标，即个人在职业上所看重的工作特质或属性。它是个人价值观在职业问题上的反映。

美国著名社会心理学家马斯洛提出，人有五个层次的需求，即生理需求、安全需求、归属需求、尊重需求和自我实现的需求。只有当低层次的需求得到基本满足后，个人才能关注并致力于满足下一层次的需求。这些需求是强大的内在驱动力，我们所做的事情正是为了满足这些需求。我们的需求在生活中反映出来，就体现为我们的价值观。比如，有些毕业生会比较重视工作能带给自己多少收入，而有些毕业生可能更多地考虑要做自己喜欢的工作。这两者的不同在很大程度上可以归结为他们所处的需求层次不同，前者体现在生理、安全需求的层次上，而后者体现在追求"自我归属""自我尊重""自我实现"的需求层次上。

马斯洛的需求层次模型与对应的价值观，如图2-3所示。

【活动体验】

想想你的需求

对照需求层次模型，想一想：你正处在哪个需求层次上，你最希望在工作中获得哪个需求层次的满足，以及什么因素能够带给你满足感，激励你更好地工作。

（二）价值观与职业

价值观是人们在考虑问题时所看重的原则和标准，是人们内在的驱动力，在人们的生涯发展中往往起着决定性的作用。

在日常生活中，同样可以看到价值观的巨大影响。比如，你的父母是不是常常用

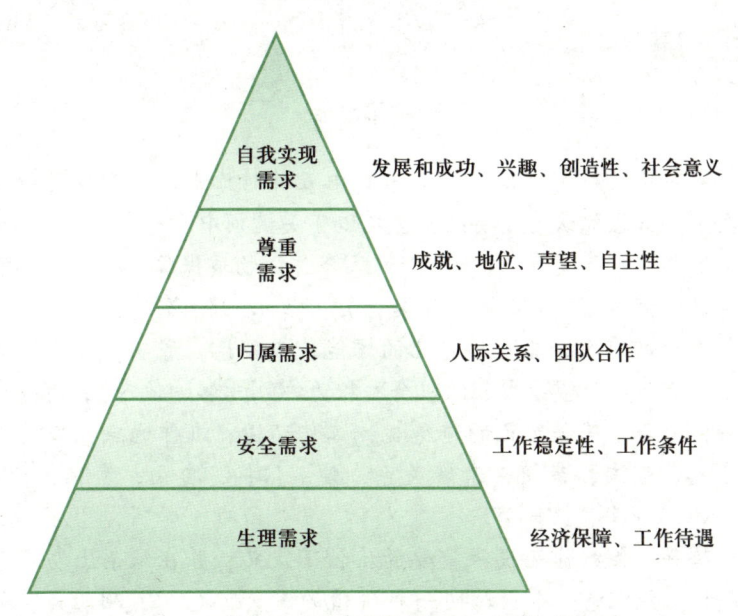

```
        自我实现
         需求         发展和成功、兴趣、创造性、社会意义

        尊重
        需求           成就、地位、声望、自主性

      归属需求          人际关系、团队合作

      安全需求          工作稳定性、工作条件

      生理需求          经济保障、工作待遇
```

图 2-3　马斯洛的需求层次模型与对应的价值观

他们的价值标准来影响你进行专业、职业方面的选择？而当你的观点与他们的意见发生分歧时，这种冲突是否也是不同价值观之间矛盾冲突的体现？

从舒伯的生涯发展理论和马斯洛的需求层次理论可以看出，个人由于所处的生涯发展阶段、社会环境不同，其需求会发生改变，从而可能导致价值观的变化。比如，有很多刚毕业的大学生都希望进名企、做白领，把挣钱当作自己的首要目标。因为在这个阶段，他们面临买房、成家、育儿等任务，需要经济支持。而在工作十余年、有了一定的经济基础后，不少人意识到，仅仅为了钱而从事自己不喜欢的工作是一件痛苦的事情。所以，在考虑选择职业时，薪酬就不再是排首位的价值观了，寻找一个适合自己兴趣爱好、能够兼顾家庭的工作成为他们的目标。需求发生了改变，他们在职业上所看重的东西（工作价值观）也随之变化了。

（三）个人价值观探索

不同的价值观会产生不同的行动选择。一个人越清楚自己的价值观，越了解自己在工作和生活中想要寻求什么，什么对自己来说是最重要的，其生涯发展目标也就越清晰。而当现实环境与理想发生冲突、"鱼"与"熊掌"不可兼得时，其也更容易做出决策。反之，价值观不清晰的人，往往会难以抉择。因为其不清楚哪些东西是可以放弃的，哪些是不可或缺的。由于时代的巨大变迁、多元价值体系的冲击，以及个人的成长和发展所带来的变化，个人价值观常常变得混乱，很多人往往并不清楚自己为什么而工作。因此，个人需要对自己的价值观进行探索。具体包括以下几种方式：

（1）回忆你的时间规划。时间用在了哪些方面，这样安排背后的真实想法，这些可能就是价值观在起作用。

（2）回顾那些让你印象深刻的经验。为什么你对这些经验印象深刻，其对你的意义就是价值观的体现。

（3）利用价值观测量工具。

（4）开展互动游戏。如"价值观拍卖会"等。

知识链接：
WVI 职业价值观测试

【活动体验】

探索价值观

步骤一：参照价值观关键词，挑选出其中五种对你来说最重要的价值，分别写在五张小纸条上。如果你认为重要的价值在以下关键词中没有列出，也可以另写。

价值观关键词：人际关系/归属感、团队合作，物质保障/高收入，稳定，安全，创造性，多样性和变化性、新鲜感，乐趣，自由独立（时间/工作任务），平等，被认可，受尊重，能帮助他人，能发挥自己的才能，成就感，成功，名誉，地位，有意义，自主独立，有学习/发展/成长的机会，权力（领导/影响他人），有益于社会，挑战性，冒险性，竞争，符合自己的道德观，工作环境、工作地点，工作与生活的平衡，健康，家庭，朋友，亲情，亲密关系，爱，信仰，自由，幸福，为社会服务，和谐，平等……

步骤二：给每一条对你来说很重要的价值下定义，并在纸条上写下来，即达到什么样的水平你才能满意？个人对同一种价值的定义可能并不相同。比如，对于物质保障的理解，有的人可能认为是月薪至少 5 000 元，而有的人可以接受月薪 3 000 元的工作，但一定要有医疗保险。

步骤三：如果你不得不放弃其中一条，你会放弃哪一条？将写有你准备放弃的价值的纸条与其他人交换。

步骤四：保留刚才别人给你的纸条，放在一边。现在，如果你不得不继续放弃剩下四条中的一条，你会放弃哪一条？再次与另一个人交换。

步骤五：继续下去，直到最后一条。请思考，最后一条是不是你无论如何也不愿放弃的那条。

步骤六：讨论。通过这个活动，你对自己的价值观有了什么样的了解和想法？你的价值观会对你的职业选择和人生产生怎样的影响？

（四）澄清真实价值观

在探索价值观的活动中，可能有人发现，价值的取舍和排序是一个艰难的过程，甚至做完了这个活动，仍然不清楚自己到底想要什么。出现这样的情况很正常，因为大学生还处在建立和形成个人价值观的生涯探索期，有一些混乱是必然的。重要的是要不断地思考和探索自己的职业和生活。价值观的澄清本身也不是一劳永逸的过程，有必要进一步探索，并在今后的生活中不断反思。

好文续航

真实的"价值"

美国教育学家路易斯·拉斯等学者指出，真实的"价值"需要具备以下三个基本要素：

（1）选择——它是你自由选择的，没有来自任何人或任何方面的压力吗？它是从众多价值观中挑选出来的吗？它是在你思考了所做选择的结果后被挑选出来的吗？

（2）珍爱——你是否珍爱你的价值观，或者为你的选择感到自豪？你愿意向他人承认你的价值观吗？

（3）行动——你的行动是否与你选择的价值观一致？你是否始终如一地根据你的价值观来行动？

如果你能对上述三个问题都给出肯定的答复，说明你确实认为它有价值。如果对其中一些问题的回答是否定的，那么你需要思考一下自己看重的、想要得到的到底是什么。例如，有很多人常说健康很重要，但在实际生活中所采取的行动却往往与健康的生活方式背道而驰，常常为了学习晚睡晚起、不注意饮食规律和正常作息等。对于这样的人，学习所代表的"成就感"，或者学习成绩好所带来的"被认可"的感觉其实比健康更为重要。

【活动体验】

澄清真实价值观

为了澄清真实的价值观，请回想一下过去一两个月内你做出的五个相对重要的决定。比如，你是如何运用自己的时间、精力和金钱的？你希望如何运用它们？而实际上又把它们花在了什么方面（如果有必要，你也可以从现在开始每天对此做记录，在一周之后再回顾一次，以便得出更准确的结果）？你喜欢和什么样的人相处？你做了一些什么样的事情？在一些举棋不定的事情上，你最终做出了什么样的选择？

当你回顾这些决定时，其中是否浮现出了什么模式？这样的生活形态是你想要的吗？比较一下你在自我探索活动和价值观测评中所得出的价值观，与你在实际做决定时所选择的，是否有什么不同？

如果这两者之间有差异，你是要调整自己的选择，以求符合自己所宣称的价值观，还是坚信那些反映在你行动中的真实的价值观取向。

说明：回答这些问题的过程，正是在澄清价值。

澄清价值需要投入时间和精力，但这样的投入是值得的，因为它会有助于个人从整体出发，为自己的全面发展更好地考虑和选择。当你依照符合自己健康持续发展要求的真实价值观行动时，会感觉到很大的满足。

模块二　职业生涯规划

> **？【问题求解】**
>
> 如何判断一份工作的好与坏？
>
> 面对两家大公司的录用通知，我不知该如何选择。人们常说"鱼与熊掌不可兼得"，但在现实生活中，哪个是"鱼"？哪个是"熊掌"？什么样的工作才是"好工作"，或者说是最适合自己的工作是什么？

微课启学：个人价值观与企业价值观要契合

二、性格认知——我适合做什么

（一）性格的含义

> **【活动体验】**
>
> 列举个性人物
>
> 请列举身边或者看过的电影、电视、小说中个性鲜明的人物姓名。
> 请试着写出代表上述人物个性特征的关键词。
> 请说说体现人物性格的具体事件，并侧重分析具有鲜明个性的人物对他人、对事物的行为及态度，试着归纳出性格的含义。

性格是指表现在人对现实的态度和相应的行为方式中的比较稳定的、具有核心意义的个性心理特征，主要体现在对自己、对别人、对事物的态度和所采取的言行上。每个人在其成长经历中，都可能受到生理、遗传、家庭教养、文化、学习经验等因素的交互作用，从而形成自己的独特个性，在不同的情境中表现出特定的气质。

（二）性格与职业

> **【活动体验】**
>
> 找 感 觉
>
> 请你在纸上签名，然后换一只手签。感觉有何不同？用几个词语加以形容。
> 用手的习惯可以很好地说明找到与性格匹配的职业的重要性。使用你惯用的那只手时，你会感到舒适和自信。若强迫使用另一只手，这当然可以拓展你的能力，但绝不会像先前那样灵活自如，收到的效果也就不那么令人满意了。

微课启学：性格与择业

在现实生活中，我们有自己擅长的一面，也有不擅长的一面（就如我们的右手和左手），它们没有好坏或对错之分。我们如果能够找到适合自己的环境，在其中发挥长处和优势，就会很自信，并且往往会取得佳绩。相反，如果要求我们做自己不擅长的事情，多半会感到不舒服、不自在，而且可能干不好工作。

如果我们知晓自己性格上的"左右手"，并了解与之相适应的环境和职业，就能帮助我们做出合适的职业选择。

（三）性格探索

1. 通过 MBTI 了解性格

MBTI（迈尔斯-布里格斯类型指标）是"Myers-Briggs Type Indicator"的简称，由美国心理学家凯瑟琳·布里格斯与她的女儿伊莎贝尔·布里格斯·迈尔斯根据瑞士心理学家荣格的心理类型学理论设计编制而成，是当今全球最为著名和权威的性格测试工具，被广泛用于自我探索、职业发展、人才选拔、团队建设、管理培训、恋爱与婚姻咨询、教育咨询及多元文化培训中。

知识链接：MBTI 职业性格测试

MBTI 理论认为，一个人的个性可以从四个维度进行分析，如表 2-1 所示。

表 2-1　MBTI 的维度解释

维度	类型	
能量倾向 （你更喜欢将自己的注意力集中于何处）	外倾(E)： 善于表达 自由地表达情绪和想法 听、说、想同时进行 朋友圈大 主动参与 大家 忘我 广度	内倾(I)： 通常保留 情绪和想法不轻易流露 先听，后想，再说 固定的朋友 静静反思 个人 思我 深度
接收信息 （你如何获取信息）	感觉(S)： 明确、可测量 细节、细致 现实、现在 看到、听到、闻到 连续的 重复 享受现在 基于事实、经验	直觉(N)： 可发明、改革 风格、方向 革新、将来 第六感 任意的 变化 预测将来 基于想象、灵感
处理信息 （你是如何做决定的）	思考(T)： 客观、公正 批评，不感情用事 清晰 基于分析的 关注事情和联系 理智、冷酷 头脑 原则、规范 法不容恕	情感(F)： 主观、仁慈 赏识，也喜欢被表扬 协调 基于体验的 关注人和关系 善良、善解人意 心灵 价值、人情 情有可原

47

续表

维度	类型	
行动方式 （你如何与外部世界打交道）	判断(J)： 按部就班 随时控制 明确规则和结构 有计划、有条理 快速判断、决定 确定 最终期限 避免"燃眉之急"的压力	知觉(P)： 随遇而安 不断体验 确定基本方向 灵活的、即兴的 喜欢开放、获取 好奇 新的发现 从最后关头压力中得到动力

在 MBTI 中，四个维度中的两极正好组合成十六种人格类型，这十六种人格类型各有其职业倾向，如表 2-2 所示。

表 2-2 MBTI 十六种性格类型的特征和匹配的职业

类型	性 格 特 征	匹 配 职 业
ISTJ 检查员型	安静、严肃，通过全面性和可靠性获得成功。实际，有责任感。决定有逻辑性，并一步步地朝着目标前进，不易分心。喜欢将工作、家庭和生活都安排得井井有条。重视传统和忠诚	首席信息系统执行官、天文学家、数据库管理、会计、房地产经纪人、侦探、行政管理、信用分析师
ISFJ 照顾者型	安静、友好，有责任感和良知。坚定地致力于完成他们的义务。全面、勤勉、精确，忠诚、体贴，留心和记得他们重视的人的小细节，关心他们的感受。努力把工作和家庭环境营造得有序而温馨	内科医生、营养师、图书/档案管理员、客户服务专员、记账员、特殊教育教师、酒店管理
INFJ 博爱型	寻求思想、关系、物质等之间的意义和联系。希望了解什么能够激励人，对人有很强的洞察力。有责任心，坚持自己的价值观。对于怎样更好地服务大众有清晰的愿景。在实现目标的过程中有计划，而且果断坚定	特殊教育教师、建筑设计师、培训经理、培训师、心理咨询师、职业策划咨询顾问、网站编辑、作家、仲裁人
INTJ 专家型	在实现自己的想法和达到自己的目标时有创新的想法和非凡的动力。能很快洞察到外界事物间的规律并形成长期的远景计划。一旦决定做一件事就会开始规划，直到完成为止。多疑、独立，对于自己和他人的能力与表现的要求都非常高	首席财政执行官、知识产权律师、设计工程师、精神分析师、心脏病专家、媒体策划、网络管理员、建筑师

续表

类型	性格特征	匹配职业
ISTP 冒险家型	灵活、忍耐力强，是个安静的观察者，发现有问题发生，就会马上行动，找到实用的解决方法。分析事物运作的原理，能从大量的信息中很快找到关键症结所在。对原因和结果感兴趣，用逻辑的方式处理问题，重视效率	信息服务业经理、计算机程序员、警官、软件开发员、律师助理、消防员、私人侦探、药剂师
ISFP 艺术家型	安静、友好、敏感、和善。享受当前。喜欢有自己的空间，喜欢能按照自己的时间表工作。对于自己的价值观和自己觉得重要的人非常忠诚，有责任心。不喜欢争论和冲突。不会将自己的观念和价值观强加到别人身上	室内装潢设计师、按摩师、客户服务专员、服装设计师、厨师、护士、牙医、旅游管理师
INFP 哲学家型	理想主义，对于自己的价值观和自己觉得重要的人非常忠诚。希望外部的生活和自己内心的价值观是统一的。好奇心重，很快能看到事情的可能性，能成为实现想法的催化剂。寻求理解别人和帮助他们实现潜能。适应力强，灵活，善于接受，除非有悖于自己的价值观	心理学家、人力资源管理师、翻译、大学教师（人文学科）、社会工作者、图书管理员、服装设计师、编辑/网站设计师
INTP 学者型	对于自己感兴趣的任何事物都寻求找到合理的解释。喜欢理论性的和抽象的事物，热衷于思考而非社交活动。安静、内向、灵活、适应力强。对于自己感兴趣的领域有超凡的集中精力深度解决问题的能力。多疑，有时会有点儿挑剔，喜欢分析	软件设计师、风险投资家、法律仲裁人、金融分析师、大学教师（经济学）、音乐家、知识产权律师、网站设计师
ESTP 挑战者型	灵活、忍耐力强，实际，注重结果。觉得理论和抽象的解释非常无趣。喜欢积极地采取行动解决问题。注重当前，自然、不做作，享受和他人在一起的时刻。喜欢物质享受和时尚。学习新事物最有效的方式是通过亲身感受和练习	企业家、股票经纪人、保险经纪人、土木工程师、旅游管理师、职业运动员/教练、电子游戏开发员、房地产开发商
ESFP 表演者型	外向、友好、接受力强。热爱生活、人类和物质上的享受。喜欢和别人一起将事情做成功。在工作中讲究常识和实用性，并使工作显得有趣。灵活、自然、不做作，对于新的任何事物都能很快地适应。学习新事物最有效的方式是和他人一起尝试	幼儿教师、公关专员、职业策划咨询师、旅游管理师/导游、演员、促销员、海洋生物学家、销售专员

49

续表

类型	性格特征	匹配职业
ENFP 公关型	热情洋溢、富有想象力。认为人生有很多的可能性。能很快地将事情和信息联系起来，然后很自信地根据自己的判断解决问题。总是需要得到别人的认可，也总是准备着给予他人赏识和帮助。灵活、自然、不做作，有很强的即兴发挥的能力，言语流畅	广告客户管理师、管理咨询顾问、演员、平面设计师、艺术指导、公司团队培训师、心理学家、人力资源管理师
ENTP 智多星型	反应快、睿智，有激励别人的能力，警觉性强、直言不讳。在解决新的、具有挑战性的问题时机智而有策略。善于找出理论上的可能性，然后再用战略的眼光分析。善于理解别人。不喜欢例行公事，很少会用相同的方法做相同的事情，倾向于一个接一个地发展新的爱好	企业家、投资银行、广告创意总监、市场管理咨询顾问、文案人员、广播/电视主持人、演员、大学校长
ESTJ 管家型	实际、现实主义。果断，一旦下决心就会马上行动。善于将项目和人组织起来将事情完成，并尽可能用最有效率的方法得到结果。注重日常的细节。有一套非常清晰的逻辑标准，有系统性地遵循，并希望他人也同样遵循。实施计划强而有力	公司首席执行官、军官、预算分析师、药剂师、房地产经纪人、保险经纪人、教师（贸易/工商类）、物业管理员
ESFJ 主人型	热心肠、有责任心、合作。希望周边的环境温馨而和谐，并为此果断地执行。喜欢和他人一起精确并及时地完成任务。事无巨细都会保持忠诚。能体察到他人在日常生活中的所需并竭尽全力予以帮助。希望自己和自己的所为能受到他人的认可和赏识	房地产经纪人、零售商、护士、理货员/采购员、按摩师、运动教练、餐饮业食品安全管理员、旅游管理师
ENFJ 教导型	热情、为他人着想、易感应、有责任心。非常注重他人的感情、需求和动机。善于发现他人的潜能，并希望能帮助他们实现。能成为个人或群体成长和进步的催化剂。忠诚，对于赞扬和批评都会积极地回应。友善、好社交。在团体中能很好地帮助他人，并有鼓舞他人的领导能力	广告客户管理师、杂志编辑、公司培训师、电视制片人、市场专员、作家、社会工作者、人力资源管理师
ENTJ 统帅型	坦诚、果断，有天生的领导能力。能很快看到公司组织程序和政策中的不合理性和低效能性，发展并实施有效和全面的系统来解决问题。善于做长期的计划和目标的设定。通常见多识广，博览群书，喜欢拓宽自己的知识面并将此与他人分享。在陈述自己的想法时非常强而有力	公司首席执行官、管理咨询顾问、政治家、房地产开发商、教育咨询师、投资顾问、法官

💡【知识点拨】

性格没有好坏之分

每种性格类型本身没有优劣之分。了解自己的性格类型，有助于更好地扬长避短。了解他人的性格类型，有助于更好地与他人达成一致。重要的是理解和完善，而非改变和对抗。

你的性格类型的最终判定者，就是你自己。你可以通过性格类型来理解和原谅自己，但是不能以此作为逃避现实的借口。

2. 探索性格的其他方法

"不识庐山真面目，只缘身在此山中。"我们眼中的"自己"，常和别人眼中的"自己"有差距。陷于"自己"这座山，对自己的认识常常有局限。因此，对自己性格的了解，不要局限于借助 MBTI 或其他性格测评工具。当疑惑你的 MBTI 类型有些描述与你不相符时，可以借助身边的资源更好地认清自己。

✒【活动体验】

我的性格如何？

写下你自己的性格特点，分别找同学、朋友、家人等熟悉你的人，请他们也列出他们眼中你的性格特点。看看他们对你的认识与你对自己的看法有什么异同。

❓【问题求解】

性格与专业不符怎么办？

我发现自己的性格类型不适合现在所学的专业，是否意味着我很难在所学专业上取得成功？

三、兴趣认知——我想做什么

（一）兴趣与职业

✒【活动体验】

回忆幸福时光

请放松、深呼吸，然后回忆让自己感到特别愉快、忘了时空和自我的三个时刻。请你仔细回想当时的情景以及自己的感受。

讨论：人在什么时候才能感到幸福？

微课启学：培养职业兴趣

美国芝加哥大学心理学教授米哈利花费30多年时间对数百位各行各业的人进行了访谈，研究是什么东西真正令人感到幸福和满足。他发现，和人们通常想象的不同，不是人们很放松、什么事也不做的时候（比如看电视），而是当人们专心致志地从事某种活动，甚至忘我地完全沉浸在这种活动中的时候，他们感到最为愉快和满足。对不同的人而言，幸福和满足可能是跳舞，可能是演奏乐器、绘画，也可能是阅读、写作或即兴演讲，等等。

这一发现说明，人们的满足感、幸福感往往来源于从事某种活动，而不是无所事事或单纯的享乐游玩。米哈利一直强调要做自己喜爱的事情，才能获得快乐。这也正是工作本来的意义。对大多数人而言，工作占据的是他们一生之中、一天之中最美好的时光。

显然，如果我们所做的事情是自己喜欢的，那我们的工作和生活会愉快得多，多半也会对这样的事情更有热情，更有可能在完成过程中获得满足感。

兴趣与能力有着密切关系。人们倾向于在他们感兴趣的事情上投入更多的时间，从而培养更强的能力。由于有较强的能力，人们从事自己喜欢的事情时就会感到得心应手，因此增添了对这些事情的兴趣，从而形成良性循环。

大量研究表明，兴趣和工作满意度、职业稳定性和职业成就感之间存在着明显关联。正因为如此，生涯辅导专家普遍将兴趣作为自我探索的重要方面，并研制出多种量表来测量人们的职业兴趣。同时，由于受霍兰德类型论的影响，对于工作世界的分类，在很大程度上也是参照职业兴趣的类型来划分的。

【知识点拨】

兴趣≠能力

兴趣并不等同于能力，兴趣测评的分数也不代表能力的高低。因此，在探索职业兴趣时，请不要考虑自己是否有能力做好某事，而只需考虑你对某一活动的好恶。

（二）兴趣类型

著名的生涯辅导理论家约翰·霍兰德自20世纪70年代以来，提出了一系列研究假设。他认为，职业选择是人格的一种表现，某一类型的职业通常会吸引具有相同人格特质的人，这种人格特质反映在职业上就是职业兴趣。大多数人的职业兴趣可以归纳为六种类型，即实用型（R）、研究型（I）、艺术型（A）、社会型（S）、企业型（E）、事务型（C）。个人的职业兴趣往往是多方面的，很少只是集中在某一种类型上。我们可能或多或少地具备所有六种兴趣，只是偏好程度不同。因此，为了比较全面地描绘个人的职业兴趣，通常用最强的三种兴趣的字母代码来表示一个人的兴趣，这个代码就称为"霍兰德代码"。这三个字母的顺序表示了兴趣强弱程度的不同。

霍兰德的职业兴趣类型，如表2-3所示。

表 2-3 霍兰德的职业兴趣类型

类型	喜欢的活动	重视	对职业环境的要求	典型职业
实用型（Realistic, R）	用手、工具、机器制造或修理东西。愿意从事实物性的工作、体力活动，喜欢户外活动或操作机器，而不喜欢在办公室工作	具体实际的事物、诚实、有常识	使用手工或机械技能对物体、工具、机器、动物等进行操作，与"事物"工作的能力比与"人"打交道的能力更为重要	园艺师、木匠、汽车修理工、工程师、军官、兽医、足球教练员
研究型（Investigative, I）	喜欢探索和理解事物，学习研究那些需要分析、思考的抽象问题，喜欢阅读和讨论有关科学性的论题，喜欢独立工作，对未知问题的挑战充满兴趣	知识、学习、成就、独立	分析研究问题、运用复杂和抽象的思考创造性地解决问题的能力，谨慎缜密，能运用智慧独立地工作，并有一定的写作能力	实验室工作人员、生物学家、化学家、心理学家、工程设计师、大学教授
艺术型（Artistic, A）	喜欢自我表达，喜欢文学、音乐、艺术和表演等具有创造性、变化性的工作，重视作品的原创性和创意	有创意的想法、自我表达、自由、美	创造力，对情感的表现能力，以非传统的方式来表现自己；相当自由、开放	作家、编辑、音乐家、摄影师、厨师、漫画家、导演、室内装潢设计师
社会型（Social, S）	喜欢与人合作，热情关心他人的幸福，愿意帮助别人成长或解决困难，为他人提供服务	服务社会与他人、公正、理解、平等、理想	人际交往能力，教导、医治、帮助他人等方面的能力，对他人表现出精神上的关爱，愿意担负社会责任	教师、社会工作者、牧师、心理咨询师、护士
企业型（Enterprising, E）	喜欢领导和支配别人，通过领导、劝说他人或推销自己的观念、产品而达到个人或组织的目标，希望成就一番事业	经济和社会地位上的成功、忠诚、冒险精神、责任	说服他人或支配他人的能力，敢于承担风险，目标导向	律师、政治运动领袖、营销商、市场部经理、电视制片人、保险代理
事务型（Conventional, C）	喜欢固定的、有秩序的工作或活动，希望确切地知道工作的要求和标准，愿意在一个大的机构中处于从属地位，对文字、数据和事物进行细致有序的系统处理以达到特定的标准	准确、有条理、节俭、营利	文书技巧，组织能力，听取和遵从指示的能力，能够按时完成工作并达到严格的标准，有组织、有计划	文字编辑、会计师、银行家、簿记员、办事员、税务员和计算机操作员

🔍【自我评测】

找出你的霍兰德代码

请在上述表 2-3 中符合自己情况的语句下面划线，并思考自己日常生活中有哪些与之相符的事例使自己做出这样的判断。按顺序选出你认为最符合自己情况的三种类型，这有可能就是你的霍兰德代码（可以通过后面"兴趣岛"评测加以佐证）。

（三）人职匹配

霍兰德提出，个人兴趣类型和职业环境之间的适配将增加个人的工作满意度、职业稳定性和职业成就感。因此占主导地位的兴趣类型可以为个人选择职业和工作环境提供方向。我们可以使用霍兰德类型来了解并组织自己的兴趣，并根据它来探索及理解工作世界。通过自我探索活动或测评工具得出自己的兴趣代码后，就可以对照找出与之相匹配的职业，从而了解可能有哪些适合自己的工作领域。

人们常常因为客观条件的限制而感到难以单纯从事自己喜欢的工作。有不少大学生在选专业时由于缺乏对自我和专业的认知而未能选择与自己兴趣类型适配的专业，或者由于父母的意见而被迫选择了自己不感兴趣的专业。那么，面对这种情况，"适配"是否还是一个恰当、可行的目标呢？实际上，现实中的适配可以通过多种方式灵活实现。

（1）专业与职业不是简单的一对一关系，同一个专业其实有相当多的职业可以从事。因此，专业类型不适配并不意味着职业类型不适配。比如，一个希望当律师帮助弱势群体的大学生，他最高的兴趣类型可能是社会型（S），而法律专业常见的职业律师第一位的兴趣类型则是企业型（E）。这时候，他可能感到自己所学的专业与自己的兴趣不完全匹配。但他如果将来从事"青少年法律援助"之类的工作，则完全可以满足他社会型的兴趣并很好地与其专业知识相结合。

（2）专业类型可以与兴趣类型相结合，哪怕是相对的两种类型也是如此。比如，一个喜爱文学（艺术型兴趣较高）而学习计算机专业（实用型）的大学生，可以考虑在毕业后去计算机技术相关的杂志社工作，这样就可以将自己的艺术型兴趣与实用型专业结合起来，在一定的程度上满足自己的兴趣。

（3）当我们倡导在职业选择上寻求个人兴趣类型和职业环境之间的适配时，"完全适配"只是我们不断接近的理想目标。在现实中，我们做不到百分之百的适配，但不必因此而放弃对个人兴趣的重视。我们的职业至少应当在一定的程度上体现我们的兴趣，可以是90%，也可以是40%，而其余部分可以在生活中的其他方面，通过其他活动来实现，如业余爱好、志愿活动、辅修专业，等等。

（4）即使一个人从事与自己的兴趣类型不适配的工作，也没有必要沮丧。工作实际上千变万化，很难用简单的类型来划分。由于从事某一职业的典型人群通常都趋向于特定的兴趣爱好，这既是他们的长处也可能是弱点。一个与职业环境不太适配的人，有可能成为这个群体中独树一帜的人，并能做出独特的贡献。当然，这个人也需要理解并接受这样的现实，即在这个职业环境中可能感到格格不入。

【知识点拨】

兴趣不是择业的唯一指标

如果目前不能按兴趣选择工作，尽管很遗憾，但你不妨平时多了解这方面的资讯，更好地充实自己，然后在机会来临时就不会错过了。也可以把兴趣转化为爱好，同样能陶冶性情。

按兴趣去工作只是让自己更容易成功，生活更加快乐，但这并不是让自己幸福快乐的唯一途径。

（四）兴趣探索

每个人都能列举出一些兴趣爱好，如养鱼、种花、唱歌、跳舞、滑冰、游泳、打球、跑步、摄影、绘画、旅游、书法、写作、维修、设计服装、制作家具，等等。但是这些兴趣与职业选择有什么关系？为了回答这个问题，我们先做一个"兴趣岛"游戏。

【自我评测】

寻找你的兴趣岛

1. 测试内容

恭喜你！你获得了一次免费去岛屿度假的机会，唯一的要求是你必须与岛上的居民一起生活至少半年时间。请不要考虑其他因素，仅凭自己的兴趣挑出你最想前往的三个岛屿。

岛屿R：自然原始的岛屿，岛上保留着热带原始植物林，自然生态被保护得很好，也有相当规模的动物园、植物园、水族馆。岛上居民以手工见长，自己种植花果蔬菜、修理房屋、打造器物，制作各种工具。

岛屿I：深思冥想的岛屿，岛上人迹较少，建筑物多偏处一隅，平川绿野，适合夜观星象。岛上有多处天文馆、科博馆、科学图书馆等。岛上居民喜好沉思，追求真知，喜欢和来自各地的科学家、哲学家、心理学家等交换心得。

岛屿A：美丽浪漫的岛屿，岛上布满了美术馆、音乐厅，弥漫着浓厚的艺术文化气息。同时，当地原住民还保留了传统的舞蹈、音乐与绘画，艺术和文艺界的许多朋友都喜欢在这里找寻灵感。

岛屿C：现代化井然有序的岛屿，岛上建筑十分现代化，是进步的都市形态，以完善的户政管理、地政管理、金融管理见长。岛民个性冷静保守，处事有条不紊，重视组织规则，细心高效。

岛屿E：显赫富足的岛屿，岛上居民热情豪爽，善于经营和贸易。岛上的经济高度发展，处处是高级饭店、俱乐部、高尔夫球场。来往者多是企业家、经理人、政治家、律师等，衣香鬓影，觥筹交错。

岛屿S：温暖友善的岛屿，岛上居民个性温和、十分友善、乐于助人，社区均自成一个密切互动的服务网络，人们互助合作，重视教育，充满人文气息。

2. 测试说明

这六个岛屿实际上代表着霍兰德提出的六种类型。做完这个活动后，你应当能得出自己最有兴趣的前三个类型，即你的霍兰德代码。你可以从《霍兰德职业索引》查到每个字母代表的职业兴趣和职业建议。

这只是对你的兴趣类型的初步判断。因为霍兰德理论比较复杂，初学者对霍兰德类型掌握不深入，再加上社会期望和缺乏自我认识等原因，个人不易准确判断自己的职业兴趣类型，最好通过霍兰德职业兴趣测试加以确认。

霍兰德的理论提出后，对职业生涯辅导产生了广泛影响。有许多被广泛使用的测评工具都以霍兰德的类型论为依据，如霍兰德本人编制的自我探索量表、斯特朗兴趣量表、库德兴趣量表等。这些测评工具可以作为个人自我探索的有用工具。经过测评，通常会得出一个由三个字母组成的霍兰德代码，以及与这一代码相匹配的一些职业。

> 知识链接：霍兰德职业兴趣测试

【知识点拨】

兴趣测试

兴趣测试旨在帮助你认识自我及工作世界，拓宽你在职业前景上的思路，为未来发展提供方向性指导。

大学生仍处于生涯发展的"探索期"，重要的不是得出某个确定的职业结果，而是以兴趣类型作为自己探索和定位的参考依据。

【问题求解】

我的兴趣与困惑

(1) 我好像没有什么兴趣，不知道自己到底喜欢什么，怎么办？

(2) 我的兴趣太多，该怎么选择？

(3) 我现在所学的专业不是我的兴趣所在，除了换专业或专升本之外还有别的出路吗？

(4) 做不符合自己兴趣的事情能成功吗？

四、能力探索——我能做什么

（一）能力与职业

当个人能力和工作要求相匹配时，最容易发挥潜能，并且获得满足感。相反，做自己力所不及的工作时，会感到焦虑，甚至产生挫败感。当一个人的能力超出工作要求太多时，又容易感到工作缺乏挑战，比较乏味。因此，选择职业时，同样要寻求个人能力与职业技能要求的适配。

> 知识链接：关键职业能力测试

（二）能力的分类

1. 专业知识能力

专业知识能力是指那些需要通过教育或者培训才能获得的特别的知识或能力，也就是个人所学习的科目、所懂得的知识，如外语、计算机编程等知识。专业知识能力不可迁移，它们是一些特殊的语汇、程序和专业内容，必须经过有意识的、专门的培训才能掌握。它们常常与我们的专业学习或工作内容直接相关。不过，专业知识能力并非只有通过正式的专业教育才能获得。除了学校课程，参加课外培训、专业会议、讲座、研讨会、资格认证考试以及自学等方式都可以帮助个人获得专业知识能力。

【自我评测】

你拥有的知识能力

对下面的经历进行分析，尽可能全面地列出你所掌握的专业知识能力，再从中分别挑选出你自己感觉比较精通的和你在工作中应用或希望应用的专业知识能力，最后排列出对你来说最重要的五项专业知识能力。

(1) 在学校课程中学到的知识能力，如软件编程、会计等。

(2) 在工作(包括兼职和勤工俭学)中学到的知识能力，如美化图片、视频剪辑等。

(3) 从课外培训、研讨班学到的知识能力，如绘画等。

(4) 从志愿者工作中学到的知识能力，如小动物饲养等。

(5) 从爱好、娱乐休闲、社团活动、家庭职责中学到的知识能力，如摄影等。

(6) 通过阅读、看电视等方式学到的知识能力，如PPT课件制作等。

请家人和同学帮助你回忆在校内外还学习过哪些专业知识。无论这些知识属于什么类型或掌握程度如何，都不要忽略它们，因为也许就是这些独特之处才助于你在竞争中胜出。

思考：上述能力之间可以相互结合吗？它们的组合能够使你更好地完成什么样的工作？与你的同学相比，除了共同的专业外，你还掌握什么知识是他们所未掌握的？你有什么特别擅长的吗？这些知识是否能应用在将来的专业工作中？

【知识点拨】

专业知识能力重不重要？

在就业招聘中，专业知识能力非常重要但并非用人单位选才的唯一条件。

2. 自我管理能力

自我管理能力是指受教育者依靠主观能动性，按照社会目标，有意识、有目的地对自己的思想、行为进行转化控制的能力，涉及个体在不同环境下如何管理自己，包括：是勇于创新还是循规蹈矩，是认真对待还是敷衍了事，能否在压力下保持镇定，是否对工作有热情，是否自信，等等。良好的自我管理能力能够帮助个体更好地适应环境、应对工作中的问题，也被称为"适应性能力"。

一个人如何使用自己的专业知识、以什么样的态度从事工作，比工作内容本身更为重要。正是这些品质和态度，将个人区别开来——最终得到一份工作并能适应新的环境和规则，在工作中取得成就，获得加薪和晋升机会。因此，有人称它们为"成功所需要的品质、个人最有价值的资产"。

事实上，人们被解雇或离职现象的出现较多是因为缺乏自我管理能力。在用人单位对初入职场大学生的意见中，经常听到的就是"缺少敬业精神""没有服务意识""眼高手低""不认真，不踏实""没有主动进取精神"等，这些都与自我管理能力相关。

自我管理能力需要练习，它们可以从非工作领域迁移转换到工作领域。耐心、负责、热情、敏捷等这些能力并不是通过专门的课程学习到的，而是在日常生活中随时随地培养的。

【活动体验】

你的个人能力怎样？

通过他人对你的反馈是了解你自己很好的方式。询问你身边的亲朋好友，如果让他们用几个形容词来形容你的个人能力，他们会说什么？你可以通过面谈、打电话、发信息或电子邮件等多种方式来完成这个活动。请至少询问 10 位。

得到他人反馈后，在他们对你的描述中，看看哪些是你已知的，哪些是你没有想到的。他们所说的符合你对自己的能力评价吗？哪些方面是你的长处？哪些地方需要你改进？通过这个活动，你对自己的个人能力有什么新的认识？

3. 可迁移能力

可迁移能力就是那些能够从一份工作中转移运用到另一份工作中的、可以用来完成许多类型工作的能力。如组织、说服、设计、安装、计算、考查、分析、搜索、决策等。

案例品读

制作演示文稿讲解

本学期，教师要求我们必须自选题目并用 PPT（演示文稿软件）进行一次演示讲解。在此之前，我没有学过如何制作 PPT。我请同宿舍的一位同学用了大约 20 分钟时间教我使用 PPT，又在学校计算机房琢磨了一下，并向机房管理人员请教了几个不明白的问题。选定了我要讲的题目以后，我上网搜索了相关资料和图片，然后制作了 10 分钟课程的辅助教学 PPT。在课堂演示中，由于我制作的 PPT 图片精美、文字与内容搭配得宜，得到了老师和同学的称赞。

> 用 PPT 制作课件所涉及的能力包括：快速学习；善于利用人际资源；寻求帮助；清晰地沟通；搜索信息；图片文字的处理、编辑和组织；面对新情况，表现出灵活性和较强的适应能力；敢于迎接挑战；积极主动；耐心；关注细节；克服压力；PPT 制作方法与技巧。其中，前六项是可迁移能力，中间六项是自我管理能力，最后一项是专业技术能力。

可迁移能力的特征是它们可以从生活中的方方面面，特别是工作之外得到发展，可以迁移应用于不同的工作。因此可迁移能力也被称为"通用能力"，是个人最能持续运用和最能够依靠的能力。随着信息时代的到来，新知识层出不穷，新技术日新月异，个体需要不断地学习新的知识才能跟上时代的发展。因此，当今时代越来越强调"终身学习"。终身学习能力(可迁移能力)已经比拿到某个专业的高学位(知识能力)更为重要。

从这个意义上说，求职时，尽管你从来没有从事过某个职务，但只要你实际上具备这个职务所要求的基本能力，你就可以证明自己有资格去从事这个职务。如果你并不是"科班"出身，仍然有可能跨专业从事你想从事的职业，尤其是那些对知识能力要求并不是很高而可迁移能力占重要地位的职业。比如，也许你并不是营销专业的学生，但有着良好的人际交往能力，曾经担任过某品牌商品的校园代理，并且业绩不俗，从可迁移能力的角度看，这样的经历足以使你成功应聘销售职位。

(三) 能力探索

1. 可量化的业绩

回顾你的历史，有什么样的业绩是可以量化的？除了常见的如"期末考试全年级总评第三"或"连续三年获得一等奖学金"外，有没有其他事情可以用数字来说明你的成果？如"作为校学生会文艺部长，成功地组织了为数 1 000 人的大型表演活动""在兼职某品牌化妆品销售期间，使当月部门销售额提高 15%"，等等。这样的数据可以非常具体地说明你取得的成绩，给人留下深刻的印象。当然，如果你要在简历或面试中提及这些例证时，最好明确在这些事例中你使用了什么样的能力来帮助你取得佳绩。

2. 他人的认可

这种认可可能以你所得到的奖励(如获得校演讲比赛二等奖)、升职(如被同学们选举为班长)的形式体现，也可能以他人对你直接的书面或口头表扬的形式出现(比如你的服务对象对你的好评)。不过，更多的时候，它也许只是一种微妙的认可，你仍然需要细心思考和回顾以下几个方面：

(1) 你是否曾经从众人中被选出来担当更多或更大的责任？比如被老师选出来专门负责某一事务？而这是否意味着你在某方面的能力比其他同学更加出色，或者更认真负责？

(2) 你的同学、朋友或上司是否总依靠你来完成某件事情？他们认为你特别擅长做的事情是什么？

(3) 如果一个了解你的人(老师、同学、同事、领导、客户等)要向别人推荐你，他/她可能会说些什么？

（4）如果你离开了现在的位置（无论是你的宿舍还是你在学生社团或兼职实习的位置），你的同学或同事会因为你的离去而感到有什么样的不适或困难吗？

对所有这些问题的回答，有可能反映出你个人所擅长的、为人称道的能力和品质。如果你感到回答这些问题有困难，可以直接与周围的人谈谈，请他们帮助你。如果你觉得自己跟周围的人交往太少，就应该开始扩大你的人际交往圈。别总是埋首于书本中，应该行动起来，多主动参加一些实践活动。

3. 成就故事

请写下生活中令你有成就感的具体事件，然后对其进行分析，看看你在其中使用了哪些能力（尤其是可迁移能力）。

这些"成就事件"不一定是工作或学习上的，也可以是课外活动或家庭生活中发生的，如同学聚会、一次美好而难忘的旅游等。它们不必是惊天动地的大事，只要符合以下两条标准就可以被视为"成就"：一是你喜欢做这件事时体验到的感受；二是你为完成它所带来的结果而感到自豪。如果同时你还获得了他人的认可和表扬那就更好了。

在撰写成就故事时，每一个故事都应当包含以下要素：

（1）你想达到的目标，即需要完成的事情。

（2）你面临的障碍、限制或困难。

（3）你的具体行动步骤，即你是如何一步步克服障碍、达到目标的。

（4）对结果的描述，即你取得了什么成就。最好能够量化评估（用某种方法衡量或以数据说明）。

至少写出五个故事（越多越好）。如果有条件的话，请你和两三个同伴一起就你使用的能力逐一进行分析讨论。最后看看在这些故事中是否有重复出现的能力，它们就是你喜爱施展且擅长的能力。将这些能力按优先次序加以排列。

【活动体验】

能 力 盘 点

参照上述方法，对照前面的能力分类列出自己最重要的能力，并简要写下实例。

（1）我最重要的五项自我管理能力：＿＿＿＿＿＿＿＿＿＿＿＿＿＿＿＿

（2）我最重要的五项可迁移能力：＿＿＿＿＿＿＿＿＿＿＿＿＿＿＿＿＿

（3）我最重要的五项专业知识能力：＿＿＿＿＿＿＿＿＿＿＿＿＿＿＿

现在，你是否对自己的能力有了更多的了解，知道自己这块地里的"金子"是什么？

很多时候人们并不清楚自己的长处。对自我能力进行探索的目的，就是要帮助个体认识到自己在已往的岁月中其实已经掌握了相当多的能力，从而能够对自己有更好的定位，做到扬长避短。对你来说，最重要的是把精力集中在你擅长并且喜欢的能力上。

考虑一下：在你未来的职业中，哪些能力最可能被用到？上述哪些能力需要进一步拓展？怎样去拓展这些能力？

?【问题求解】

能力不足怎么办？

（1）我是一个普通的大学生，自认为学的专业很普通，成绩并不出色，也没有什么特长，感到自己的能力非常不足，缺乏很多技能。想到找工作，我就犯怵，觉得自己在就业市场上没有什么竞争力。我该怎么办呢？

（2）我的情况用一句话概括——对专业不感兴趣，感兴趣的不够专业。我是学计算机专业的，而我真正想从事的却是人力资源方面的工作。但在这方面我没有任何专业背景，我很迷茫。一方面，不知道怎样才能从事我想从事的工作，自己也没有足够的自信与人力资源专业的学生竞争；另一方面，如果三年的专业学习被抛到一边，我觉得很可惜。

好文续航

探索职业能力要求的途径

仅仅对自身具备的能力有很好的了解仍不够，我们还需要了解这些能力可以在什么样的职业中得到应用，以及自己心仪的职业在能力方面有什么样的要求。因此，我们也需要掌握探索职业能力要求的途径和方法。

一个专门的职业分类网站，对各种职业的工作内容和技能要求有详细说明，是一个很好的参考资源。请找出对你所心仪的职业能力的描述。

1. 生涯人物访谈

所谓"生涯人物访谈"，就是向实际从事某一职业的人了解该职业的技能要求。通常，用这种方法可以比较详细、具体地了解特定职业不为常人所知的要求，可以有效地帮助个人在进入某一行业前做好职业方面的能力准备。

2. 根据职业的能力要求培养和发展个人能力

了解职业的能力要求意义重大，因为能力多种多样，其发展和培养又需要相当的时间，而人的时间和精力有限。只有当我们明确了目标职业需要的能力时，我们才能提早准备，明确自己需要重点发展哪些能力，并通过校内外的各种课程和实践活动培养这些能力，有计划、有针对性地过好大学生活，做到求职应聘时有实力、有信心。

交互测试：自我认知

主题三　环　境　认　知

每个人都处在一定的环境中，离开了环境，便无法生存与成长。所以，在制定职业生涯规划时，要分析环境的特点和发展变化、自己与环境的关系、自己在这个环境中的地位、环境对自己提出的要求以及环境对自己有利与不利的条件等。只有充分了解这些环境因素，才能做到在复杂的环境中趋利避害，使职业生涯规划具有实际意义。环境主要包括社会环境、组织环境和个体环境等。

一、社会环境认知

社会环境是指社会各种客观因素所形成的职场就业的总体氛围。社会环境包括国际、国内与所在地区三个层次，其构成因素众多而复杂，主要包括政治环境、经济环境、文化环境、信息环境四个方面，对大学生的职业生涯规划乃至人生发展有重大影响。

（一）政治环境

政治环境包括一个国家的社会制度，政府的方针、政策、法律法规等。大学毕业生求职者要关心国家战略和政策动态，更要格外关注大学生就业政策。比如，劳动用工政策、吸引人才政策、发达地区和中心城市的进入控制政策等，都对大学毕业生择业产生重要的导向作用。除大学毕业生就业政策的直接影响外，劳动人事制度中诸如人才流动、工资、公务员制度等，以及社会职业结构调整的有关政策，都会对大学毕业生的择业产生影响。

（二）经济环境

一个国家、一个地区在一定时期内的经济状况，直接影响其劳动就业状况。大学毕业生选择职业，不可避免地受社会经济状况影响。从整个国家范围来说，经济的发展和科学技术的进步，劳动生产率的提高，职业演化速度的加快，就业岗位的增加，都是极为相关的因素。从一个国家的区域性经济发展状况来说，由于其不平衡性，往往使经济发展速度快的地区成为大学毕业生择业的热点。然而，我国目前经济发展欠发达地区及农村地区蕴含着新功能新活力，同样可以以大学生就业、施展才华提供广阔天地。目前，我国经济增长方式的转变和经济结构的调整，以及科教兴国和可持续发展两大战略的实施，对大学毕业生就业的影响较为深远。社会经济状况直接反映到职业的经济地位和行业的经济状况上。例如，近几年大数据、人工智能、移动物联网、云计算等产业发展迅猛，在国民经济中的地位直线上升，人才需求数量大幅上升。

（三）文化环境

文化环境是影响人们行为、思想的基本因素，包括一个国家和地区的居民教育程度和文化水平、宗教信仰、风俗习惯、审美观点、价值观念等。认真分析社会文化环境，尤其是社会价值观，有利于大学生的职业规划，因为每个人的成功需要社会的认可，只有符合社会主体价值观念的行为，才会被社会认可和接受。另外，在良好的社会文化环境中，个人在学习、进修、深造等方面都可以得到更好的教育和熏陶，从而为职业发展打下良好的基础。

（四）信息环境

信息环境是指一个国家、一个地区乃至全球范围内信息的生长、传播、利用等环节的相互关系的表现形式或协调状态。人、信息、信息基础设施、信息政策与法律是宏观信息环境的基本构成要素。从特定的组织或个人来讲，所谓信息环境即组织信息环境或个人信息环境，就是社会中特定的组织或个人可能接触的信息资源以及特定的信息交流活动的影响因素共同构成的环境。信息环境分析包括对信息来源和传输情况、信息的真实准确程度等情况的分析。

> 【知识点拨】
>
> **终身学习是时代的需要**
>
> 社会环境处于不断变化之中，社会对人才的要求以及具体的职业也不是一成不变的。社会环境的变迁，不仅使新职业不断涌现，对人才提出了新要求，而且对就业市场也产生了深刻的影响。这主要反映在人才竞争全球化，就业形势持续严峻，灵活就业和不充分就业将成为一种趋势，终身学习成为职场发展的必需，多技能、创造力成为人才竞争的重要资本，职业素质越来越受到重视，中小企业成为就业的主渠道。

二、组织环境认知

组织环境是指职业人所进入的行业环境、企业环境、职位环境的总和。组织环境认知是我们"知彼"的核心。

（一）行业环境

行业与职业不同，行业是同类型组织的集合，如从事同类产品的生产销售企业或提供类似服务的企业达到一定的数量就形成了一个行业。例如，家电企业达到一定的数量就形成家电行业。在同一行业内，可以从事不同的职业。例如同在保险业，可以做保险业务员，也可以当人力资源部经理。

行业环境分析就是对目前从事或拟从事的目标行业的环境分析，包括行业的发展状况、国际国内重大事件对该行业的影响、目前行业的优势与问题、行业发展趋势等。行业环境分析主要包括以下三个方面。

1. 行业生命周期分析

行业生命周期是行业演进的动态过程。行业生命周期分成形成期、成长期、成熟期和衰退期四个阶段：

（1）形成期。这是指某一行业刚出现的阶段。在此阶段，有较多的小企业出现，因企业刚建立或刚生产某种产品，忙于发展各自的技术能力而不能全力投入竞争，所以竞争压力较小。研究开发产品和技术是这个阶段的重要职能。在营销上则注重广告宣传，增进顾客对产品的了解。

（2）成长期。在这个时期，行业的产品已较完善，顾客对产品已有认识，市场迅速扩大，企业的销售额和利润迅速增长。同时，不少后续企业加入，行业规模扩大，竞争日趋激烈，不成功的企业开始退出。市场营销和生产管理成为关键性的职能。

（3）成熟期。这个阶段的主要表现：一方面行业的市场已趋于饱和，销售额难以增长，在此阶段的后期甚至开始下降；另一方面行业内部竞争异常激烈，合并、兼并大量出现，许多小企业退出，于是行业由分散走向集中，往往只留下少量大企业。产品成本和市场营销的有效性成为企业的关键因素。

（4）衰退期。市场萎缩，行业规模缩小，留下的企业越来越少，竞争依然很残酷，这个阶段的行业就是所谓的"夕阳行业"。

2. 行业竞争结构分析

对新进入者的威胁（威胁的大小依进入市场的障碍、市场潜力以及现有企业的反应程度而定），行业中现有企业间的竞争，替代品或服务的威胁，购买者的谈判能力和供应者的谈判能力这五种基本竞争力量的状况以及综合强度，引发行业内经济结构的变化，从而决定着行业内部竞争的激烈程度，决定着行业获得利润的最终潜力。

3. 国家相关行业政策分析

政府会根据国家宏观经济状况发布行业性政策法规，鼓励、扶持一些行业，限制、缩小一些行业。政府可能会对一些专业人才的培养给予鼓励支持，对某些职业人员给予限制。这些政策对企业和职业的发展将产生重大影响。

> 【知识点拨】
>
> **理性选择行业**
>
> 要尽量选择那些有前景、发展空间较大的行业。例如，我国近年来推进生态文明建设、推动碳达峰和碳中和目标实现、推行可持续发展战略、狠抓环境保护、保护生物多样性、在农业生产中控制化学制品的使用、开发绿色食品等，使环境保护产业如初升的朝阳，充满生机，导致环保设备生产、环保技术咨询等行业迅速发展，提供了大量就业岗位。这时如果盲目进入那些污染严重的行业谋职，必将会给自己的职业生涯造成不良的后果。

（二）企业环境

企业环境分析尤为重要。个人在选择企业时，有必要通过个人可能获得的一切渠道来了解企业的有关情况。企业环境分析主要包括以下三个方面。

1. 企业实力

企业实力主要包括：企业在社会中的地位和声望如何？目前的产品、服务和活动范畴是什么？发展领域在哪些方面？发展前景如何？战略目标是什么？技术力量和设施是否先进？在本行业中是否具备很强的竞争力？是发展扩张，还是倒退紧缩？谁是竞争对手？目前的财务状况如何？有没有长久的生命力？组织结构怎样？

2. 企业领导人

企业主要领导人的抱负及能力是企业发展的决定性因素，而且个人在职场的机遇很大一部分来自主要领导。很多成功的大企业都有出色的企业家作为掌舵人。当然，炒老板鱿鱼也是职场的家常菜。因此，要了解主要领导人是真心要干一番事业，还是想捞取名利；管理是否先进开明；是否尊重员工；有没有战略眼光和措施；是否具备足够的能力带领员工开创新天地；等等。

3. 企业文化

企业文化是全体员工在长期工作活动中形成并共同遵循的最高目标、价值标准、基本信念和行为规范，可以说是企业的性格所在。从业者选择适合自己生存的企业环境，如同选择志趣相投的朋友。除了吸引人的薪酬、舒适的工作环境和出色的管理外，优秀的企业还会创造积极的企业文化，让员工感到快乐和受尊重，使员工更有创造力。

（三）职位环境

职位环境就是具体的工作环境。确定职业目标的前提是尽可能充分了解目标职业、目标岗位的特有环境，并据此判断该职业是否真的如你心中所向往的。比如很多人不知晓记者职业光鲜背后的无奈：工作时间特殊、工作环境复杂、身在危险的第一线等，但是，如果记者身上所体现的社会责任感是你认同的第一价值观，即使有再多超出想象的困难，你还是会乐在其中。职位环境分析主要包括以下四个方面。

1. 职业内容分析

职业内容是每个职业最基本的特征，它能告诉我们一项工作的职责是什么，工作中运用了哪些技能等。只有了解了职业内容，我们才能结合自身的特点判断自己是否对这个职业感兴趣。

2. 工作方式分析

不同的职业工作方式差别较大，这涉及每个职业从业者日常的活动范围和环境、接触的人群等问题。如有的职业需要长期久坐伏案，如计算机操作员、文字加工编辑等；有的职业需要经常和他人交流，如销售代表、法律顾问等；还有的职业工作条件和环境很恶劣，甚至危险，如炼钢工人要在高温环境下工作，建筑工人常在高空作业，等等。

3. 工作满足感分析

工作成就感在很大程度上决定了个人从事该职业的热情，你需要了解自己是否能够从这项工作中获得满足感和价值感，以驱动你持续地付出劳动。

4. 任职资格分析

对以上三方面内容都有所了解后，你一定还想知道，怎样才能从事这个职业，即需要怎样的能力和知识结构才能胜任这一工作。这也是我们下一步为目标制订行动计划的"标杆"。

总之，通过以上分析，应理出一条清晰的线索，确定自己的职业在这个组织中有没有足够的发展空间，衡量自己的目标在该组织得以实现的可能性。

> 【知识点拨】

揭开职业的神秘面纱

要想了解职业的真相，最简单有效的方式莫过于亲身体验。但现实中并没有机会让你逐一观摩或通过实习去体会自己所向往的那些职业的真实环境，但是可以借助当下一些职业信息虚拟仿真系统完成。这些系统软件可以从多维度，包括对从业者的职业要求(工作任务、工作要求的性格、技能、知识结构、任职资格、工作方式和环境)，以及从业者追求的工作满足感(工作兴趣、价值观、企业氛围)，为大家模拟并呈现立体的职业全貌。即使不是亲身体验，也能让你感知职业的真实状况。

三、个体环境认知

个体环境是指个体家庭环境、学校环境以及社会时尚等影响因素的总和。

(一) 家庭环境

大多数人从幼年起就在家庭环境中感受父母的职业活动，随着年龄的增长，逐步形成自己的职业价值取向。个人在选择职业时，不可避免地带有家庭教育的印迹。

家庭因素对职业取向的影响，主要体现在择业趋同性和协商性。一般情况下，个人对家庭成员特别是长辈的职业比较熟悉，在职业规划和职业选择上就会产生一定的趋同性影响。同时，个人的职业生涯决策多产生在家庭成员协商的基础上。

父母的教育方式、期望、经济社会地位与社交能力等对大学毕业生职业生涯规划的影响作用不可忽视。每个人规划职业生涯时都应首先认清家庭环境，趋利避害，最大限度地获得家庭对自己职业生涯发展的支持与帮助。

> 【活动体验】

绘制你的家族职业树

父母亲目前分别从事_____工作，他们曾经从事_____工作。

其他家庭成员从事的职业有_____。

家族对彼此的职业，感到最满意或者羡慕的是_____。

家人希望我将来从事_____工作，理由是_____。

(二) 学校环境

从学校环境因素分析影响大学毕业生就业竞争力的重要因素主要包括：高校的办学特色和学科专业分类等。

1. 高校的办学特色

大学毕业生的就业竞争力表现为学校特色的竞争力。国内外知名高校都有着鲜明的办学特色，如美国麻省理工学院、密歇根大学、科罗拉多大学三所不同层次的工科类大学的人才培养目标与体系各不相同，各具特色：麻省理工学院连续十多年工科排名第一，机械系的人才培养目标与其学校一样，都以培养领袖人才为己任。为了实现"造就工业、政府、教育部门领导人才"的培养目标，该系人才培养目标非常强调了解基本原理，熟悉设计、计算和分析方法，开发创造性处理工程问题的能力，同时培养学生的自信心和应变能力，为终身学习和专业成长做好准备。密歇根大学工学院也是美国一流的工学院，其目标是培养具有广泛适应性的人才。因此，机械系为学生提供了大量工程的和非工程的选修课，并为学生参与工程实践提供了许多机会。工科排名一般的科罗拉多大学则定位在提高学生在机械领域的职业技巧。科罗拉多大学工学院的培养目标，定位在帮助学生获得发展自身的职业技巧，使学生掌握机械工程学科的基本知识，具备设计、操作、分析实验等解决机械工程问题的能力。不同的培养目标和培养体系，造就了不同类型的人才，从而使各校的毕业生都能较好地确定自己的职业定位和就业趋向。因此，大学毕业生在制订职业生涯规划时，一定要认清所在高校的办学特色为自己提供的择业优势。

2. 学科专业分类

现实中不难发现这样的情形，一些专业的应届毕业生被很多企业竞相争夺，有的专业的毕业生却面临就业困境。就业困难的大学毕业生不少是因为所学专业不对路造成的。影响专业发展前景的因素主要有两点：

（1）是否为学校的优势专业，优势专业一般就业较容易。由于长期形成的办学质量与信誉，加上自身办学思路与相关行业的需求较符合，这样的专业往往不易受到外部就业市场冷暖的影响，成为有相应需求用人单位的首选。

（2）专业设置是否符合产业发展需要与社会需求。如果符合，大学毕业生就业率一般较高。

（三）社会时尚和主流价值观

社会时尚就是在社会中流行一时的风气或风尚，它是一种非常规的集体行为模式。健康的时尚，会激发人们的责任感和使命感，形成正向行为导向。不健康或带有偏见的时尚，会造成人们思想意识的偏狭和行为取向的偏差。社会时尚对大学毕业生择业的影响不可忽视，如我国大学毕业生择业中曾出现过大城市热、外企热、"一江春水向东流"和"孔雀东南飞"等现象，以及现在盛行的"公务员热""教师热""考研热"等。

此外，由于我们身处多元社会，受多种价值观冲击，其中主流价值观影响最大。在改革开放的大潮下，尊重个体的差异和独特性和充分发挥个人才能已经成了社会所推崇的理念，并成为职业生涯规划这一行业发展的契机。

主题四　职业生涯决策

经过自我认知和环境认知，大学毕业生需要综合两方面的信息，进行初步的职业抉择，为自己的职业生涯设立目标，确定大体的发展方向。

一、职业生涯决策概述

职业生涯决策不是一件容易的事情，但又是一件无法回避的事情。从早晨醒来到夜晚入睡，我们都在不断地做决定：如何安排这一天的时间？穿什么衣服？吃什么食物？读什么书？与什么人交往？等等。生活充满了成百上千的决定，通常一个决定越重要，做决策也就越困难。就职业决策来说，我们需要选择行业，选择行业中的某种工作，选择所适用的策略，以获得某种特定的工作，从数个工作机会中选择其一。选择工作的取向、工作地点、职业生涯目标或系列的升迁目标等，这种决策远比日常生活中的一般决策困难得多。

（一）决策模式

> 🔍【自我评测】
>
> **了解你的职业生涯决策风格**
>
> 首先，请想一想——你今天做了哪些选择和决定？这些决定中哪些是比较容易做出的？哪些是比较难做出的？为什么会做出这些决定？
>
> 然后，请回忆——迄今为止，你在生活中的五个重大决定。分别按以下内容予以描述：
>
> （1）目标或当时的情境。
> （2）你当时面临的所有选择。
> （3）你做出的选择。
> （4）你的决策方式。
> （5）你对结果的评估。
>
> 你如何描述自己在上述几项选择中的决策风格？它们有共同之处吗？当你做一番回顾时，有没有想过自己通常采用了什么样的决策模式？

决策模式是指个体在决策过程中采用的决策方式，大体可分为以下几种类型。

1. 痛苦型

花很多时间和精力来确认有哪些选择，收集信息，反复比较，却难以做出决定。他们经常爱说的一句话是"我就是拿不定主意。"出现这种情况时，收集再多的信息进行分析比较也无济于事。需要弄清的是他们被一些什么样的情绪和非理性信念困住了，如害怕自己做出错误的决定，追求完美等其他原因。

2. 冲动型

有的人遇到第一个选择就紧紧抓住不放，不再考虑其他选择或收集信息。他们的想法是："先决定，以后再考虑。"比如，先找到一份工作做再说。冲动的决策方式可能是出于对困难的回避，不愿意花时间和精力去探索。这种方式的危险在于风险太大，等看到有更好的选择时自然追悔莫及。

3. 直觉型

有一些人将自己的直觉感受作为决定的基础。他们通常说不出什么理由，一味地表示："就是觉得这个好。"人们在择友的时候常常采用这样的决策方式。直觉在人们对环境情况无法获得充分信息的时候会比较有效，但它也有可能不符合事实。有时候，我们的判断可能会因为自身先入为主的偏见而产生较大的误差。因此，不能仅仅将直觉作为决策的依据。

4. 拖延型

这类人习惯将对问题的思考和行动都往后推迟。"过两天再考虑"是他们的口头禅。大学毕业生常见的"我还没有准备好工作,所以打算先升本考研",就是这种方式的体现。拖延型的人心中暗暗抱有这样的希望:"车到山前必有路",也许事情过几天就自动解决了。然而,问题并不会自动解决,有时甚至越拖越严重。如果你现在不知道该怎么找工作,那么读完研究生也未必就能知道。

5. 宿命型

有些人不能自己承担责任,而将命运归结于外部形势的变化。他们会说"该怎样就怎样"或"我这个人永远也不会走运"之类的话。当一个人将自己生活的主导权交给外界环境的时候,可以预见,这个人很容易觉得无力和无助。这样的人容易成为环境的"受害者",怨天尤人,却没想到自己的处境正是由于放弃了个人对生命的"主权"而造成的。

6. 从众型

这种类型的人倾向于顺从别人的计划而不是独立地做出决定。他们常说:"只要他们都觉得好,我就觉得好。"比如,很多大学生蜂拥着争取出国深造、进外企、考研、参加各种培训班,只因为"大家都这样做"。从众的人固然在追随群体的过程中获得了一种虚假的安全感,但却忽略了自身的独特性,造成其选择往往并不适合自己。他们在不必费心思考的同时,也牺牲了对生命可能有的满足感。

以上几种类型的决策模式,根据情境和其后果重要性的不同,会产生相应程度的作用。比如,我们常常用"冲动"的方式决定晚餐点什么菜或买下一件新衣服,其后果不会对我们的生活造成太大影响,甚至给自己或他人带来惊喜。我们也常常用"直觉"方式交到很好的朋友。但是,这些决策模式用在择业等一些重大决定当中则不适宜,往往导致懊悔、耽搁时间、浪费精力等后果。

(二)决策方法

1. 决策方格法

决策方格法,即管理方格理论。该理论是由美国得克萨斯大学的行为科学家罗伯特·布莱克和简·莫顿在1964年出版的《管理方格》(1978年修订再版,改名为《新管理方格》)一书中提出的。决策方格法的操作步骤如下:

(1)挑选出你最向往的2~3个职业目标。

(2)根据你个人的情况,从个人价值满足程度、兴趣一致程度、专长的施展空间等方面,逐一评估每个职业目标的"回报"等级——优、良、中、差,并分别对应4分、3分、2分、1分。

(3)根据职业发展机会情况,从职业发展机会中对能力、经验要求、学习限制、发展前景等方面,评估每个职业目标的"机会"等级——优、良、中、差,并分别对应4分、3分、2分、1分。

(4)根据你对回报和机会的评估结果,填入职业目标决策方格(见表2-4)中相应的位置。

(5)将每个职业目标的回报与机会的得分相乘,乘积最大的目标,就是最适合你的职业目标。

表 2-4 我的决策方格

维度		机会			
		差(1分)	中(2分)	良(3分)	优(4分)
回报	优(4分)				
	良(3分)				
	中(2分)				
	差(1分)				

2. 职业决策"5W"法

"5W"法是用五个"what"来思考职业生涯规划，解决职业生涯规划的五个具体问题。具体包括以下内容：

（1）who are you（你是谁）？对自己做一个深刻的反思和全面的评估，全方位地认识自己。具体包括自己的学历、所学专业、兴趣、爱好、动机、能力、特长、技能等。

（2）what do you want（你想干什么）？对自己职业发展的心理趋向进行检查，进一步明确职业发展的方向。通常来说，每个人在不同阶段的兴趣和目标不完全一致，甚至对立。

（3）what can you do（你能干什么）？对自己的能力和潜能进行全面总结。个人职业发展空间的大小主要取决于自身潜力。如对事务的兴趣、做事的韧力、意志力、遇事的判断力，以及知识结构是否全面、是否及时更新等。

（4）what can support you（环境支持或允许你干什么）？环境支持在客观方面包括本地的各种状态，如经济发展、企业制度、人事政策、职业空间等，人为主观方面包括同事关系、领导态度、亲戚关系等，应综合两方面加以分析。

（5）what can you be in the end（你最终的职业目标是什么）？列出不利条件最少的、自己想做而且又能够做的职业生涯目标。

3. SWOT 分析法

SWOT 分析法又称为态势分析法，四个英文字母分别代表优势（strengths, S）；劣势（weaknesses, W）；机会（opportunities, O）；威胁（threats, T）。SWOT 分析法是检查求职者的职业能力、职业喜好和职业机会的有用工具。

（1）优势：你可以控制并且可以利用的内在积极因素。例如，你最优秀的品质有哪些？你的能力体现在哪里？你曾经学习了什么？你曾做过什么？最成功的方面是什么？

（2）劣势：你可以控制并努力改善的内在消极因素。例如，你的性格有什么弱点？你在经验或者经历上还有哪些缺陷？最失败的是什么？

（3）机会：你不能控制但可利用的外部积极因素、社会环境对你的发展目标的支持。例如，地理位置优越为专业发展带来的机会，就业机会的增加。

（4）威胁：你不能控制但可以弱化的外部消极因素。例如，名校毕业的竞争者、相同专业的大学毕业生带来的竞争等。

4. 决策平衡单

在决策过程中对可能的选择进行评估排序时，需要详尽考虑该决定所涉及的各方面因素。一个有效的方法是使用"决策平衡单"，它将重大决策的思考方向集中到四个主题：个人物质方面的得失、他人物质方面的得失、个人精神方面的得失、他人精神方面的得失。决策平衡单，如表 2-5 所示。

表 2-5　决策平衡单

考虑因素	权重 1~5	选择一 加权分数 (+)	选择一 加权分数 (-)	选择二 加权分数 (+)	选择二 加权分数 (-)	选择三 加权分数 (+)	选择三 加权分数 (-)
个人物质方面的得失： (1) 个人收入 (2) 未来发展 (3) 休闲时间 ……							
他人物质方面的得失： (1) 家庭收入 (2) 家庭地位 ……							
个人精神方面的得失： (1) 成就感 (2) 自由独立 (3) 兴趣满足 (4) 挑战性 (5) 被认可 ……							
他人精神方面的得失： (1) 父母亲 (2) 男/女朋友 (3) 教师 ……							
总分							

具体来说，决策平衡单的应用步骤如下：

（1）明确选项。列出你要选择的项目，比如是升学还是就业，是 A 职业还是 B 职业。

（2）细化四个主题的具体指标。列出你在"个人物质方面的得失""他人物质方面的得失""个人精神方面的得失""他人精神方面的得失"四个主题的重要价值观和考虑因素。

(3) 给每个指标标注权重。各种价值观按 1~5 的等级分配权重。一项价值观或因素的重要性越大,它的权重就越高。5 代表最高权重,表示"非常重要";3 代表"一般";而 1 代表"最不重要"。

(4) 对照具体指标,填写每一项的具体分数。按照各项职业生涯选择满足个体价值观和考虑因素的程度打分。分值在"-5"和"5"之间,其中"5"表示"价值观和考虑因素在该职业生涯选择中得到了完全满足";"0"表示"不知道或无法确定";而"-5"表示"价值观和考虑因素完全未能得到满足"。

(5) 计算系数,并且分别计算总分。将各项职业生涯选择的得分与价值观和考虑因素的权重对应相乘进行计分,并将每种选择下所有的正负分相加,得出它的总分。

(6) 做出分析与思考。对所有总分加以比较、排序,分析思考你的最佳选择。

二、职业生涯目标的确定

个人事业的成败,在很大程度上取决于有无正确、适当的目标。职业生涯目标的确定是职业生涯决策的首要任务。

(一) 目标的重要性

案例品读

目标与人生

一群意气风发的天之骄子从哈佛大学毕业了,即将开始职业生涯。他们的智力、学历、环境条件相差无几。临出校门时,哈佛大学对他们进行了一次关于人生目标的调查。结果显示,27% 的毕业生没有目标,60% 的毕业生目标模糊,10% 的毕业生有清晰的短期目标,3% 的毕业生有清晰而长远的目标。

25 年后,哈佛大学再次对当年的这群毕业生进行了调查。结果显示,3% 有清晰而长远目标的人,朝着一个方向不懈努力,几乎都成为社会各界的成功人士,其中不乏行业领袖、社会精英;10% 有清晰的短期目标的人,其短期目标不断地实现,成为各个领域中的专业人士,大都生活在社会的中上层;60% 目标模糊的人,安稳地生活工作,但都没有什么特别成绩,几乎都生活在社会的中下层;27% 没有目标的人,生活过得很不如意,常常抱怨他人、抱怨社会、抱怨这个"不肯给他们机会"的世界。

很多时候,我们忙忙碌碌——选修各种课程,参加各种活动,准备各类考试,却没有目标。很多大学生一方面感到迷茫,另一方面却又不愿停下来花一点时间看清楚自己的方向,只是盲目地胡乱奔跑。"忙—盲—茫"现象在当代大学生中屡见不鲜,这种"边跑边看路"的做法无异于缘木求鱼,像极了本模块"开篇引例"中的第一条毛毛虫。虽说只要一直往前走,哪怕是胡乱奔跑,总可以到达某个地方,但却难以达到满意的处境。如果连你都不知道自己要什么,别人也不可能给你有效的帮助。只有清楚自己的职业发展方向,生命才会有意义和方向。

（二）目标的 SMART 原则

> **案例品读**
>
> ### 看看他们的目标
>
> 绝大多数人都有目标，但很多人要么碰到职业高原区，要么一直业绩不佳以致收入不高。经过了解，他们是这样设定目标的：
>
> 班组长——努力工作，做好本职工作。
>
> 销售人员——今年业绩要比去年好一点儿。
>
> 行政主管——明年我想买一套房子。
>
> 刚毕业的大学生：我希望在公司能够得到晋升。
>
> 企业老总——目标？这不是想了就能实现的，不是你的，想了没用，你总不能说我的目标是做比尔·盖茨吧？脚踏实地最重要了。
>
> 部门经理——将来的目标，还真没想过。说实话，现在收入还可以，再怎么样，到哪里也能混个部门经理当当，不必去想那么多。

尽管设定了自己的职业生涯目标，但是，并不是所有的目标都能变成现实，只有SMART(聪明)的目标才有可操作性。所谓 SMART 原则，是现代管理中常用到的一种目标管理，SMART 分别代表了五个单词的首字母，该原则具体包括以下五个维度。

1. 目标必须是具体明确的(specific)

不要用含糊笼统的语言表述目标。比如，不要说"我的目标是更好地利用时间"，应该说"我一天只能花不超过一个小时的时间来看电视"或"我每周要花两个小时的时间上互联网查找有关服装设计师这一职业的资料"。

2. 目标必须是可以衡量的(measurable)

目标必须可量化，可测定。比如，"加强社会实践"，应改为"在这个月内，参加一个学生社团(摄影协会)，并访谈两位摄影师"。

3. 目标必须是可以达到但有挑战性的(achievable but challenging)

目标是现实的、可能的，但又有一定的难度。比如说，如果你目前只是一个大三学生，并且没有什么相关的工作经验，却计划在两年内就成为大公司的中层经理，这个目标也许就不那么可行。但如果你计划 10 年之内才做到中层经理的位置，那又缺乏挑战性，就可能不太有激情去实现这个目标了。

4. 目标必须有意义并有奖惩措施(rewarding)

也就是说，实现这个目标能带给你成就感、愉悦感；反之，则会使你有所损失。比如说，如果你没有按计划在一个月内完成对两位工程师的访谈，那么你就不能在"十一"假期时外出旅游，而要利用假期完成访谈任务。

5. 目标必须有明确的时间限制(time-bounded)

不能将目标统统定为"在大学毕业前完成"，而要有计划分步骤地在限定的时间内完成。以一周、一个月或一学期为单位设立目标，会比将事情都堆到毕业前完成要有效得多。

除了 SMART 原则外，还有一条原则对目标设立来说非常重要，那就是可控性。可控性主要是指你对影响到目标实现的因素具有相当的控制能力。比如，"我的目标是在华为公司获得一份工作"，这种表述方式就违反了可控性原则。因为你能否获得这份工作并不取决于自己，你有被拒绝的可能。如将目标换成"在下周三之前向华为公司申请一个职位"，则是可行的，因为你能控制相关因素。目标的可控性原则表明，你必须为自己的目标负责，而不能指望他人来实现一切。当你确实需要他人帮助时，你可以向他们表达，争取他们的合作，但同时必须做好被拒绝的准备。你能够控制的只有你自己，你的目标也必须完全地"属于"你。

采用上述原则设立目标的好处在于：它使你所制定的目标与计划有实现的可能，并且可以帮助你在一段时间之后回顾总结自己所取得的进步与不足，明确自己该干什么以及干得怎么样。

（三）目标的分解与组合

1. 目标的分解

> **案例品读**
>
> ### 马拉松冠军的秘诀
>
> 1984 年，在东京国际马拉松邀请赛中，名不见经传的日本选手山田本一，出人意料地夺得了世界冠军。两年后，山田本一代表日本参加比赛又获得了冠军，人们都觉得很奇怪。10 年后，这个谜终于被解开了。山田本一在他的自传中写道："每次比赛之前，我都要乘车把比赛的线路仔细地看一遍，并把沿途比较醒目的标志画下来，比如第一个标志是银行，第二个标志是一棵大树，第三个标志是一座红房子，这样一直到赛程的终点。开始后，我就奋力地向第一个目标冲去，等到达后又以同样的速度向第二个目标冲去……整个赛程，就被我分解成这么几个小目标轻松地跑完了。起初，我并不懂这样做的道理，我把我的目标锁定在赛程的终点线上，结果我跑到十几公里时就疲惫不堪了，我被前面那段遥远的路给吓倒了。"

职业生涯目标必须经过分解才能更加清晰和便于实现。职业生涯目标的分解，如图 2-4 所示。

（1）按时间分解。按照时间长短，职业生涯规划可以分为人生规划、长期规划、中期规划和短期规划，与之相对应的职业生涯目标也分为四种类型。

人生规划一般指 10 年以上的规划，是整个职业生涯的规划，包括从求学阶段到退休后的生活规划，需要设定整个人生的发展目标。例如，规划成为拥有一定规模的汽车修理公司的总经理。

长期规划一般指 5~10 年的规划，需要设定较长远的目标。例如，在汽车修理公司刻苦学习修理技术和积累"三脉"（知脉、人脉、财脉），升迁为部门经理或自己开汽车修理店。

中期规划一般为 3~5 年内的规划，主要是确定中期目标，规划中期完成的任务例

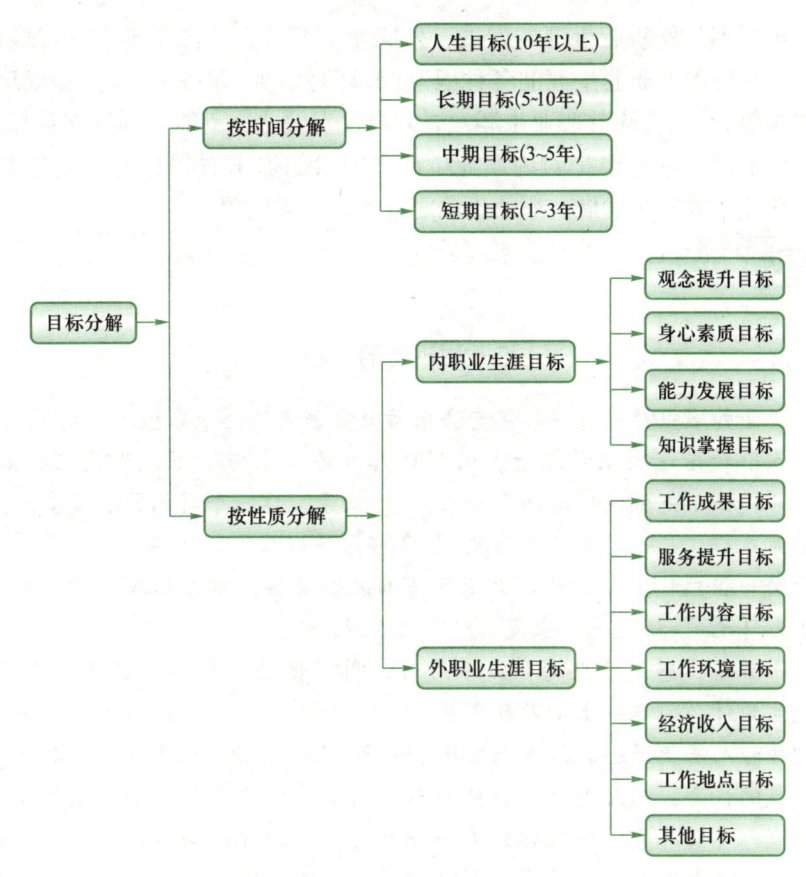

```
                            ┌─ 人生目标(10年以上)
              ┌─ 按时间分解 ─┼─ 长期目标(5~10年)
              │              ├─ 中期目标(3~5年)
              │              └─ 短期目标(1~3年)
              │
              │                              ┌─ 观念提升目标
目标分解 ─────┤              ┌─ 内职业生涯目标┼─ 身心素质目标
              │              │                ├─ 能力发展目标
              │              │                └─ 知识掌握目标
              └─ 按性质分解 ─┤
                             │                ┌─ 工作成果目标
                             │                ├─ 服务提升目标
                             │                ├─ 工作内容目标
                             └─ 外职业生涯目标┼─ 工作环境目标
                                              ├─ 经济收入目标
                                              ├─ 工作地点目标
                                              └─ 其他目标
```

图 2-4　职业生涯目标的分解

如，顺利考取高职，在高职院校学习期间，把自己塑造成符合社会需要的高素质技术技能人才，并进入汽车修理公司初步适应职场。

短期规划一般为 3 年内的规划，主要是确定近期目标，规划近期完成的任务。例如，对专业知识的学习，掌握哪些业务知识，取得哪些职业资格证书等。

（2）按性质分解。美国著名心理学家埃德加·沙因把人的职业生涯目标分为外职业生涯目标和内职业生涯目标两个层次。

外职业生涯是指从事职业时的外在因素的组合及其变化过程。外职业生涯目标一般是具体的，包括工作单位、工作职务、工作内容、工作环境、工作地点、收入、福利待遇、声望、职位等，它侧重于职业过程的外在标记。外职业生涯是由别人给予的，也容易被别人收回。

内职业生涯是指从事一项职业时所具备的知识、观念、经验、心理素质、能力、内心感受等因素的组合及其变化过程。内职业生涯目标包括改善观念、掌握新知识、提高心理素质和工作能力、工作成果、处理与他人的关系等。内职业生涯是别人无法替代和窃取的人生财富。内职业生涯开发无止境，它在人的职业生涯成功乃至人生成功中具有关键性作用。

内职业生涯的发展，是外职业生涯发展的前提，外职业生涯依赖于内职业生涯的发展而增长。外职业生涯的发展，又能拉动和促进内职业生涯的发展，因为如果内职业生涯的发展跟不上外职业生涯的发展，外职业生涯就会停滞不前，甚至倒退。如果职业人的眼光只盯着外职业生涯的各种因素（底薪是多少、职务有多高、提成比例如何、交通费是多少等）往往会使其职业生涯发展方向发生偏差，不能达到预期目标。在职业生涯早期和中前期，一定要把对内职业生涯各因素的追求看得比外职业生涯更重要。只有内、外职业生涯同步发展，职业生涯之旅才能一帆风顺。

案例品读

打开你观念的抽屉

一天，某知名报社一位年轻记者去采访日本著名的企业家松下幸之助。

年轻人很珍惜这次采访机会，做了认真准备。他与松下先生谈得也很愉快。采访结束后，松下先生亲切地问年轻人："小伙子，你一个月的薪水是多少？"

"薪水很少，一个月才1万日元。"年轻人不好意思地回答。

"很好！虽然你现在的薪水只有1万日元，其实，你知道吗？你的薪水远远不止这1万日元。"松下先生微笑着对年轻人说。

年轻人听后，感到有些奇怪：不对呀，明明我每个月的薪水只有1万日元，可松下先生为什么会说不止1万日元呢？

看到年轻人一脸疑惑，松下先生接着说道："小伙子，你要知道，你今天能争取到采访我的机会，明天也就同样能争取到采访其他名人的机会，这就证明你在采访方面有一定的潜力。如果你能多多积累这方面的才能与经验，这就像你在银行存钱一样，钱存进了银行是会生利息的，而你的才能也会在社会的银行里生利息，将来能连本带利地还给你。"

松下先生的一番话，使年轻人茅塞顿开。

许多年后，这位记者已经做了报社社长，回忆起与松下先生的谈话时，深有感慨。

【知识点拨】

引导目标分解

(1) 你觉得人生最大的意义是什么？
(2) 你觉得什么样的人生是有价值的？
(3) 未来你想过怎样的生活？
(4) 你想用哪些办法去实现自己的未来？
(5) 今后1~3年，你要做什么？
(6) 最近1年，你为自己的理想做了什么？
(7) 这半年，你有什么具体的计划？
(8) 这个月，你有哪些目标？
(9) 今天，你为自己的理想做了哪些努力？

2. 目标的组合

目标的组合是为了处理好不同分目标之间的关系。在职业生涯规划中要思考先完成什么目标，后完成什么目标，以什么目标为主、什么目标为辅。不同的目标可以按时间组合为并行或者连续关系，可以按功能组合成因果关系或者互补关系，还可以全方位组合(个人事务、职业生涯和家庭的均衡发展，相互促进)。

表 2-6 内容为某同学为自己设定的职业发展目标。

表 2-6　某同学为自己设定的职业发展目标

目标	描述
职务目标	3 年内成为中型企业的中级程序设计师
	5 年内成为中型企业的技术部主管
	10 年内成为跨国软件企业的部门经理
能力目标	3 年内精通软件及网络技术
	时时了解、掌握与计算机软件技术相关的最新技术发展趋势
	5~6 年内能游刃有余地协助领导并管理技术团队
成果目标	在 5 年内带领团队完成 3 个软件开发项目
经济目标	3 年后年薪达到 20 万元，5 年后达到 40 万元，10 年后达到 80 万元

【自我评测】

利用表 2-7，请对你选择的目标进行检测。

表 2-7　目标检测表

目标	5分	4分	3分	2分	1分
你最亲近的人支持你的程度如何？	非常支持	支持	一般	反对	坚决反对
这个计划有多少成分来自你的内心？	100%	80%	60%	40%	20%
这个计划对你的重要程度有多大？	100%	80%	60%	40%	20%
这个计划与你的其他重要目标冲突有多大？	没有	一点	有些	很大	极大
如果遇到重大困难你会放弃吗？	一定不会	不会	不好说	也许	会
你愿意为这个计划做出必要的牺牲吗？	当然	尽量做	不好说	一般不会	不会
这个计划符合你的价值观吗？	非常符合	符合	不矛盾	有冲突	很冲突

说明：
(1) 如果你的分数低于 21 分，你最好放弃你的计划，因为你对计划的承诺不足以支持你完成它。
(2) 如果你的分数低于 28 分，你应该再想一想你的计划，不用着急行动。
(3) 如果你的分数超过 30 分，你还等什么？赶快行动吧！

三、职业生涯路线的选择

没有目标，人生将失去本来的意义；而没有清晰的线路，目标也会变得虚无缥缈。达到目标的路线有多条，但是必定有一条相对较佳的线路，这就是职业生涯规划中的路线选择问题。在追求职业生涯目标的道路上，如果没有职业发展路线图，就会走错路、走弯路、走回头路，这将直接影响我们的心情和成就，导致我们的努力、动力、能力不能直接作用于目标，产生资源、时间、精力的浪费，无形中延长了我们成功的期限。在多条道路中，如果选择了捷径，就易于进入职业发展的快车道。

（一）职业生涯路线的类型

对于即将步入职场的大学毕业生来说，必须了解自己所选择的目标组织的职位序列及其发展道路。因为，即使同一职业，也有不同的岗位，有的人适合做行政，可在管理方面大显身手，成为一名卓越的管理人才；有的人适合搞经营，可在商海大战中建功立业，成为一名经营人才。如果一个人不具备管理才能，却选择了行政管理路线，这个人就很难成就事业。

1. 组织职位序列体系

（1）管理序列。这是以管理工作为主的职位序列，如"助理—主管—项目经理—部门副经理—部门经理—总经理助理—副总经理—总经理"的发展路径。

（2）技术序列。这是以技术工作为主的职位序列，如"设计员—四级设计师—三级设计师—二级设计师—一级设计师—主任工程师—副总工程师—总工程师"的发展路径。

（3）混合序列。这是管理与技术双重职位序列，如"总工程师兼行政副总"。

2. 组织内部职业发展道路

（1）纵向发展道路。这是指在同一职位系列中，向更高级别的发展。如业务代表沿着市场职位系列一直发展到销售总经理。

（2）横向发展道路。这是指在同一职位层次，向不同职位序列的发展。如由部门经理调任办公室主任。此种横向发展可以发现员工的最佳发挥点，同时又可以使员工积累各方面的经验，为以后的发展创造更加有利的条件。

（3）核心发展道路。此种发展虽然职务没有晋升，但却担负了更多责任，有了更多机会参加单位的决策活动。

（二）职业生涯路线的确定

大学毕业生要综合分析目标、能力和机会等三方面的取向，如图2-5所示。

（三）选择职业生涯路线的方法

1. 阅读

通过阅读行业成功人士的传记、人物专访等了解其具体职业路径以及实现阶段目标的策略方法。

2. 观察

通过观察身边的资深职场人士和事业成功人士的发展轨迹，归纳出有益的经验。

3. 访谈

通过采访资深职场人士以获得直接的指点与引导。

图 2-5　职业生涯路线确定的三个取向

4. 创新

通过分析和预测行业、职业、企业发展趋势，创造出属于自己的职业路径。

四、职业生涯策略的制定

职业生涯目标和路径确定以后，行动就成了关键环节。职业生涯中的行动是指落实目标的具体措施，主要包括工作、训练、教育、轮岗等方面的措施。例如，为了达到目标，在工作方面，你计划采取什么措施提高你的工作效率；在业务素质方面，你计划学习哪些知识，掌握哪些技能，提高你的业务能力；在潜能开发方面，采取什么措施开发你的潜能等。这些都要有具体的计划与明确的措施，这些计划要特别具体，以便定时检查。

【活动体验】

为实现目标保驾护航

（1）我的目标是 5 年后成为一家上市公司的部门经理，应该怎么做？
（2）我准备在哪个地方上班？
（3）有哪些我熟知的上市公司？
（4）上市公司招聘什么岗位？什么岗位适合我？
（5）上市公司招聘的要求是什么？
（6）上市公司一般的面试流程是什么？
（7）我有几次机会？我愿意尝试几次机会？
（8）我和其他竞争者有什么区别？我有没有职业资格证书和技能等级证书？

（9）我如何通过复试？我欠缺什么？能不能弥补？需要多长时间？
（10）我进入公司之后的目标是什么？
（11）我的工作职责是什么？
（12）公司衡量优秀员工的标准是什么？
（13）工作的核心指标是什么？
（14）上司对我有什么期待？
（15）部门当中存在什么问题？
（16）我的机会在哪里？
（17）怎样才能把握机会？

把所有的问题考虑清楚之后，还需要明确：我准备付出什么？我愿不愿意承受这样的代价？

（一）措施的三个要素
（1）任务（含方法），指实现目标的具体任务（含方法）。
（2）标准，指完成任务的标准。
（3）时间，包括目标完成期限和落实措施的时间进度。

（二）制定措施的三个要领
（1）具体。强调措施内容要实在、清晰、明确。
（2）可行。强调措施要符合自身条件和外部环境，具有可操作性。
（3）针对性强。强调措施不但直接指向目标，而且指向目标制定者与现实的差距。

（三）制定措施的思路
一般按照"对照差距—找对方法—确定实施步骤与完成时间"的思路来制定措施。
（1）对照差距。这是指了解自己目前在观念、知识、心理素质和能力方面与目标要求的差距，如一个企业里的高级管理人员、中层管理人员、基层管理人员在观念、人际关系和技术上就存在明显的差距。
（2）找对方法。这是指通过教育培训、讨论交流、实践操作等方法，缩小与目标要求的差距。
（3）确定实施步骤与完成时间。

主题五　职业生涯管理

一、走进职场

大学生活一结束，你就要正式走进职场。从学校到社会不光是距离的远近，对每个大学毕业生而言更是从身体到心灵的一次历练和转变，这个转变一般持续半年到一年的时间。在此期间，大学毕业生要实现个人与职业、个人与工作、个人与组织及团队的匹配，在匹配过程中完成从大学毕业生到职业人的转变。这个匹配过程绝非一帆风顺，很多大学毕业生会出现一系列不适应的症状，如个人发展方向不清楚，朝三暮四；必备职业能力修炼不足，工作效率低下；自由散漫，缺少吃苦耐劳精神；简单执行上司的要求和安排，缺乏系统的思考和主动学习；急于求成，常常事与愿违；等等。

如果我们在步入社会前，对可能遇到的环境或困难有所了解，提前从资源和心理两方面做好准备，将有助于顺利渡过这个时期。表 2-8 中列出了大学文化和工作文化的区别，这些都需要大学毕业生积极去适应。

表 2-8 大学文化和工作文化的区别

大 学 文 化	工 作 文 化
大学生活： 有弹性的时间安排 你能够选课 有规律和个别化反馈 有长假和自由的节假休息 对问题有标准答案 教学大纲提供清晰的任务 分数上的个人竞争 学习循环周期较短 奖励以客观性标准和优点为基础	工作生活： 有更固定的时间安排 你不能缺勤 无规律和不经常的反馈 没有寒暑假，节假休息很少 问题少有标准答案 任务模糊 按团队业绩进行评估 持续数月或数年的更长时间的工作循环 奖励更多是以主观性标准和个人判断为基础
你的老师： 鼓励讨论 规定完成任务的交付时间 期待公平 知识导向	你的领导： 通常对讨论不感兴趣 分派紧急的工作，交付周期很短 有时很独断，并不总是公平 结果（利益）导向
大学的学习过程： 理论性、系统性的原则 正规的、结构性的和象征性的学习 个人化的学习	工作的学习过程： 解决具体的问题和制定决策 以工作中发生的临时性事件和具体真实的生活为基础 社会性、分享性的学习

事实证明，由大学毕业生到职业人角色转换快的人，容易更早地获得企业的认可，更快地寻找到新的起点，也就更容易享受到事业成功和生活幸福。

【活动体验】

职场万花筒

在纸上写下自己所担心的、日后工作中可能遇到的问题。写完后与周围的同学交换，并给自己所拿到的问题提出建议和应对之道。

请同学们分享自己手里拿到的问题和建议。

二、评价体系

个人职业生涯设计最终追求的目标是实现职业生涯的成功。职业生涯成功的含义因人而异，具有很强的相对性，对于同一个人在不同的人生阶段也有不同的含义。每个人都可以，也应该对自己的职业生涯成功进行明确界定，包括成功的意义、成功后的收获、成功的时间、成功的范围、成功与健康的平衡、被承认的方式、想拥有的权势和社会地位等。职业生涯成功能使人产生自我实现感，从而促进个人素质的提高和潜能的发挥。

职业生涯成功与否，个人、家庭、组织、社会判定的标准都存在一定的差异。按照人际关系范围，可以将职业生涯成功标准分为自我评价、家庭评价、组织评价和社会评价四类评价体系（见表2-9）。如果一个人能在这四类体系中都得到肯定评价，则其职业生涯无疑是成功的。

表2-9 职业生涯成功的评价体系

评价方式	评价者	评价内容	评价标准
自我评价	本人	（1）自己的才能是否充分施展 （2）对自己在企业发展、社会进步中所做的贡献是否满意 （3）对自己的职称、职务、工资待遇等方面的变化是否满意 （4）对处理职业生涯发展与其他人生活的关系的结果是否满意	根据个人的价值观念及个人的知识、水平、能力
家庭评价	父母、配偶、子女等家庭成员	（1）是否能够理解和肯定 （2）是否能够给予支持和帮助	根据家庭文化
组织评价	上级、平级、下级	（1）是否有下级、平级同事的赞赏 （2）是否有上级的肯定和表彰 （3）是否有职称、职务的晋升或相同职务责权利范围的扩大 （4）是否有工资待遇的提高	根据组织的文化特质及其组织成效
社会评价	社会舆论、社会组织	（1）是否有社会舆论的支持和好评 （2）是否有社会组织的承认和奖励	根据社会文明程度、社会历史进程

注：社会评价往往具有一定滞后性，因而成为"历史的判定"。

【知识点拨】

职业并非人生的全部

职业固然重要，但它并不是人生的全部。一个人一生中有许多角色要扮演，除了职业角色，还有家庭角色、朋友角色等。尽管人在社会生命周期中有多种选择甚至逆向选择的可能性，但我们作为子女、父母的角色是不可逆的。我们能放弃一项职业，却不能放弃这些家庭中的角色。相反，我们要设法担当这些角色。

三、评估反馈

> **案例品读**
>
> "我"的目标阶梯
>
> 18岁,在高中毕业典礼上:我发誓要当首富!
>
> 20岁,在春节老同学聚会上:我想创立自己的公司,30岁前拥有资产2 000万元。
>
> 23岁,在某工厂当技术员,第二职业是炒股:我正在为离开这家工厂而奋斗,因为在这里工作太没前途了。我将全力炒股,3年内用5万元炒到300万元。
>
> 25岁,炒股失意而情场得意,准备结婚:我希望一年后能有20万元存款,让我风风光光地结婚(挺现实的想法)。
>
> 26岁,在不太风光的结婚典礼上:我想生一个健康的宝宝,不久的将来我能当个车间主任就行,别的不想了(是不是结婚都会使人成熟)。
>
> 28岁,所在工厂效益下滑,偏偏正是妻子怀胎十月的时候:希望这次被裁员的名单里千万不要有我的名字。

我们处于快速变化的时代,计划需要顺应变化而调整。在人生的发展阶段,由于社会环境的巨大变化和一些不确定因素的存在,会使我们与原来制定的职业生涯目标和规划有所偏差,这时需要对其进行评估,做出适当调整,以更好地符合自身发展和社会发展的需要。对职业生涯规划的评估与反馈过程是个人对自己的不断认识过程,也是对社会的不断认识过程,是使职业生涯规划更加有效和有力的手段。

(一)评估内容

1. 对职业生涯目标的评估

对职业生涯规划的评估首先要检验原来的职业生涯规划目标是否与当前的环境和自我情况相适合,如果存在差距,就要适当调整。在职业生涯规划实施的某一阶段,如果无法找到所希望的学习机会和工作,就要根据现实情况重新选择职业生涯目标。如果一直无法适应或胜任自己设计的职业生涯目标,在学习和工作中得不到应有的发展,将会导致心理的长期压抑、不愉快,这就要考虑修正和调整这一阶段的职业生涯规划目标。

2. 对职业生涯路线的评估

在对职业生涯规划实施的某一阶段,当出现更适合自身发展和职业生涯发展的机会或选择时,就需要及时调整职业生涯路线以适应环境和自身情况的要求。

3. 对职业生涯策略的评估

在对职业生涯规划实施的某一过渡阶段,要根据外界环境和自身情况的变化,对实施策略做出及时检验。例如,在职业生涯规划中,临近毕业,如果工作地点令自己和家人都十分满意,那么就可以前往该地。如果工作地点离家很远,而且家人希望能够在工作地点定居,但自己又无法协调时,在征询家人意见后,需要考虑改变已定计划，前往更为合适的工作地点。工作一段时间后，如果在工作地点和所选职业上得不到发展，也需要考虑改变行动策略。

4. 对其他因素的评估

其他因素包含的范围很广，诸如职业生涯规划实施过程中的健康状况、家庭情况、经济情况、待遇情况、意外情况等。在职业生涯规划实施的过程中，要结合周围情况的变化，对职业生涯规划做出及时检验。

> 【自我评测】

职业生涯满意度调查

认识自己不是一件容易的事情，一方面，需要在实践中不断思考；另一方面，环境在随时变化，你至少每年要回顾自己的职业生涯发展，思考这是不是你想要的人生。如果继续这样的工作和生活，你的感受如何？如果继续什么或者改变什么可以保持更好的感觉，那么，你应该做一些职业生涯满意度的调查（见表2-10），反思自己的发展，再看看自己的职业生涯规划、目标和行动计划可以做何调整。

表2-10 职业生涯满意度问卷

问题	是	否
你常常精力充沛地起床，心情良好，因为即将开始一天快乐的工作		
你知道如何为团队成功而努力，并为此获得公平的待遇		
你感到自己在不断地成长和进步		
你每天的工作有挑战性，并且大部分能解决		
你能够应付公司的工作，并能按自己的方式正确做事		
你可以平衡工作与健康、休闲以及家人和朋友之间的关系		
你的工作领域让你离自己的长期目标越来越近		

说明：以上各项没有对错之分，只是帮你思考你的职业生涯旅途走到了何处，是否需要做出调整。

（二）评估要求

对职业生涯的评估是动态而非静态的。要对周围环境的变化非常敏感，包括在实施这些规划之后又喜欢什么、不喜欢什么，一些假设是不是存在问题，等等。要以积极、开放的心态关注周围环境的变化，并及时检验职业生涯规划。对职业生涯规划的评估可以参照各类短期、中期预定目标和实际结果对比之后进行。一般情况下，对职业生涯规划的评估可以归结为：自身素质和具体行为与现实主客观环境是否相适应，分析自己的现有条件，特别是针对变化的环境，找出偏差所在，并及时做出修正。对职业生涯规划的评估要格外注意以下问题。

1. 抓住最重要的内容

职业生涯发展的每一阶段都有其最重要的主目标和一系列子目标，子目标的实现均指向主目标。在职业生涯规划的检验中可以通过优先排序方式，将实现主目标的策略和措施作为主要内容予以重点检验。

2. 分析最新的需求

对职业生涯规划的评估需要针对已变化的内外环境，发掘最新的趋势和因素。对于新的变化和需求，检验怎样的策略才是最有效的，而且最适合自己。

3. 找准突破点

反思先前职业生涯规划中的策略方案：哪些对目标的实现具有突破性影响？是否已经达到？为什么没有达到？如何寻求新的突破口而达到目标？总之，职业生涯规划在某一点上取得突破性进展将对整个职业生涯规划的实施产生极大影响。

4. 关注最弱点

管理学著名的木桶理论，讲的是一个沿口不齐的木桶，其容量的大小不取决于最长的木板，而取决于最短的木板。在对职业生涯规划评估的过程中，首先要肯定自身优点和已经取得的成绩，但更重要的是要切合现实变化的环境，反思自身素质与职业生涯规划策略的"短板"，诸如观念差距、知识差距、能力差距以及心理素质差距等，并及时修复或者换掉"短板"，使自身素质和职业生涯策略得到完善。

（三）评估反馈方法

1. 差距分析法

目标和结果出现差距的原因主要有：目标定得过高或过低；目标合适而行动方案与之不匹配；目标和行动方案都合适，但执行不力。基于此，我们需要对前一阶段的目标进行自我分析与评估（见表2-11）。

表2-11 评估修正的一般模式

阶段目标（预计结果）	实施结果	评估差距	分析差距产生的原因	修正措施

2. 助力与阻力分析法

分析推动我们的职业目标实现的积极因素和阻碍职业目标实现的消极因素，思考用什么方法或者通过什么途径可以将积极因素最大化，将消极因素最小化，或予以消除甚至转化为积极因素，在此基础上对前一阶段的目标进行自我分析与评估（见表2-12）。

表 2-12　职业的助力与对阻力的分析

助力	阻力
推动你的职业目标实现的积极因素： （1） （2） （3） ……	阻碍你的职业目标实现的消极因素： （1） （2） （3）……
能将积极因素最大化，将消极因素最小化、消除甚至转化为积极因素的行动： （1） （2） （3） ……	
对本阶段目标的自我分析与评估：	

【知识点拨】

职业生涯管理台账

通过评估与修正，应该达到下列目的：
（1）对自己的强项充满自信。
（2）对自己的发展机会有清楚认知。
（3）找出关键的有待改进之处。
（4）为这些有待改进之处制订详细的行动改变计划。
（5）以合适的方式答复那些给予反馈的人，并表示感谢。
（6）实施你的行动计划，确保你能够取得显著的进步和成就。

沙场练兵

建立职业生涯规划档案

　　职业生涯是动态的，职业生涯管理是需要一辈子去投入的艺术。在你生命的不同时期，你可能需要反复地进行这样的探索和规划。建议你将所有的资料整理在自己的职业生涯规划档案中，这个档案将帮助你系统地记录所有的探索资料，进一步确认、明确目标和行动。职业生涯规划档案主要包括以下内容。

1. 你的兴趣

写出你的霍兰德类型：＿＿＿＿＿＿；＿＿＿＿＿＿；＿＿＿＿＿＿

请根据本模块主题二中霍兰德的职业兴趣类型(表 2-3)对六种类型的描述，写下最能描述你自己的语句。

_____
_____
_____

2. 你的性格

写出你的 MBTI 偏好类型：＿＿＿＿＿＿；＿＿＿＿＿＿；＿＿＿＿＿＿

请根据本模块主题二中 MBTI 的维度解释(表 2-1)和 MBTI 十六种性格类型的特征和匹配的职业(表 2-2)中对 MBTI 类型的描述，写下最能描述你自己的语句。

_____
_____
_____

3. 你的职业清单

(1) 写出你的霍兰德类型建议你考虑的职业(至少 10 种)：

_____
_____
_____
_____

此外，请参考你所做的其他兴趣练习，思考令你感兴趣的职业包括：

_____
_____

(2) 写出你的 MBTI 所建议的职业(至少 10 种)：

_____
_____
_____
_____

此外，你是否发现这些职业的共同之处？请根据自己的 MBTI 类型，思考能使你感到满意的职业包括：

_____
_____
_____

4. 职业进行分类与探索

对在前两项上所列出的每一个职业进行分类，并把它填在相应的横线上。比如，若"导游"这个职业在你的兴趣列表和 MBTI 列表中都出现了，就将它列在第一类中。

(1) 很有可能的职业(在兴趣和个性探索中都曾出现过的职业)包括：

注意：你的职业探索最好首先集中在这些职业上。了解这些职业的要求和工作环境等细节。根据目前你对自己的兴趣和个性的了解，考虑一下你将会如何从事这份工作。

(2) 比较有可能的职业（在兴趣和个性探索中曾出现过一次的职业）包括：
_____
_____

注意：这些职业也有比较大的可能性，供你进行下一步的探索。

(3) 有些可能的职业（根据你的兴趣和个性探索，符合你一方面的情况却与另一方面的情况有冲突的职业）包括：
_____
_____

注意：如果你从事这些职业，会出现什么情况？是否会有矛盾冲突？如何解决？

(4) 其他的职业（在兴趣和个性探索中都未曾出现且与之没有共同点的，但你感兴趣的职业）包括：
_____
_____

注意：这些职业的可能性通常不是很大。问问自己，你为什么会对它感兴趣？是出于什么样的动机？你的目标和信念是否与这些职业匹配？

5. 你的价值观

写出你最重要的五项价值观，并请具体说明它们的含义：
_____
_____
_____
_____
_____

6. 你的能力

(1) 写出你最重要的五项自我管理能力。
_____
_____
_____
_____
_____

(2) 写出你最重要的五项可迁移能力。
_____
_____
_____
_____
_____

（3）写出你最重要的五项专业能力。
_____
_____
_____
_____

7. 你的职业清单探索

重阅你在前面所列出的所有职业，根据你对自我的了解，结合你的价值观和能力，列出那些你想继续探索的职业（可以是上面曾出现过的，也可以是未曾出现但符合上面共同特点的职业）：
_____
_____

注意：在选择你想继续探索的职业时，请不要在未对它有任何了解前就轻易地将其排除在外。在这张清单上，你需要有足够的职业供自己探索（5~10个为宜），同时要有一定的目标。将你的精力集中在下面这些行动上。

作为职业探索的一部分，下一步我打算：

☐ 收集、研究与特定领域的职业有关的书面信息。
☐ 采访有关人士，进一步了解感兴趣的职业领域。
☐ 从职业咨询师或其他教师那里寻求更多的个人帮助和指导。
☐ 通过选修课程来检测自己对某一相关职业领域的兴趣。
☐ 通过参加社团活动来检测自己对某一相关职业领域的兴趣。
☐ 通过业余兼职、实习或做志愿者等方式来检测自己对某一相关职业领域的兴趣。

8. 目标设立与行动计划

（1）我的长期目标：
_____

（2）为了实现这一目标，我需要的信息和帮助：
_____
_____
_____

（3）为了实现这一目标，一个月内我应该做的事：
_____
_____

9. 求职档案内容清单

（1）_____
（2）_____
（3）_____
（4）_____

(5)
……
10. 面试笔记

模块三 求职应聘技巧

开篇引例

赢在起跑线上

小张和小林是大学同学，同一专业，同一宿舍。临毕业时，小张整天趴在计算机前，查看各种招聘网站的信息，如智联招聘、前程无忧等。他根据自己的专业和爱好选择就业岗位，忙得昏天黑地，可是收效甚微。而小林却优哉游哉，手中早就握着几个单位的就业意向书——国企、民企都有。小林说，我觉得我能在求职中脱颖而出，主要是因为手头有很多就业信息可以选择：综合招生与就业办公室提供的就业信息；广泛利用人脉资源搜集企业用工信息；在相关媒体，尤其是网站上查询招聘信息；等等。我尽可能多地搜集和利用就业信息，我是赢在了起跑线上。

(资料来源：王培俊. 职业规划与创业体验[M]. 4版. 北京：高等教育出版社，2021.)

思考与探究：
搜集就业信息，主要有哪些途径和方法？

主题一 就业信息采集

就业信息是指通过各种媒介传递的、与就业有关的、具有利用价值的消息和情况，既包括宏观方面的就业政策、就业制度、经济发展形势等，又包括微观方面的劳动用工制度、人事制度、劳动力供需基本情况等。

就业信息对于面临求职择业的大学毕业生来说非常重要。在劳动力市场化的情况下，就业信息是求职择业的基础和顺利就业的保证。大学毕业生搜集到的就业信息越广泛，择业的视野越宽阔，就业信息的质量越高，求职成功的可能性就越大。

知识链接：毕业生求职流程

一、就业信息的内容

就业信息的内容十分庞杂，概括起来主要有以下四类。

(一) 人才供应信息

人才供应信息主要包括当年全国、本地区、本校、本专业毕业生的人数、质量、就业的冷热点等。这些信息可使求职者从总体上把握人才的供求状况，做到"知己知彼，百战不殆"。同时，通过各种渠道搜集往届毕业生尤其是本专业的上届毕业生的就业情况，这对就业有着重要的参考价值。

（二）人才需求信息

人才需求信息主要包括国家的就业政策、相关行业的职业要求和特点、相关行业人才需求状况、可选择的就业区域范围等。这些信息可使求职者在国家就业政策指导下清醒、正确地选择就业门类、就业地区，及时调整就业方向和就业预期。

（三）单位用工信息

单位用工信息是指具体的用人单位的需求信息，可以是用人单位在网络、报刊上刊载的招聘广告、人才市场上的招聘信息，也可以是亲友介绍的有关单位用人信息等。这些信息直接影响求职者的就业行动。完整的用人信息一般包括以下三个方面：

（1）关于职业的信息。如职业岗位的名称和数量，职业工作内容、性质或特点，工作地点和环境，职业的待遇，发展前途等。

（2）关于应聘条件的信息。如对从业者的知识、能力、经验、年龄、性别、身高、体重、相貌等条件的要求。

（3）招聘程序方面的信息。如报名手续、联络方法、考核内容、面试与录用程序等。

（四）就业参照性信息

就业参照性信息主要包括就业的经验和教训，各种实用性强的就业方法和技巧。这类信息不一定与自己的就业目标有直接联系，但既可使自己了解一些就业方法和技巧，提高就业成功率；也可使自己明了就业中的种种误区，避免走弯路。

二、获取就业信息的渠道

就业信息是通向就业的桥梁，大学生应该主动出击，通过各种渠道、方法，有效地搜集各类就业信息，广泛寻找就业机会。获取就业信息主要通过以下渠道。

（一）高校毕业生就业指导服务中心

各高校毕业生就业指导服务中心是大学生获取就业信息、顺利就业的主渠道。高校毕业生就业指导服务中心是负责为应届毕业生提供就业信息、就业辅导和咨询的职能部门，该部门与中央有关部委及省区市毕业生就业主管部门、有关用人单位等保持着密切的联系，能及时掌握国家有关就业政策、地方相关规定、各地举办"双选"活动的信息、用人单位的需求信息等。高校毕业生就业指导服务中心提供的就业信息不仅量大，而且可信度高，并且多针对本校学生的专业特点，因此利用其的成功率也高。大学毕业生可通过本校招生与就业信息网等及时掌握就业信息。

（二）公共就业服务机构

公共就业服务机构包括省区市毕业生就业指导中心，市区县镇（街道）人才交流服务中心、职业介绍服务中心或人力资源市场、街道社区劳动服务站所等。大学毕业生可通过上述机构了解就业信息，寻求就业机会。

（三）供需见面会

此类活动有由一个学校或多校联合举办、一省区市或几省区市联办、地市县单独举办几种，旨在组织求职者和用人单位直接见面。很多人才服务机构定期组织招聘会，在这种活动中，求职者可以直接获取就业信息，甚至可以和用人单位当场签订就业协议，简捷有效。

（四）就业信息网站

网络已成为大学毕业生了解外界信息的主要途径，是求职者获取就业信息、推销自己的重要途径。就业信息网站包括中央有关部门主办的全国性就业信息网站、地方主管部门主办的就业信息网站、各高校就业信息网站及校内论坛求职版面、其他专业性就业网站等。

知识链接：网络求职站

（五）传统媒体

各类单位和组织都可以通过报刊、电台、电视台等媒体介绍就业政策，讨论热门话题，发布招聘信息、企业现状、发展前景及人才需求等情况，求职者可以从中获取就业信息。如《中国就业》《中国大学生就业》《人才市场报》都是为大学毕业生就业提供指导与服务的专业性报刊，各地报纸大多也有职场及就业信息专栏。此外，新闻媒介发布的就业信息综合性、竞争性强，求职者要做有心人，"机不可失"，做好充分的求职准备。

（六）社会关系

通过分布在社会各领域的亲朋好友，如家长、亲戚、老师、同学、朋友介绍等渠道获取就业信息，这种信息的特点是准确、迅速、针对性强。亲朋好友对用人单位和求职者双方情况都比较了解，还可以在一定的程度上为你引荐、背书，提升求职成功率。

（七）社会实践、毕业实习或业余兼职

求职者通过社会实践、毕业实习或业余兼职的机会建立了与有关单位的联系，熟悉单位情况，可以直接掌握部分就业信息。加之彼此间已有一定的了解，若该单位有意招聘人员，即为绝好的就业机会。

（八）主动到单位自荐求职

这是一种毛遂自荐、主动出击的方式，要求求职者广撒网。首先求职者需要了解、筛选用人单位，然后通过电话联系、网络沟通，甚至登门拜访等方式主动联系自认为合适的用人单位，投递自荐信和求职简历。

三、搜集就业信息的原则

就业信息的搜集是指就业信息需求者根据实际需要，对分散的就业信息进行找寻、聚合、集中的活动。就业信息铺天盖地，如果没有搜集的标准，很容易因无关信息、垃圾信息太多而迷失在信息的海洋里，也容易因信息太少或有价值的信息不多导致劳而无获。求职者要搜集到质量高、有价值的就业信息，必须把握以下四个原则。

（一）真实性

真实性是搜集信息材料的基础。搜集就业信息一定要了解清楚信息来源的准确性、真实性，要认真筛选信息，去伪存真。近年来，个别以营利为目的的中介机构会用一些过时的或虚假的信息吸引大学毕业生，致使其"求职一日游"，劳民伤财之余甚至还有泄露个人信息的风险。对此，应当加以警惕，尤其应当防止"陷阱"性信息导致大学毕业生误入传销圈套之类的恶性事件发生。

（二）针对性

随着社会分工的进一步细化，用人单位所要求的人才的层次、专业、能力等方面千差万别。就业信息本身必须能够说明它所适用的对象，以及该对象所应具备的具体条件，否则就会让每个人产生自己都能适合、都能胜任的错觉。大学毕业生要充分认识自己，明确自己所需就业信息的范围，然后根据自己的专业、能力、特长、性格等方面的综合因素搜集信息，既避免搜集范围过大，搜来很多无效信息，浪费不必要的时间和精力，也不要盲目追求热门职业，适合自己的才是最好的。所以，对适合自己的就业信息要高度重视，不适合的要果断地舍弃，减少求职择业的盲目性和盲从性。

（三）时效性

信息的效用具有一定的期限，过了期限效用就会减少，甚至消失。人才市场瞬息万变，就业信息具有很强的时效性，又为众多求职者所共有，在竞争日趋激烈的就业市场，信息的有效期也越来越短。在大学毕业生就业市场上，一般来说，每年春节前后几个月是就业信息相对集中的时期，这段时间找工作也最有效，毕业生如果能把握好这段时间，主动出击，就能抓住机遇，实现理想。而过了就业信息的高峰期，大学毕业生要推销自己将处在相对被动的地位，难度明显增大。

（四）前瞻性

前瞻性是指求职者搜集就业信息时要善于加工和提炼，用发展的眼光取舍信息。大学毕业生在求职择业时，切忌目光短浅，一味追求热门职业、大城市、名企业、高工资、高福利等现实因素，应根据自己的职业生涯规划，着眼于未来的职业发展。

四、就业信息处理的过程

（一）筛选

求职者搜集到大量就业信息后，根据自身需要对其进行筛选，做好去伪存真、去粗取精的工作。重点考查信息的真实性、时效性和价值性三个方面。

就真实性而言，来自各级大学毕业生就业指导中心的就业信息和由各级政府相关部门主办的大学毕业生供需见面会提供的信息，可信度较高。

就时效性而言，有的就业信息的确是真实的，但可能是几周前、甚至是几个月前的信息，这类信息的时效性就比较差，有可能当你知道这一信息时，用人单位已经招满了所需人员。

就价值性来说，大学毕业生要认真分析信息是否对自己具有价值，如果招聘岗位符合自己的职业取向、兴趣爱好、发展要求等，这类信息就有价值。反之，毫无意义。

（二）求证

信息既蕴藏着机会，也可能潜伏着陷阱；有的无比珍贵，有的却是无用"垃圾"。对于已经筛选过的信息，求职者还要做一些求证工作，以检验自己对于这些就业信息的真实性、时效性和价值性的初步推断。如可以通过对该企业比较熟悉的亲朋好友或校友学长等了解该企业的有关情况，也可以通过电话咨询、网上查询、实地探访等方式进行了解，通过公司官网或114查号台，查出招聘信息中的用人单位人力资源部的电话号码，通过电话核实该单位目前是否招聘自己想求职的岗位的人才，这是很直接、便捷而且可靠的核实方法。

（三）归类

就业信息虽经筛选和求证，但仍纷繁复杂，大学毕业生不管是查询还是利用这些就业信息，还是不太方便，需要对所有信息加以归类。可以根据就业信息的不同属性，分门别类加以整理，既能防止对就业信息有所遗漏，又能方便对就业信息进行检索查阅。求职者可按行业、岗位、薪资、发展前景、自己的兴趣、离家远近等对就业信息进行归类整理，必要时赋予各岗位信息不同的分值，还可做成相应的数据表格，然后进行比较，最后做出决定。

（四）行动

心动不如行动。当求职者搜集到广泛的信息并加以分析处理后，一旦选定，就要及时主动与用人单位联系，不要犹豫不决，更不能守株待兔。否则，时不再来。行动有很多方式，比如给用人单位人事部门打电话、发送自荐信、参加供需见面会、托付亲朋好友介绍或直接到用人单位毛遂自荐等。

主题二　自荐材料准备

在择业竞争中，决定成败的因素很多，其中求职前充分的资料准备是非常重要的一步。自荐材料是大学毕业生综合实力、综合素质最具有说服力的证明。通过自荐材料，用人单位可从中了解求职者的基本情况、个人能力、综合素质，从而确定是否给其面试的机会。

自荐材料主要包括求职简历、求职信、就业推荐表、成绩单及各种证书和成果的证明材料、推荐信等。

一、求职简历

求职简历就是概括介绍求职者个人的基本情况，并对个人的求职意向、受教育程度、技能、成就、经验做简要介绍的书面材料。简历的"简"，是行文简洁明了之意；"历"是指简历的内容，重点说明你具体做过什么，具有什么样的能力和经历。一份成功的简历，往往能在瞬间吸引人力资源主管的眼球，从而赢得面试机会。

（一）基本内容

求职简历主要包括三个内容：个人基本情况、求职意向和能力展示。

1. 基本情况——我是谁

个人基本信息主要包括姓名、性别、年龄、学历、专业、政治面貌、健康状况、电子邮箱及联系电话等。

2. 求职意向——我想干什么

求职意向也称为求职目标，用于表述求职者的职业意向。求职目标是简历的灵魂，整份简历内容需要围绕求职意向展开。所以，求职目标一定要写，且要明确到岗位，如软件测试工程师、文秘、市场营销顾问、汽修工等。所求岗位最好一个，最多两个，求职岗位多了会让招聘者认为你没有清晰的自我定位。没有求职目标或者求职目标模糊的简历，是很难获得工作机会的。

3. 能力展示——我能干什么

这一部分是简历的核心内容，主要包括教育背景、实践经验和工作经历、获奖情况、技能水平、自我评价等。

（1）教育背景。教育背景主要是指大学的教育经历，包括专科、本科、研究生阶段。一定要依次写清楚所就读的学校、院（系）、专业（方向）、学习年限。一般采取倒序方式，由高到低，即高学历、高学位先写，目的在于突出你的最高学历。由于高职生的学习经历相对简单，如果是从本专业出发找工作，可把专业课程列举出来，以说明自己的知识结构，一般的公共基础课程不需要列举。

（2）实践经验和工作经历。随着用人单位对大学毕业生综合素质要求的不断提高，特别是"三资"企业，更注重大学毕业生的工作经历，所以一定要认真对待。应届毕业生一般没有多少社会工作经历，但在学校所承担的各种职务（如学生会主席）、组织（参加）活动的情况、假期社会实践活动或短期打工的工作经历都足以让用人单位从中了解你的志向、爱好、组织能力、领导能力、团队协作精神和吃苦耐劳精神等。介绍实践和工作经历，要明确告知实践和工作的日期、单位、职务和内容。用词必须简练。从最近的工作记录开始，逐渐往前写，并保持每份记录的独立性。不要只针对工作本身，业绩和成果更为重要。注意细节，用数字、百分比和时间等对描述加以量化。

（3）获奖情况。简历中的大部分内容是经历和成绩的主观记录，而荣誉和嘉奖将赋予它们实实在在的客观性。在大学期间所获得的各种奖励，尤其是学习方面的奖励，很能说明你的各方面能力和特长，如获得奖学金、技能比赛奖项，被评为"三好"学生、优秀学生干部等。如有，在此分类逐条陈述。

（4）技能水平。大学毕业生，尤其是高职生往往会取得职业技能等级证书，要在此逐一展示。此外，外语作为一种工具，计算机水平作为一种技能，越来越被用人单位重视。因此，大学毕业生要对这些方面的能力水平进行自我评价，并注明取得的资质或技能等级证书。如果已取得驾照，也不妨写上。

（5）自我评价。自我评价是对自己的性格特征和人格特征的描述，是对自己的基本认知，也是对自己的定位。"性格评价"可以这样写：本人性格开朗活泼，与人相处和谐融洽，有很强的适应能力和合作精神。"工作态度评价"则可以写为：本人工作认真务实，责任心强，有很强的拼搏进取精神，富有浓厚的团队意识。如有特殊兴趣爱好，且与你所求职务有很大联系，最好同时写出来，有助于用人单位对你加深了解。

（二）写作要求

1. 简洁精练

简历要写得简洁精练，切忌拖泥带水，一般一页A4纸的内容足矣。美国亚特兰大目标营销体系公司CEO阿尔斯通·盖德尼说："如果简历超过两页，我就不打算读它，我顾不了那么多。"绝大多数人力资源主管喜欢"速描"简历：仅用一页纸就将自己表现得淋漓尽致，而且基本上是用求职人自己的语言进行表达。

2. 针对性强

有针对性的简历才会引起用人单位的重视。不少应届大学毕业生制作数十份相同的简历去"海投"，这是非常错误的做法。应聘不同公司、不同职位，需要"量身定做"简历。每一份简历都要针对目标职位的特点和要求，突出相应的重点，表明你对用人单位的重视和热爱。如应聘文员,就要突出写作能力强、细心、耐心等特点;应聘翻译,除了突出写作能力,还要强调听说能力和交际能力等。大学毕业生尚没有多少工作经历、工作成绩和科技成果,就要重点介绍自己符合用人单位需要的专业背景、专业学习成果,以及对专业前沿的考察、分析和判断等。

3. 优势突出

简历虽有模板可套,但如果千篇一律,则难以凸显求职者的优势,所以要制作有个人特色的简历,将自己的优点和特长显示出来。优势主要通过成绩、能力、工作经历、技能、获奖等来表现。

4. 真实可信

诚信是做人的第一原则,千万不要编造你的经历,没有哪个公司会喜欢说谎的员工。但也没有必要写出你所有的真实经历,对求职不利的经历可忽略不写。

【知识点拨】

亮点量化

"亮点"依靠数据和事实去表现最能说明问题,因为数字可增强简历的说服力和可读性。用数据或者百分比指标来量化业绩和技能,用人单位就很容易判断出求职者是否适合其岗位需要。例如,"2020年获得校一等奖学金,机电工程学院150人中唯一获奖者;2019年作为大学生文化交流使者出访某国,2 000名申请者中的两名入选者之一;2018年获得省'大学校园十佳主持人'奖,年度全校唯一获奖者。"

(三)问题分析

大学毕业生制作求职简历时,容易出现以下四类问题。

1. 目标不妥

(1)求职目标缺失。有的求职者不写求职意向,寄希望于人力资源部门根据他的个人情况选择合适的职位,通知他来面试,这种想法是不切实际的。人力资源部门经常要处理大量的求职信件,没有人有时间做这种义务的职业顾问。

(2)求职目标模糊。有的求职者的求职目标很模糊,让用人单位无从判断他具体想从事什么工作。例如,"应聘咨询、管理类的相关工作","咨询"主要是对公司经营范围的描述,而"管理"是公司运营的总体描述,一般较大企业的管理部门下属有很多部门,如财务部、人力资源部、行政部等都可以称为管理部门。

(3)求职目标过多。有的求职者在求职时写下一长串的求职意向,如"求高校行政管理和学生管理、机关事业单位行政管理和人力资源管理、企业人力资源和行政工作等职位",给人的感觉是缺乏具体的职业目标,没有进行充分的就业准备。每份简历都要根据求职者所申请的职位来设计,突出自己在这方面的优势,切忌把自己说成一个全才,任何职位都适合,要根据工作性质有侧重地表现自己。如果认为一家单位有两个职位适合自己,可以同时投两份不同的简历。

(4)求职目标赘述。有的求职者在求职意向之后写明期望薪酬,有的薪酬期望值还特别高,除非用人单位有明确要求,否则是画蛇添足。因为不同的地区、不同的行业、不同的企业，不同资历和能力的人，同一岗位的薪酬存在差别。同时，还未谋面就谈钱，会给用人单位留下不好的印象。

2. 内容空洞

一些大学毕业生的简历中存在的比较严重的问题往往是无价值的信息太多，简历中无意义信息占的比重过大，就会显得空洞无物，如"计算机能力：熟练使用Windows，会操作Office""英语水平：很完美"，等等。"熟练使用Windows"对于展示"计算机能力"，"完美"对于体现"英语水平"，都是非常抽象的概括，用人单位无法了解到求职者真实的水平和能力。如果换成"计算机能力：2019年6月通过全国计算机等级考试二级，笔试96分，上机100分""英语水平：2020年12月通过全国大学英语四级考试（CET-4），成绩为580分，具有良好的英语听说读写能力"这样的表述就明确得多。

3. 评价不当

（1）抒情式自我评价。一位大学毕业生在简历中这样评价自我："我来自一个偏僻的小地方，贫穷的家庭给了我诚实守信、吃苦耐劳、正直善良的优秀品质。最关键的是，我在大学四年里学会了很多做人的道理……学会了用一种人文关怀去关注这个世界，这是我个人思想的升华，也是人生的感悟……最重要的是，我的确为老百姓做了不少实事……"这种"我的前半生"式的自我评价，跟实际工作的要求相距较远。

（2）口号式自我评价。如"只要你给我一个支点，我将撬起整个地球！"这种口号式自我评价显得空洞无物，没有说出自己的特点。

（3）"专业"性自我评价。如"具备扎实的专业基础知识，通晓市场营销、经济管理、国际贸易等专业知识，并通过实习得到较深入的理解"，把自我评价写成专业知识介绍，文不对题。

4. 形式不美

简历纸张不好，印刷不清晰、不干净、不平整，排版错乱、字体杂乱等是简历设计的主要问题。写得再好的简历如果在这些细节处出错，一切都是无用功。

> 【知识点拨】
>
> **简历形式要求**
>
> （1）简历最好采用表格式，看起来清晰明了。也有的简历采用分条列项式，但总体效果不如表格式。
>
> （2）字体最好采用常用的宋体或楷体等，尽量不要用花哨夸张的艺术字体和彩色字。
>
> （3）排版要简洁明快，切忌刻意标新立异。当然，如果应聘排版工作则另当别论。
>
> （4）用A4纸张打印为宜。

（四）个性简历

当下，有的求职者为了使自己的简历脱颖而出，另辟蹊径，力求以个性化的简历展示自己的特长和风采，以吸引招聘人员。

1. 视频简历

视频简历，是将求职者的形象与职业能力表述通过数码设备录制下来，通过网络提供给招聘方，直观而立体地展现求职者的语言谈吐和技能特长，给人耳目一新之感。近两年，随着短视频的火爆，越来越多的求职者在快闪和抖音上投放个人简历，以期增加面试机会。一些人力资源主管也表示：视频简历相当于半个面试，企业由此可以决定要不要请求职者过来进一步面试，相比传统的纸质简历，可节约企业招聘的面试成本。

2. Web 简历

一些计算机专业的大学毕业生，为自己精心设计了漂亮的简历网页，里面有自己大学的详细信息，只需要轻轻一点鼠标，关于自己的各种资料便一目了然。在招聘会上，别人投过去的都是一本厚厚的"书"，而他们的简历只是一张印有自己主页地址的"名片"，令人羡慕不已。

3. 卡通简历

一些大学毕业生把自己的简历设计成各种卡通形象，即把自己画成漫画人物，自我介绍中的个人经历、特长都是用动漫连环画的形式表示出来，表现出创意与童心，有趣有料，也常常收到意想不到的效果。

4. 写真简历

有的求职者应聘对相貌要求较高的岗位，如服装模特，则需要投递个人精美写真集。写真集选取较有代表性的几张照片即可，穿着要端庄得体，切忌过于浮夸。但是写真简历不可滥用。如应聘对相貌无特别要求的岗位却投递写真简历，则会画蛇添足。

好文续航

求职简历样例

某高职毕业生的求职简历，如图 3-1 所示。

基本情况	姓名：×××	性别：×	出生年月：××××年××月	贴照片处
	教育背景：××××年××月—××××年××月，××职业学院，计算机网络技术专业			
	手机：×××××××××××	邮箱：×××××××@qq.com		
求职意向	计算机网络安全工程师			

主修课程	ASP.NET 网络数据库开发技术、网络工程设计与系统集成、Linux 操作系统、C#高级程序设计、C++高级编程、数据原理与 SQL Server 应用、CCNA（思科网络构架）、网络操作系统、局域网构架、网络安全。
工作经历	1. ××××年××月，被中国惠普有限公司武汉分公司录取，在光谷软件园惠普实习，学习 ITIL（信息技术构架库）和 ISTQB（国际软件测试基础）、EDGE（全球优秀交付）课程。 2. ××××年××月，被首批选入惠普 PLM（软件生命周期）项目，使用 QC 和 Teamcenter 测试工具测试。 3. ××××年××月，进入惠普 FOT（国际航班运营转换测试）项目，负责测试 EDS 的一个航班系统，完成测试需求文档的分析，测试案例的编写、审批、执行等，对软件测试有系统的了解。 4. ××××年××月，进入惠普 GBS（全球企业服务）项目团队，负责企业服务交付工作。 5. ××××年××月—××××年××月，被选进惠普 BOCOM（上海交通银行全球汇款系统测试）项目，到上海交通银行数据中心出差 5 个月，作为软件测试工程师测试交通银行"531 工程"澳门分行的全球汇款系统，主要进行用户验收测试，与客户和开发人员共同合作，系统在澳门上线后，负责独立编写了达 300 余页的《交通银行 531 工程全球汇款系统操作说明书》，并下发至港、澳等各大分行。 6. ××××年××月—××××年××月，加入交通银行台北分行国际贸易系统测试项目，负责测试台北分行国际贸易系统进口押汇、贸易融资等，台北分行国际贸易系统已顺利上线。
个人能力及专长	1. 熟练掌握计算机专业课程知识，参加开发过类似京东网的购物车系统、学校教职工信息查询系统、论坛等。 2. 英语能力较好，在惠普实习过程中，基本能看懂与 IT 相关的专业性较强的英文文档和电子邮件。另外，在惠普实习过程中，主要做软件测试，在 FOT（国际航空运营转换）的测试。能够独立完成测试需求文档的分析，测试案例的编写、执行等。 3. 酷爱写文章，担任校报学生编辑，迄今为止负责编辑的报纸有 13 期，在校报上发表 50 余篇文章，很多文章都被刊登在学校网站首页和院报头版头条；任院报学生编辑，并参加过××省高校优秀新闻选拔赛。
自我评价	1. 沟通能力、表达能力、协作能力较好，参加了学校的散文诗歌大赛、书法大赛、演讲比赛，多次获奖。 2. 性格开朗，喜欢交朋友，人际关系良好，和同学们相处和睦。

图 3-1　某高职毕业生求职简历

二、求职信

求职信是求职者向用人单位推销自己,以获取某个职位的专用书信,是针对特定的用人单位写的。在求职过程中,一封漂亮的求职信就像一位出色的"使者",可以在求职者与用人单位见面之前,展现求职者的能力与魅力,增加获得面试的机会。为此,求职者需要精心设计好求职信。

（一）求职信的种类

1. 自荐信

自荐信是主动向某单位介绍自己的情况、自我推荐、申请某种职位的书信。写信人根据自己的业务技术专长,有目的地寻找适合自己的单位,如果了解到某单位需要某方面的人才,而自己又对这个单位和这种职位感兴趣,就可以毛遂自荐,主动向对方提出请求。

2. 应聘信

应聘信是根据对方的招聘广告,应聘某一职位的书面申请。应聘信要开门见山地说明通过何种渠道获知应聘信息和自己想申请何种职位。

（二）求职信的撰写

1. 内容与格式

求职信是书信的一种,但比一般的家书更严肃和庄重。其内容主要是简介自己、说明求职目的、推销自己、表达认识及表明态度,格式则包括标题、开头、主体、结尾和落款五个部分。

（1）标题。标题可以是"求职信""自荐信""应聘信"或"与××公司的求职信"等,要用相对正文较大的字号写在信的首行正中间。

（2）开头。求职信正文的开头要写明收信人的称呼。在格式上,称呼要在信笺起首的位置书写,单独成行,以示尊重。如果对用人单位的性质及负责人比较清楚,可直接写出负责人的职称、职位,如"尊敬的×经理""尊敬的×部长"。如不清楚,可写成"尊敬的领导"等。称呼之后用冒号,然后另起一行空两格,写上问候语。

（3）主体。主体是求职的关键部分,主要包括个人基本情况、求职意向或求职目标,个人所具备的条件,如受过何种奖励、社会实践情况、担任社会职务以及参加各种竞赛情况等。主体应突出自己对从事此项工作感兴趣的原因,愿意到该单位工作的愿望和自己具备的资格。这部分可写的内容较多,一定要简明扼要,重在突出你是这个职位的合适人选,写明你对招聘单位的理解程度以及能胜任本岗位的各种能力。简单来说,主体就是要阐明"我是谁""我想干什么""我能干什么"等。

（4）结尾。结束语的作用：一是提醒用人单位你希望得到他们的回复或回电,表达你希望用人单位给你面试机会的心愿,如"希望得到您的回音为盼""盼复"；二是写上简短的祝颂语,表达敬意和祝愿,如"祝您工作顺利""祝贵公司事业蒸蒸日上"。

（5）落款。落款包括署名和日期。署名在结尾祝颂语的下一行的右后方,一般署全名,字迹要清晰。日期写在姓名下方,一般用阿拉伯数字且把年、月、日都写上。

若有附件,应在信的左下角注明。如"附1：个人简历""附2：获奖证明"等。

2. 写作要求

求职信写起来不难，但写好不易，既要有吸引力，又要不落俗套，还要突出自己的个性和特长。其写作要注意以下三点：

（1）自信谦虚。既不能缺乏自信，也不能自吹自擂。适度的谦虚会使用人单位对你产生好感，但过分的谦虚则给人虚假无能或缺乏自信的感觉。此外，应做到适度"推销"，在经验丰富的人力资源主管面前，不切实际的自吹自擂很容易被揭穿。

（2）美观整洁。"字如其人"，整洁、美观的字会给用人单位留下严谨、干练的感觉，而潦草、脏乱则会给用人单位留下办事草率、敷衍了事的不良印象。求职信一定不要出现错别字，语气要恰如其分，语句要流畅通顺，文字要通俗易懂。信封和信笺纸切忌花里胡哨或印有外单位名称。

（3）篇幅适中。求职信一般不超过一页纸，几百字即可。

> **案例品读**
>
> 求职信样例
>
> 尊敬的×经理：
>
> 　　您好！
>
> 　　我从××月××日的《××晚报》上获悉贵公司正在招聘网络编辑一职，如果公司想寻找一名朝气勃勃、充满活力又熟练文字处理的年轻人，我自信能够胜任。
>
> 　　我是××师范高等专科学校人文学院网络新闻与编辑专业的应届毕业生。在校期间，除了一直在校报担任编辑工作外，还是××网站生活版的兼职编辑。我对网络编辑工作已经比较熟悉，我自信有能力承担贵公司的网络编辑工作。
>
> 　　我对网络编辑有着非常浓厚的兴趣，能熟练使用 Frontpage、Dreamweaver 和 Photoshop 等工具。我的个人主页是×××，日访问量已经超过 100 人，欢迎您浏览我的个人主页。
>
> 　　基于对互联网和编辑事务的精通和热爱，以及我自身的条件和贵公司的要求，我相信贵公司能给我提供施展才能的空间，我也相信我和公司同仁的共同努力能让公司事业更上一层楼。
>
> 　　随信呈上我的求职简历等自荐材料，如有机会与您面谈，我将十分感谢！我的联系电话：×××××××××××。
>
> 　　谨致最诚挚的祝愿！
>
> 求职人：×××
××××年××月××日

三、其他自荐材料

除求职简历和求职信外，一般还需要以下自荐材料。

（一）毕业生就业推荐表

毕业生就业推荐表是学校发给毕业生的、用以反映学生各方面的书面材料，是学校向用人单位推荐学生的书面材料。

就业推荐表每人两份，毕业生应根据自身情况如实填写相关内容，由所在院系填写推荐意见，经学校招生与就业办公室盖章后方可生效。毕业生在制作自荐材料时，应将推荐表复印件放入其中，务必妥善保管好原件。与用人单位签订就业协议书时，再将推荐表原件交给签约单位。原件要妥善保管，遗失不补，涂改及复印件无效。推荐表是用人单位考查毕业生的主要依据，毕业生在填写时，应本着诚实客观、认真负责的态度填写，既不贬低自己，也不自我吹嘘，字迹要工整、清晰、整洁，最好用碳素墨水或蓝黑墨水书写，以便于复印。

（二）学习成绩单

学习成绩单是反映毕业生大学期间学习成绩的证明。成绩单由大学毕业生在学校教务成绩查询系统中自行打印，并到系教务科及学校教务处审核盖章。

（三）附件

附件是指能证实自荐材料中所列的各方面情况的原始证明材料，它也是证明自荐材料的真实性和自荐人各种能力的有力佐证，主要包括毕业证书、学位证书、各类获奖证书、等级证书、科研成果证明、社会实践和毕业实习鉴定材料等。为防止投递过程中丢失，一般用复印件。用人单位决定录用后是要看原件的，所以原件一定要妥善保存。

（四）推荐信

如果是通过他人介绍去某单位求职，最好带上一封介绍人撰写的推荐信。

（五）封面

封面设计的基本原则是美观、大方、醒目、整洁。首先，封面要有一个主题（标题）。其次，封面设计中最好体现出求职者的姓名、学校、专业、年级等最基本的内容，不要用繁体字（有特殊要求除外）。另外，封面的设计风格与自荐材料内部主体内容风格要一致，具有统一性、整体性。所有自荐材料都不得弄虚作假。全部用 A4 纸张书写、打印或复印后，按照材料重要性递减的原则排列整齐，设计目录，标注页码，外套封面，装订成册。最好在左侧纵向装订，装帧不要太华丽，整洁明快的风格最重要。

交互测试：自荐材料准备

主题三　笔试和面试技巧

笔试和面试是求职者与企业之间进行双向交流的过程，在这一过程中如何恰当地展示自己，是决定求职者能否最终得到职位的关键所在。

一、笔试

笔试是一种常用的考核办法，是用人单位采用书面形式对求职者的基本知识、专业知识、人文素养和心理素质等综合素质进行的考查，通常用于一些专业技术要求很强和对录用人员素质要求很高的单位，如一些涉外部门、技术要求很高的专业公司及国家机关选聘公务员等。

（一）笔试类型

按笔试内容来划分，笔试一般分为以下三类。

1. 专业能力考试

这种考试主要是检验应聘者担任某一职务时是否能达到所要求的专业知识水平和具备相关的实际工作能力。例如，国家公务员考试（简称"国考"）笔试的公共科目包括《行政职业能力测试》和《申论》两门。又如招聘行政管理、秘书方面工作的单位对应聘者文字能力的测试，部分单位对某种计算机语言有较高要求时，测试应用特定语言编程的能力。为了检验大学毕业生的实际工作能力或专业技术能力，通常还要进行专业技术能力考试。这种考试往往在特意设置的工作环境中进行。例如，读一篇文章，写读后感；撰写请示、报告或会议通知等；听几个人的发言，写一份评价报告；某公司计划赴外考察，写出需要做哪些准备工作；给一个科研题目，写出科研论文的详细大纲。从答卷中可看出答题者的文字表达能力以及分析问题能力和逻辑思维能力等。

2. 智商和心理测试

很多企业的笔试会采用智商测试，它们对大学毕业生所学专业一般没有特殊要求，但对大学毕业生的素质要求较高。它们认为，专业能力可以通过培训获得，有没有专业训练背景无关紧要，但大学毕业生是否具有不断接受新知识的能力至关重要。

智商测试并不神秘，主要有两类：一类是图形识别，比如一组有四种图形，让应试者指出其相似点和不同点。这类题目在一些面向中小学生的智力游戏书中是很常见的，一些面向大众的杂志偶尔也刊登这类游戏题目。另一类是算术题，主要测试大学毕业生对数字的敏感程度以及基本的计算能力，比如给定一组数据，让大学毕业生根据不同的要求求出平均值，其难度绝不超过对中学生的计算能力的要求水平。这类测试尤其适用于会计师和审计师等职业。

心理测试是用事先编制好的标准化量表或问卷要求被试者完成，根据完成的数量和质量来判定其心理水平或个性差异的方法。一些特殊的用人单位常常以此来测试求职者的态度、兴趣、动机、个性等心理素质。

3. 综合能力测试

综合能力测试兼有智商测试的要求，但程度更高。例如，应试者要在规定时间内对一组数据或一组资料进行分析，找出其合理的地方和存在的问题，并设计出解决问题的方案。这是对大学毕业生阅读理解能力，发现问题、分析和解决问题的能力，知识面等素质的全方位测试，甚至有时候问答是以英语进行的。

🔍【自我评测】

某知名汽车公司招聘实习生笔试题

姓名：_____　　　　学校：_____

1. 逻辑题(1~7题每题2分，第8题4分，共计18分)

　　(1) 图形推理。请参照左边图形的变化，选择"?"处的答案。　　　答案：_____

(2) 图形推理。请参照左边图形的变化，选择"?"处的答案。答案：_____

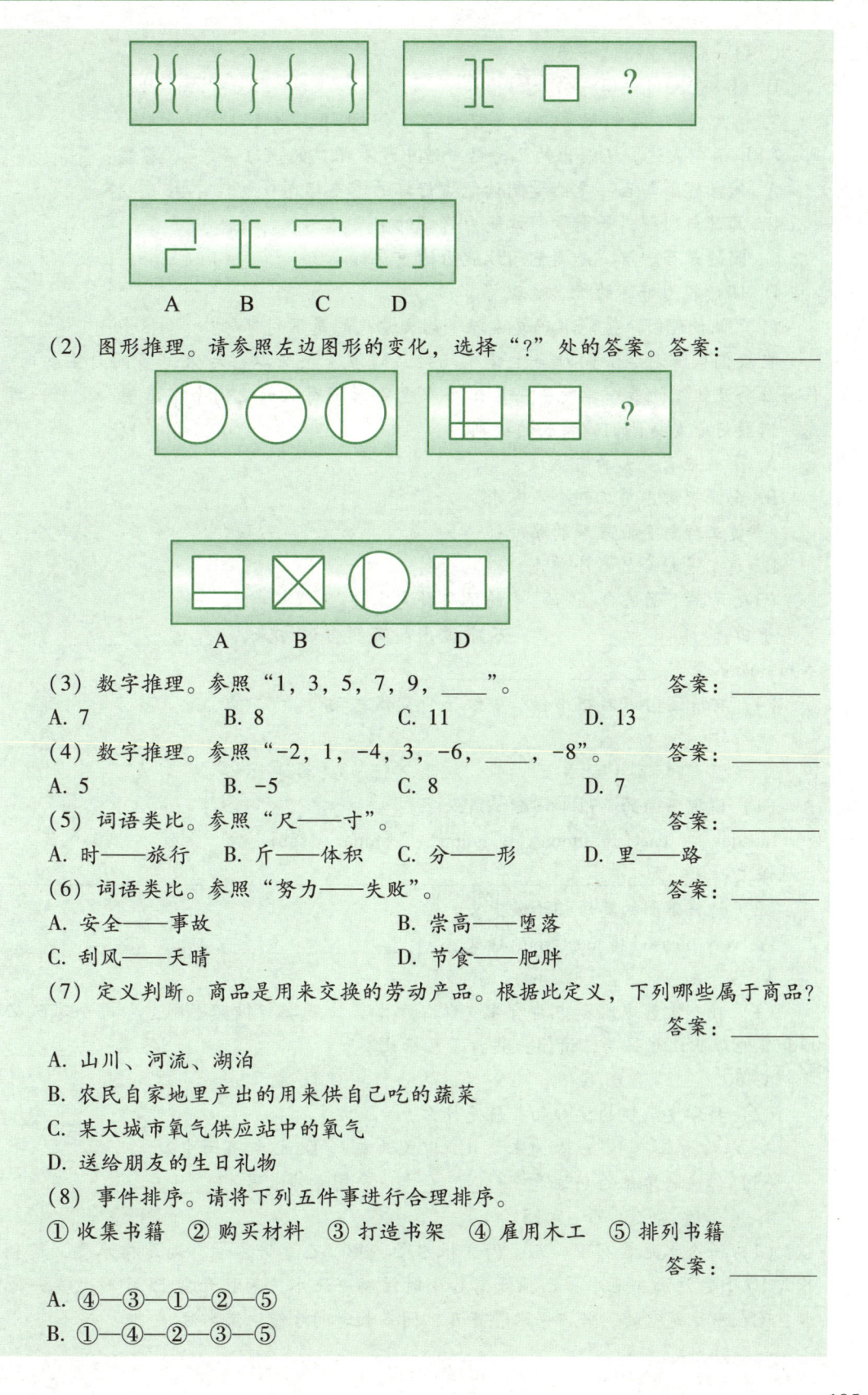

(3) 数字推理。参照"1，3，5，7，9，___"。 答案：_____
A. 7　　　　　　B. 8　　　　　　C. 11　　　　　　D. 13
(4) 数字推理。参照"-2，1，-4，3，-6，___，-8"。 答案：_____
A. 5　　　　　　B. -5　　　　　　C. 8　　　　　　D. 7
(5) 词语类比。参照"尺——寸"。 答案：_____
A. 时——旅行　　B. 斤——体积　　C. 分——形　　D. 里——路
(6) 词语类比。参照"努力——失败"。 答案：_____
A. 安全——事故　　　　　　　B. 崇高——堕落
C. 刮风——天晴　　　　　　　D. 节食——肥胖
(7) 定义判断。商品是用来交换的劳动产品。根据此定义，下列哪些属于商品？
答案：_____
A. 山川、河流、湖泊
B. 农民自家地里产出的用来供自己吃的蔬菜
C. 某大城市氧气供应站中的氧气
D. 送给朋友的生日礼物
(8) 事件排序。请将下列五件事进行合理排序。
① 收集书籍　② 购买材料　③ 打造书架　④ 雇用木工　⑤ 排列书籍
答案：_____
A. ④—③—①—②—⑤
B. ①—④—②—③—⑤

C. ④—③—②—①—⑤
D. ③—②—①—⑤—④

2. 语文知识（第1、4题4分，第2、3题6分，共计20分）

(1) 语句表达。从给出的几句话中选出没有语病的一句。 答案：_____
A. 阅读理解与否，是衡量阅读能力好坏的重要标志
B. 阅读与理解，是衡量阅读能力好坏的重要标志
C. 阅读是否理解，是衡量阅读能力的重要标志
D. 阅读能力好坏的标志性理解

(2) 阅读理解。最能准确复述以下短文意思的是下列哪句？ 答案：_____
在我们从计划经济向社会主义市场经济过渡、企业取得越来越多的自主权时，作为社会及组织的最小单元——员工个人也要求拥有照顾他们个人愿望和爱好，考虑如何最好地发挥他们的特长的权利。
A. 企业应有更大的自主权
B. 企业应考虑员工的个人需求
C. 员工理解企业管理的难处
D. 员工是社会的最小单元

(3) 请把下面选自《论语》中的语句补充完整。
子曰：_____，不亦说乎？有朋自远方来，_____？人不知，而不愠，_____？

(4) 把陈述句"我把书借给小红了"变成被动句。
被动句：_____

3. 英语知识（第1题每个单词2分，第2题3分，共计15分）

(1) 请把下面的英语单词翻译成汉字。
tuesday   car   student   mum   China   girl
译文：_____

(2) 请将下面的英语翻译成中文。
I'm very pleased to meet you. 译文：_____

4. 综合知识（每空3分，共12分）

(1) 在一次篮球比赛中共有4支队伍参加，比赛实行循环赛制，即每个球队必须和其他球队比赛一局，请问：共打了几场比赛？ 答案：_____
A. 5   B. 6   C. 7   D. 8

(2) 科学发展观的核心和本质是什么？ 答案：_____
A. 以物为本   B. 以人为本   C. 以民为本   D. 以经济为中心

(3) 你应聘单位的全称是：_____ 公司董事长是：_____

5. 计算题（每题5分，共15分）

(1) 一个水池装有甲、乙、丙3根水管，甲、乙是进水管，丙是排水管，甲独开需10小时注满一池水，乙独开需6小时注满一池水，丙独开需15小时放光一池水。现在水池是空的，若3根水管齐开，问多长时间才能注满水池？

(2) 1+2+3+…+100＝？

(3) 将3/4化成小数和百分数分别是多少？

6. 简答题（每题10分，共20分）

(1) 请你做个自我介绍，并评价自己的优点和缺点。

(2) 如果你到我们公司实习，你怎样做才能在众多实习生中脱颖而出？

（二）答题技巧

1. 知己知彼

保持稳定的心态。参加笔试前，要了解企业的基本情况，了解所应聘岗位的能力要求，查阅、询问该企业的笔试内容、范围、方法和技巧。要客观冷静地正确评估自己，相信自己的实力，克服自卑心理，增强自信心。

2. 科学答卷

拿到试卷后，要先通览一遍，了解题目类型、题量多少、难易程度，根据"先易后难、先简后繁"的原则确定答题步骤。具体答题时，必须认真审题，弄清题目要求，逐字逐句分析题意，按要求回答。对试卷中较难的试题，一定不要慌张，不要失去信心。笔试考的是你的综合素质，要相信应考者的水平相近，认真分析作答。

3. 卷面整洁

答题要格式正确，字迹清楚，卷面整洁，不写错别字。有些用人单位并不特别在意应试者的考分高低，而对其认真的态度、细致的作风更为重视。

4. 遵守纪律

参加笔试要按规定的时间到场，一定不能迟到。用人单位对求职者是否诚信格外看重，考试绝不能作弊或搞小动作。

二、面试

面试是一种经过组织者精心设计，在特定的场景下，以观察和与应聘者面对面交谈为主要手段，由表及里测评应聘者的知识、能力、经验等有关素质的一种考试活动。面试是单位挑选员工的重要方法，给用人单位和应聘者提供了双向交流的机会，使其相互了解，从而做出聘用与否、受聘与否的决定。

（一）面试类型

按照不同的分类标准，可将面试分为不同的类型。

1. 单独面试与集体面试

(1) 单独面试。单独面试是指主考官与面试者的单独面谈，也称为个人面试，是面试中最常见的一种形式。其优点是能够提供面试双方面对面的机会，便于双方较深入地交流。

单独面试又有两种情况：一是只有一个主考官负责整个面试的过程；二是由多位主考官参加整个面试过程，但每次均只与一位应聘者交谈。国家公务员选拔面试大多采用这种形式。

一名面试者独自面对多位考官，他们中的任何人都可能向你提出各种各样的问题，你的处境形同"众矢之的"。面试者身处这样的氛围，很容易心情紧张，因此事先必须做好心理准备，做到泰然自若。

（2）集体面试。集体面试又叫作小组面试，是指多位应聘者同时面对面试考官的面试形式。

集体面试主要用于考查应试者的人际沟通能力、洞察与把握环境的能力、组织领导能力等。在集体面试中，通常要求应试者做小组讨论，相互协作解决某一问题，或者让应试者轮流担任领导主持会议、发表演说等。

无领导小组讨论是最常见的一种集体面试形式。众考官坐于离应试者一定距离的地方，不参加提问或讨论，通过观察、倾听，对应试者进行评分，应试者自由讨论主考官给定的讨论题目。这个题目一般取自于拟任岗位的职务需要，或者现实生活中的热点问题，具有很强的岗位特殊性、情景逼真性和典型性及可操作性。某些省、自治区、直辖市选拔较高级别的领导干部时常常采用这种形式。

【知识点拨】

无领导小组讨论注意事项

1. 大方自信

当着众多考官和竞争者发言固然压力很大，但也不必心生畏惧，要相信自己的能力，相信竞争的公平性。

2. 深刻独到

在集体讨论中，如对问题能提出深刻独到的见解，会给考官留下深刻印象，尽量不要重复他人的观点和看法。

3. 顾及他人

虽说面试是一种竞争，但在集体面试中切不可滔滔不绝，垄断话语权，抢占他人的时间和机会。这样既会让他人难堪，又显得自私霸道。

4. 另辟蹊径

如果对讨论的问题不甚了解或知之不多时，要赶紧想别的办法来表现自己的能力，比如将自己的角色转换成讨论会的主持人，进行总结发言也能表现才能。

2. 一次性面试与分阶段面试

（1）一次性面试。一次性面试是指用人单位对应试者的面试集中于一次进行。这类面试考官的阵容一般比较强大，通常由用人单位人事部门负责人、业务部门负责人及人事测评专家组成。在一次性面试情况下，应试者是否能面试过关，甚至能否被最终录用，就取决于这一次面试的表现。

（2）分阶段面试。分阶段面试又可分为"按序面试"和"分步面试"两种。

按序面试一般分为初试、复试与综合评定三步。初试一般由用人单位的人力资源部门主持，将明显不合格者予以淘汰。初试合格者则进入复试。复试一般由用人部门主管主持，以考查应试者的专业知识和业务技能为主，衡量应试者对拟任岗位是否合适。复试结束后再由人力资源部门会同用人部门综合评定每位应试者的成绩，确定最终的合格人选。

分步面试一般是由用人单位的主管领导、中层干部以及一般工作人员组成面试小组，按照小组成员的层次由低到高的顺序，依次对应试者进行面试。面试的内容依层次各有侧重，低层一般以考查专业及业务知识为主，中层以考查能力为主，高层则实施全面考查与最终把关。实行逐层淘汰筛选，越来越严。

3. 常规面试与情景面试

（1）常规面试。常规面试是指常见的主考官和应试者面对面以问答形式为主的面试。这种面试主考官掌握着主动权，根据应试者对问题的回答、仪容仪态、情绪反应等对其综合素质做出评价。

（2）情景面试。情景面试又称情景模拟面试，是指通过设置工作中的各种典型情景，让应试者在特定的情景中扮演一定的角色，完成一定的任务，从而考查其多方面实际工作能力的一种面试形式。这种面试的形式灵活多样，其模拟性、逼真性强，有利于全面、准确、深入地评价应聘者的素质。

> 【问题求解】
>
> 如何破解面试难题？
>
> 某知名跨国公司在一所高校招聘时，曾对应聘者出了这样一道情景面试题目：某手机生产厂商因技术原因，使得手机电池的使用寿命缩短了一半。厂商提出了两种解决方案：一是换一块新电池；二是送同等价值的购物券，可以换购该厂家生产的同等价值的所有产品。作为产品经理，该如何给客户打电话告知此事。
>
> 针对上述公司的面试题，你将如何破解？请在课堂上展示。

4. 压力面试与非压力面试

（1）压力面试。考官有意将面试者置于紧张气氛中，让其接受诸如挑衅的、非议性的、刁难性的刺激，以考查其应变能力、压力承受能力、情绪稳定性等。

（2）非压力面试。在没有压力的情景下考查面试者的全面素质。

> **案例品读**
>
> 来自考官的压力
>
> 小丽在面试时，面试官问了一个专业方面的问题。这个问题比较简单，她很自信地回答了。考官说没听懂，让她再解释一遍。可她解释后，考官依然说不明白，又追问了几个问题，问的仍旧是较易回答的问题。她耐着性子又做了解答。令人费解的是，考官还是一副不理解的样子。小丽终于面红耳赤，觉得考官在戏弄她，气冲冲地离场而去。
>
> 小丽没有意识到，考官佯装不懂是在有意给她施加压力，考验她的耐心。因为她应聘的岗位是"网络维护"，这个岗位需要与形形色色的客户打交道，需要持续的工作热情和足够的耐心。考官就是想考验她的热情和耐心，可惜她没有经受住考验。

（二）面试问答

1. 问题准备

参加面试前，最好对面试问题有所准备。具体准备包括两个方面：一是面试中可能被问到的问题，二是你在面试时要提出的问题。应聘单位不同，工作性质不同，面试官不同，提出的问题肯定有所区别。同样，由于应试者面临的情境不同，个人自身的情况不同，想要提出的问题也会不同。所以对于面试问题的准备，应试者不要企图预先设计好一切答案，这不仅不可能，也没有必要。但这并不意味着不需要对面试问题做准备，事物在各具特性的同时，又有其共性，共性和特性是辩证的统一。不同的面试总会有共通之处，我们可以总结归纳出面试问题的一些共性，找出一般规律来指导面试。

（1）被问。面试官提出的问题一般包括以下五种：

第一，个人信息。主要是有关应试者自身的基本情况，如兴趣、爱好、特长、恋爱、婚姻、家庭、宗教信仰、理想和抱负、人生观、价值观、世界观等。这些问题的答案没有正确和错误之分，个人根据自身情况可以有多种回答，但要与求职简历和求职信上的对应信息一致，千万不能自相矛盾，不要谈一些与做好所应聘工作无关的东西，即使是你的特长和优点，也要谦虚谨慎，不可表现得野心勃勃，唯我独尊。

> **【知识点拨】**
>
> **请你介绍一下你自己！**
>
> 一般在面试开头，面试官会要求应试者做 3 分钟自我介绍，很多人在回答这类问题时只说姓名、年龄、爱好、工作经验等，这些在简历上都有，这样回答面试官不会感兴趣。
>
> 其实，面试官问这个问题的目的是想知道你能否胜任工作。所以，你适合回答的内容包括最强的技能、最深入研究的知识领域、个性中最积极的部分、做过的最成功的事、主要的成就等，这些可以和学习无关，也可以和学习有关，但要突出积极的个性和做事的能力，说得合情合理面试官才会相信。

第二，求职动机。弄清应试者的求职动机，是面试官的基本任务之一。有经验的面试官，一般不会放过考查、验证应试者求职动机的任何机会。这一类问题主要包括"你为什么来本单位应聘？""你对应聘职位有哪些期望？""你在工作中追求什么？""如果你被录用，今后 5 年内你会如何发展自己？""你为什么辞去原来的职务？""可否谈谈你的上级，并谈一谈你的同事？"等等。回答这类问题要表现出责任心、事业心，显露较高的精神境界。对金钱、名利既不能表现出崇拜、贪婪的心态，也不能过于清高，把物质利益贬得不值一谈，否则将被判定为虚伪或不通人情。不能抨击以前的工作单位和职务，更不能怨恨以前的领导和同事，否则你将被认定为缺乏容人的雅量，自私自利，难以与人合作。

> 【知识点拨】
>
> ### 你为什么应聘我们公司？
>
> 如果面试官问这个问题，要格外小心，如果你已经对该单位做了研究，你可以回答一些详细的原因，像"贵公司本身的高技术开发环境很吸引我""我与贵公司出生在同样的时代，我希望能够进入一家与我共同成长的公司""贵公司一直都发展稳定，近几年来在市场上很有竞争力""我认为贵公司能够给我提供一条与众不同的发展道路"等，这都显示出你已经做了一些调查，也说明你对自己的未来有了较为具体的远景规划。而像"贵公司位于大城市，我就想在这个城市生活"或者"贵公司待遇优厚，对我很有吸引力"等这些过分强调客观物质条件的答案，会让面试官认为你自私、俗气，精神境界不高。

第三，教育和培训。面试官往往会验证你在简历和求职信上所说的是否属实，你所受的教育和培训是否有利于完成你应聘的工作。这类问题包括"你是哪个学校毕业的？""简单介绍一下你的专业好吗？""你最喜欢的功课是什么？""你的学习成绩怎样？你是否满意？""你受的哪些教育和培训会有助于做好你要应聘的工作？为什么？""简要谈谈你的毕业论文或毕业设计？""你在工作中主要受过哪些培训？效果怎样？"等等。对自己所受的教育和培训一般应如实回答，要特别突出自己所受教育培训与你所应聘的工作之间的关系，要有所分析，不能妄下结论。

第四，工作（实习、实践）经验。在人员甄选录用中，用人单位一般坚持这个原则，即在素质、能力相当的情况下，有工作经验者优先。特别是录用职位较高的人员，工作经验是必要条件。这类问题包括"你以前都从事过哪些工作？""你最喜欢哪个工作？为什么？""你最讨厌哪个工作？为什么？""你最近的工作有哪些职责？""你在工作中曾取得了哪些值得自豪的成绩？""我们每个人都会犯错误，你能谈一下在工作中所犯的错误和所受的挫折吗？""你在工作中曾经遇到过什么困难？最后是怎么解决的？"等等。应届大学毕业生大多没有社会工作经验，面试官则会问相关的实习、社会实践经验。面试官所关心的是与你目前正在申请的职位有关的工作（实习、实践）经验，且在工作中要表现出企业所需要的能力和素质，如强烈的责任心，善于分析和解决问题的能力，组织能力、沟通能力和团队精神等，切忌漫无边际地闲聊。

> 【知识点拨】
>
> ### 和同事、上司难以相处，你该怎么办？
>
> 这个问题可以这样回答：我会服从领导的指挥，配合同事的工作；我会从自身找原因，仔细分析是不是自己工作做得不好让领导不满意，同事看不惯，还要看看是不是为人处世方面做得不好，如果是这样的话我会努力改正；如果我找不到原因，我会找机会跟他们沟通，请他们指出我的不足，有问题就及时改正；作为员工，应

> 该时刻以大局为重，即使在一段时间内，领导和同事对我不理解、有偏见，我也会做好本职工作，虚心向他们学习请教，我相信，他们会看见我在努力，总有一天工作会顺利起来。

第五，未来的计划和目标。用人单位非常关心新进员工的心态和打算，特别想知道他们是否会全身心投入到工作中去，有没有明确的计划和目标。这类问题主要包括"如你被录用，你准备怎样开展工作？""如果求职成功，你认为自己的优势和不利因素是什么？""你是否确定了自己的奋斗目标？""你怎样去实现自己的目标？""5年或者10年后你希望从事什么工作？""如有其他工作机会，你会跳槽吗？""你打算沿着这条职业道路走下去吗？"等等。这类问题不太好回答，但不可避而不答，事先要仔细考虑。没有计划和目标肯定是不受用人单位欢迎的，应试者应大胆地提出自己的设想和方案，即使不成熟也无关紧要。面试官看重的往往不是你的设想和方案是否可行，而是你对这类问题有没有认真考虑过。如果你能提出可行的计划和方案，符合组织的利益和需要，且绝不把应聘公司当跳板，你的回答一定能获得面试官的首肯。

【知识点拨】

如果录用了你，你将怎样开展工作？

一般来说，大学毕业生因为工作经验不足，对应聘的职位缺乏足够的了解，可以不直接说出自己开展工作的具体办法，而采用迂回战术来回答，如"首先听取领导的指示和要求，然后就有关情况进行了解和熟悉，接下来制订一份近期的工作计划并报领导批准，最后根据计划开展工作。"也可以按这样的思路来回答，"首先，要尽快熟悉工作、适应环境；其次，要积极学习，虚心求教；另外，要服从安排，踏实做事。"当然，如果应试者对所求岗位工作性质和内容比较了解，有针对性、有条理地谈谈自己具体的工作打算，且突出自己强烈的责任意识、开拓精神，更会获得面试官的首肯。

（2）提问。求职本是双向选择过程，不少求职者应聘时只是恭恭敬敬接受面试官询问，不敢提出任何问题，使谈话形同审讯。其实，求职者在如实回答提问之余，不失时机、恰到好处地主动提问，非但不会惹恼面试官，反而能活跃气氛，把谈话引向深入，加深对方对自己的了解。

如果想问面试官一些问题，事先一定要想清楚什么问题该问，什么问题不该问，该问的问题怎样问。所提问题应限制在询问应聘单位和应聘职位范围内，但在招聘启事、单位介绍中已有的内容，主考官已经介绍过的内容要排除在提问之外。不要问特别简单或异常复杂的问题，同时要回避敏感性问题。通过其他渠道可以了解的信息，一般不要在面试时发问，如工资、待遇等问题。可以问应聘单位取得的成绩、存在的问题、面临的困难，以及未来的发展战略等问题。

> 💡【知识点拨】
>
> ### 面试中提什么问题比较合适？
>
> 面试时问以下问题比较得体，能体现求职者积极进取的职业精神。
> （1）请问您，我要具备什么样的能力才能胜任这份工作？
> （2）您觉得我今天表现怎样？我在哪些方面需要改进？
> （3）请问我最晚什么时候能够得到回音？如果在最后期限没有收到录用通知，我能给您打电话吗？
> （4）贵公司是否为员工提供培训？

2. 问答技巧

（1）自信答题。答题时紧张，可略停顿思考后回答。面试官欣赏看起来自信而阳光的求职者，在面试时要尽量表现出年轻人的朝气和自信。即使碰到不知所措的疑难问题，也不要吞吞吐吐、慌慌张张，可以坦诚自己知识面有限，对此不甚了解。因为有时答案本身并不重要，重要的是应试者的心理和态度。

（2）有问必答。不管面试官问什么问题，都要作答，切不可沉默不语，这是最基本的原则。有的面试官提问刁钻，但可能是测试你的应变技巧、反应能力，不管如何，总得有一个答案，如果拒绝，或者说"这个问题很难回答……"面试成功的机会就会降低。

（3）先听后说。一般来说，在面试官提问后，应等待几秒钟，看对方确实提问结束，不再有补充提问时，予以回答比较合适。有的人为了显示自己的聪明和机敏，在面试官问题还没有讲完，甚至未听清其问题的核心和实质时，就开始作答，结果答非所问，评价甚低。

（4）自我推销。毋庸讳言，面试就是要展现自己的能力和魅力，让面试官信任你、首肯你，所以，过分谦虚实乃下策。但傲慢是沟通的大敌，自我推销绝非要滔滔不绝地夸耀自己多么精明能干、多才多艺，而要抛弃过于主观的表达，以较为客观的方式品评自我，如用事实、成效、数据等印证自己的能力，并可加入别人曾给你的正面评价或赞美。这样听者较易接受。

（5）避免反问。当面试官提问后，有时你可能不清楚其问题的实质是什么，或者问题比较尖刻，这可能是对方故意为之，以考查你的理解能力和承受能力。如果采用"如果是您，您认为该如何？"之类的反问方式，会引起面试官反感。如果没有听清楚，可以说"您的问题是不是这样……"或"我是否可以这样理解您的问题……"以便进一步明确对方的问题。

（6）言之有物。答题一定要有内容，答案要丰富而充实，切不可泛泛而谈、空洞无物、不着边际。能侃侃而谈、各方引证，并且综合地给出个人独到见解的应聘者，一定能够打动面试官。

（7）言之有序。说话要条理清晰、富有逻辑。如果一个问题要回答几个方面，最好概括成几点，依序逐一阐述。

（8）吐字清晰。语音要清晰，要让对方听明白你要表达的意思。音量要适中：嗓

微课启学：
求职面试时语言运用技巧

门过大,声调过高,有咄咄逼人之势;嗓门过小,声调过低,不仅让人听不清,还会给人沉闷感。语速要适中:说话太快似放连珠炮,给人慌张不沉稳的感觉;太慢则显得老气横秋,一般以为每分钟180个汉字左右为宜。

(三) 面试礼仪

礼仪是一个人综合素质的体现,面试时注重礼仪细节,能让我们显得彬彬有礼、气质出众,为我们赢得机会。

1. 着装得体

俗话说"人靠衣装",第一印象往往是由一个人的仪容仪表和外在气质形成的。在面试中,个人的仪表形象就像一张名片,上面贴着与你个性相匹配的标签。是仪表堂堂、神采奕奕,还是邋里邋遢、无精打采,从衣着上就能清晰判断。

着装方面最保险的方法是着职业装,选择职业装的好处在于既可以表示你对这份工作的看重和对面试官的尊重,又使自己显得成熟、稳重,具有职业气质。男生的常规装束是西服套装,黑色皮鞋,打领带。较适宜的西服颜色有两种,即藏青色或深蓝色。衬衫的颜色选择幅度更小,白色系和蓝色系比较稳妥。白色是不变的时尚,白衬衫变化繁多,配合不同的套装和领带可以有不同的风格展现。蓝色的衬衫色调越浅,则越容易凸显穿着者的优雅气质,与众不同又显得正规的非浅蓝色莫属。衬衫的领口放进一指正合适。袖长要能在平端时露出外套1~2厘米,刚好盖住腕骨。后领口露出的高度约1.5厘米。选择领带要遵循"两单一花"原则,即如果西装和衬衫的颜色都是单色的,最好选一条花领带进行调节。男性身上总体颜色以不超过三种为宜。

女性则可以选择职业套装。套装是目前最适合职业女性的服装,款式可以女性化一些,突出女性谦和、娴静的气质。要避免过分花哨、夸张的款式,也不宜选择极端保守的式样。在颜色上,深蓝色、藏青色、米色和驼色等都可选择,不特别刺目即可。女性不一定要清一色的职业套装,只要能够达到衣服衬托人的效果即可。但短裤、长靴、丝袜这样的时尚元素,以及亮闪闪的装饰不宜出现在面试场合,过于紧身和牛仔风格的服饰也应尽量避免。

但应该强调的是:对一般的面试来说,衣着不是最重要的,重要的是你的精神面貌和答题质量。因此,没有必要把太多的精力放在衣着上,无论是简单的衬衫,还是传统的职业套装,只要与环境相协调、质地较好、合体整洁即可,应该把更多的心思放在答题准备上,平时多查阅资料,多思考分析,多进行模拟面试。但如果是国家公务员面试,最好选择职业装。

2. 仪容整洁

仪容端庄大方,斯文雅气,不仅给人以美感,而且有利于赢得他人的信任。仪容修饰的原则是美观、整洁、卫生、得体。要保持面部的清洁,尤其要注意局部卫生,如眼角、耳后、脖子、手指等极易被忽略的地方,还要祛除身体异味。面试前不要吃有强烈异味的食物,避免不必要的尴尬。仪容修饰忌讳标新立异、花哨前卫、轻浮怪诞。

除了衣着,女性往往关注妆容如何选择。对女大学毕业生来说,淡妆或不化妆都是合适的,看其个人习惯。对于头发,短发最简单,梳好即可。长发最好扎起或盘起,不宜披头散发。过长的刘海遮挡视线，风格也显得幼稚。染发和烫发已经为社会所认可，不必过于在乎，只是不要选择十分夸张的颜色或发式即可。整体的干练形象是面试的最佳选择。

3. 举止得当

（1）守时。守时是基本的职业道德，如果面试迟到，很可能与应聘单位失之交臂。提前 10~15 分钟到达面试地点效果最佳，可熟悉环境，稳定心神。如果路程较远，宁可早到半小时，不可迟到一分钟。针对面试地点较远，地理位置较复杂的单位，不妨先去一趟，熟悉交通线路、地形和路上需要的时间，甚至事先找准洗手间的位置，做到有备无患。此外，招聘人员可能会迟到，应聘者切忌抱怨。

（2）等候。等候面试要有耐心，保持安静。有的用人单位在等候室准备了公司的介绍材料，面试者应仔细阅读了解情况，也可温习自带资料，不要来回走动显得焦躁不安，也不要与别人聊天。如巧遇亲朋好友，不得旁若无人地大声说笑，也不得嚼口香糖、打瞌睡。等候面试时将手机关闭或设置为静音状态，接打电话要轻声细语，不影响他人。进入面试室后一定不要接打电话和收发信息。

（3）入场。听到入场面试的通知后敲门而入，即使房门虚掩，也应轻叩房门两三下，得到允许后才能轻轻推门而入。进门后，顺手将门轻轻关闭。手注意拉住把手，动作要轻。进入屋内后先向招聘人员问好，然后从容不迫地走向应聘者的座位。整个过程要保持微笑。

（4）端坐。要等面试官请你就座时再入座。不要径直跌坐在位子上，入座动作要轻盈和缓，从容不迫，离座也要如此。落座后，身体要略向前倾，不要紧靠椅背，一般只坐椅面的 2/3 为准。正襟危坐后，两脚平落地面，双手自然放在桌上或膝上。男性两膝间的距离与肩同宽，女性不管是穿裙装还是裤装都要始终并拢双腿。

> 【知识点拨】
>
> **面试中的错误坐法**
>
> （1）拖拉椅子，发出很大的声响。
> （2）直接跌坐在椅子上。
> （3）腿或脚不自觉地颤动或晃动。
> （4）坐在椅子上，耷拉着脑袋，含胸驼背，给人萎靡不振的感觉。
> （5）半躺半坐，跷着二郎腿或叉着腿，给人放肆和缺乏教养的感觉。

（5）正视。应聘者要以和善友好、自信坦荡的目光注视面试官，表现出坚定和执着。谈话时注意力要集中，视线接触面试官面部的时间应占全部谈话时间的 60% 以上。尤其在对方讲话时，应与面试官"正视"，即用眼睛注视对方的双眼和口之间的三角部位。头也不抬、左顾右盼、心不在焉是对人不尊重和心虚的表现。

（6）手势。交谈中可以有适当的手势配合表达，但不宜过多，太多了会分散别人的注意力。手上不要摆弄东西，如玩笔、纸、眼镜或挠头、搓手等。

（7）离席。当面试官提示面试结束时，不管自我感觉如何，都要注意礼节。轻轻起身，面对面试官，微微欠身点头表示感谢，也可轻轻说声"谢谢"，然后再转身离去。出门时仍要注意轻轻关门。同时，要向接待人员道谢、告辞。

> **好文续航**
>
> 重视细节获成功
>
> 　　现凤凰卫视主持人、作家曾子墨曾在美国达特茅斯学院毕业前的最后一个暑假想找份暑期工，为自己的简历锦上添花、尽善尽美。于是，她准备闯荡华尔街，目标直指华尔街最大的投资银行美林银行。为此，她做了精心准备，下面是她面试成功的心得。
>
> 　　面试时千万不能紧张，要落落大方，侃侃而谈。和考官握手的力度要适中，太轻了显得不自信，太重了会招致反感。手中最好拿一个可以放笔记本的皮夹，这样显得比较职业。眼睛是心灵的窗户，所以目光不能飘忽游移，只有进行眼神的交流，才会显得充满信心。假如不敢直视对方的眼睛，那就盯着他的鼻梁，这样既不会感到对方目光的咄咄逼人，而在对方看来，你仍然在保持目光接触。
>
> 　　套装应该是深色的，最好是黑色和深蓝色，得体的服饰着装和穿搭审美可以在面试中加分不少。
>
> （资料来源：根据人民网资料改编。）

交互测试：笔试和面试技巧

主题四　求职陷阱防范

　　求职陷阱就是利用求职者急切的求职心态进行的一些诈骗方式。调查显示，不少大学毕业生曾陷入求职陷阱。因此，大学毕业生要增强自我保护意识，提高甄别虚假招聘信息的能力，通过正规渠道取得面试资格，切忌因一时求职心切而上当受骗。

微课启学：求职安全保护

一、防范非法中介

> **案例品读**
>
> 遭遇"黑中介"
>
> 　　某职业学院的大学生小孙，在大二暑假前夕通过手机 App 找到一家中介公司，想找一份暑期工作。该公司王老板许诺，只要他交 20 元手续费和 100 元押金，一周内一定给他找到一份满意的工作。交完钱，小孙满怀希望地等了两个星期，却杳无音讯。他按王老板名片上的电话打过去，却发现是空号，这才意识到自己被骗了。

求职者碰到那些"一间门面、一张桌子、一部电话"的职介所要格外当心、保持警惕。正规职介机构通常具备的特征包括：有营业执照和人力资源服务许可证原件（证照要张贴在服务场所显眼的位置）；招聘用工"明码标价"；公示劳动监察机关举报受理电话；收费时出具由税务部门监制的发票；服务人员持有职业资格证。

二、防范"皮包公司"

> **案例品读**
>
> ### 识破"皮包公司"
>
> 大学毕业生小强收到一家食品公司的电子邮件，要求其参加面试。小强并未向该公司投送过简历，他担心遭遇"皮包公司"，于是上网查询。查询结果让他大吃一惊，该公司居然用同样的地址和电话注册了四家公司，涉及食品、医药、保险、建材、房地产等不同领域。该公司承诺的薪资待遇颇为优厚，但招聘条件中的学历要求竟然是中专以上即可。经咨询市场监督管理部门，获悉该公司早已注销。

"皮包公司"一般没有固定的办公场所，面试地点多选择在酒店、餐厅、茶馆等公共场所，利用伪造的公司资质进行招聘，骗取求职者的财物等。求职者面试前先问清楚面试地点，凡无固定办公场所或临时租用简陋的办公场所，求职者要谨慎前往。应聘时切勿随陌生人前往偏僻地点，对陌生人提供的酒水、饮料，需要谨慎处理，更不要将自己的财物如手机、笔记本电脑等借给他们使用。同时，不要向任何网上"雇主"发送重要个人资料，如身份证号码、银行账号、信用卡号。因为这些信息有可能被他人窃取、盗用，造成损失。万一上当受骗，应第一时间报警，并联系亲友，谨防连环诈骗。

三、防范虚饰岗位

> **案例品读**
>
> ### 误入"虚饰岗位"骗局
>
> 某职业学院的毕业生小邹就读的是会计专业，毕业前夕，她去应聘当地一家期货公司的会计岗位。经简单面试后，小邹被录取了。但当她前去报到时，却被告知，公司规定新招员工必须在一线锻炼半年，熟悉整个公司的运作流程后方可回到本职岗位，她被分派到街区做业务员。三个月后，小邹无法适应业务员工作，只好提出辞职。公司以违反合约为由，要求她支付违约金。

大学毕业生在求职时一定要搞清楚职位的具体内容，详细询问工作细节，认真分析，仔细辨别。如果单位发布的招聘信息对职位工作内容含糊其词，求职者则要提高警惕。有的单位用一些听起来职位很高的虚职招聘大学毕业生做业务员，或者招聘职位与实际工作内容明显不符，这极可能构成欺诈，应聘者可以向当地劳动监察部门举报。

四、防范收费陷阱

> **案例品读**
>
> 误入"变相收费"骗局
>
> 　　毕业于某职业学院的小陈在网上看到本地一家电子公司的招聘广告，就递交了简历。很快就被通知参加面试。出乎小陈的意料，面试进行得十分轻松愉快，并顺利通过。随后公司负责人让他先交180元的体检费和320元的服装费。小陈和父母商量后，觉得钱不多，而且工作了很快就能挣回来，就交了钱。公司负责人与他约好一周内签订就业协议。但一周后，小张再次来到这家公司所在的写字楼时，已是人去楼空。

　　有的求职者对劳动法规和相关政策缺乏足够了解，一些不良公司便乘虚而入，承诺给其提供岗位，但要求其缴纳有关费用。求职者求职心切，自愿掏钱，岂不知这些单位招聘是虚，揽财是实。

　　按我国劳动法规定，任何招聘单位，以任何名义向求职者收取抵押金、服装费、产品押金、风险金、报名费、培训费等行为，都属非法行为。招聘单位培训本单位的职工，也不准收取培训费。如用人单位违反规定收取各种费用，求职者要勇于说"不"，并向招聘单位所在地区职能部门举报，以确保自己的合法权益不受侵害。

五、防范试用陷阱

> **案例品读**
>
> 误入"试用"骗局
>
> 　　某翻译中心聘用三名大学毕业生做翻译员。老板承诺试用三个月，试用期月薪3 200元，试用期满正式录用，月工资不低于4 000元。三人努力工作，经常加班加点。但试用期即将结束时，老板突然以"不适宜在本公司工作"为由，将三人全部辞退，由新招的三名大学毕业生顶替。

　　试用期本是用人单位与劳动者建立劳动关系后，双方为了相互了解而协商约定的考察期限。试用是双向的，用人单位试劳动者，劳动者也试用人单位，谁不满意都可以提出解除劳动关系。但少数不良企业却以试用为名，招募廉价劳动力。

　　试用陷阱多发生在小型企业、"皮包公司"。大学毕业生除了要清楚我国劳动合同法对试用期的明确规定之外，还应对应聘企业有所了解，尽量把口头试用协议变成文字内容。同时询问已在企业工作的员工是否已经签约，如果发现周围的工作人员都是临时工，最好及早从该企业脱身。

六、防范合同陷阱

> **案例品读**
>
> ### 签订"不平等条约"
>
> 小田在某网站应聘到一家私立高中任教，签合同时，该校承诺月薪 3 000 元，包食宿，如果学生期末成绩考得好，另有奖金。合同规定签约的教师最少要任教一年，一年之内解除劳动合同的，要赔偿学校损失 10 000 元。她觉得没什么问题就签了合同。在她正式上班后，才发现这家学校食宿条件恶劣，工资也不按时发放，学校还以种种理由克扣她的工资。她有心辞职，但 10 000 元的违约金也不是个小数目，这让她左右为难。

合同陷阱，主要表现为某些公司在与员工签订聘用合同时，在试用期管理、薪资待遇等几个方面制定出不利于求职者的规定，一旦员工违反这些规定，公司就会辞退员工且不会受法律制裁。有的用人单位利用大学毕业生合同意识淡薄、法律观念不强、求职心切等弱点进行欺骗，当大学毕业生跌进陷阱后大呼上当时，往往无可奈何，任人宰割。

劳动合同必须是书面合同，签订了合同才能规定试用期。求职者与用人企业签订劳动合同时，要"三看"：一看企业是否经过市场监督管理部门登记以及是否处于企业注册的有效期限内，否则所签合同无效；二看合同字句是否准确、清楚、完整，不能用缩写、替代或含糊的文字表达；三看劳动合同是否具有法定条款，内容不全、约定不清的劳动合同切莫签署。

七、防范传销陷阱

> **案例品读**
>
> ### 成功逃脱传销组织
>
> "只要你加入我们的团队，三个月后就能拿到月薪 5 000 元左右，随着你业绩的增加，你的工资还会逐月增加！"面对如此诱人的招聘广告，不少大学毕业生怦然心动。殊不知，这是传销组织精心布下的骗局。这些传销组织以高薪招聘为名引诱大学毕业生上当，受骗者屡见不鲜。两位受骗的大学毕业生称，他们与该公司洽谈时，公司根本不看毕业证书，只填一张表格，随后便通知他们被录用了，并告知其做"网络销售"工作。当负责人告知他们"先交 3 800 元，再发展自己的下线，两年之内可以赚 180 万元"时，他俩意识到这是传销，于是择机摆脱传销组织盯梢，逃出并报案。

传销骗术主要有以下四个特点：

（1）跨省招聘。传销组织清楚，当地人熟悉情况，编造的谎言容易被戳穿，而外省求职者往往不了解当地情况，容易得逞。

（2）高薪引诱。发布虚假招聘信息时，提供所谓的好职位和高薪，引诱求职者上当。

（3）"共同创业"。一些传销人员为了引诱大学毕业生上当受骗，向其伸出"橄榄枝"，表达共同创业的愿望，有的大学毕业生信以为真，结果上当受骗。

（4）"网上交友"。一些传销人员利用大学毕业生思想单纯、重感情的特点，以在网上寻找恋人、朋友为名，诱骗大学毕业生，一旦上当，便以各种理由拉其入伙。

【知识点拨】

招聘欺诈的基本特征

（1）招聘单位只对外公布手机等单一联系方式。

（2）告知无需任何条件可直接面试、上岗。

（3）薪资明显高于同地区、同职位、同工种的水平。

（4）非正常工作时间预约面试或者面试地点在很偏远的地方。

（5）收取服装费、伙食费、体检费、报名费、办卡费、押金等各种费用。

（6）公司地址含糊不清，面试场所不正规，类似临时租借来的办公室或宾馆等地。

（7）通知面试的职位明显与实际工作岗位不符，或上岗期间索要钱物。

（8）扣押或者以保管为名索要身份证、毕业证等证件原件。

交互测试：求职陷阱防范

【问题求解】

如何自救？

如果你不小心误入传销组织，你该怎么办？

沙场练兵

做足求职准备

1. 修改简历

根据下列个人简历所提供的求职目标，这位求职者的工作经历有何问题？请予以修改。

求职目标：

市场销售员。

工作经历：

（1）2018年暑假，在某外校担任英语教师。

(2) 2018 年 11 月，为宝洁公司做兼职促销员。
(3) 2019 年 3 月，为某童装新产品上市做前期市场调查。
(4) 2019 年暑假，在某报社实习。
(5) 2019 年 11 月，参与某食品企业的市场推广策划。
(6) 2019 年 12 月，辅导一名高中生英语课程。

2. 修改求职信

指出下面求职信存在的问题，并进行修改。

求　职　信

××公司：

　　我的运气真好啊！就在我即将毕业之际，贵公司正式开业投产了首先我向贵公司表示热烈的祝贺！

　　我是全国闻名的××工业大学的应届毕业生。在校四年，我德智体全面发展，各学科成绩一贯优异，专业基础及知识扎实，动手能力强，长期担任小组长外，还有多种爱好和特长：能讲善辩，能歌善舞，能写善画，各项球类都有一定的水平。大家夸我是"全才"，当然我不能因此而骄傲，但是，实事求是地说，我还真有两下子：说、拉、弹、唱、打球、照相，样样精通。至于水平嘛，都称得上"OK"！

　　到贵公司服务是我梦寐以求的事，我真希望美梦成真！期盼这一天的早日到来！

　　我有能力胜任各方面的工作。不知贵公司能否答应，恳请立即回复为要，以免误事。

　　顺祝最崇高的敬意！

刘××
××××年××月××日

3. 设计面试服装

请根据你的求职目标，为自己设计一套面试的服装，并说明理由。

4. 准备自我介绍

如果面试中要你作三分钟的自我介绍，你将如何介绍自己？

5. 模拟面试

在班级内开展模拟面试活动，由学生担任评委，教师指导点评。

6. 排练情景剧

请学生模拟下列情境，集体分析讨论应试者有何不妥。

（应试者不修边幅，手捧一堆求职资料，嚼着口香糖，"咚咚咚"敲门。）

面试官：谁呀？

应试者：我是××职业学院的学生，想到你们这儿找工作。

面试官：请进！

应试者：（将口香糖急忙吐在地上，推门而入）你好。

面试官：请坐。

应试者：（将旁边的椅子拖过来，放在面试官办公桌前面，直接跌坐在椅子上，将求职资料放在面试官面前，跷起二郎腿）我叫××！

面试官：你想找工作，那你想找什么工作？

应试者：我是高职生，今年7月毕业，学的是汽车贸易专业，你们是一家很有名的汽车贸易公司，有没有我可以干的工作？

面试官：我们正缺汽车营销业务员，你有工作经验吗？

应试者：我去年暑假在一家汽车4S店实习过，我可以试试。请问这个工作薪水是多少？

面试官：（皱起眉头）每月底薪1 800元，另有奖金和提成。这样吧，如果没有其他问题，请你回去等通知吧！

应试者：（站起，满脸沮丧）谢谢！（转身离去，出门后发觉求职资料忘在办公桌上，又折回来取资料）不好意思！

面试官：（长叹一口气，摇头）哎！

模块四 求职择业心理

开篇引例

信心决定命运

纽约好莱坞星球餐厅的墙壁上有一个镜框，镶嵌着李小龙写给自己的信，邮戳日期是1970年1月9日，信封上面印着"机密"字样。40多年后，这封信已经不再是秘密，信里是李小龙对自己说的话："到1980年，我将成为全美国最有名的亚裔电影明星，我将拥有1 000万美元的存款，每次站在摄影机的面前，我都会拿出自己的最佳表现，我会一直保持平和、低调的态度……"

无独有偶，喜剧明星金·凯瑞曾给自己开过一张支票。1990年，他还只是个默默无闻的小演员，刚从加拿大来到美国洛杉矶寻求出路。他站在穆赫兰道尽头，俯视山下灯火辉煌的洛杉矶，感慨万千，拿出支票本，给自己开了一张1 000万美元的支票，并郑重其事地写下兑换的日期——"1995年感恩节"。此后，他一直贴身带着那张支票。1995年，出演过《动物侦探》《面具》《傻和更傻》等喜剧大片后，他的片酬达到了每部电影2 000万美元。

(资料来源:孙科炎,路光.职场心理学[M].北京:中国电力出版社,2012.)

思考与探究：
李小龙和金·凯瑞的经历给了你什么启示？

主题一 健康求职心理认知

大学毕业生的择业心理对其择业行为有着重要影响，甚至是决定性的影响。良好的心理素质不仅可使其在择业期间保持良好的心态，适时调整自己的行为，促进顺利就业，而且可使其择业后较快地适应职业及环境，充分发挥才能，实现人生价值。可以说，健康的求职择业心理是打开职业成功之门必不可少的金钥匙。

在激烈的择业竞争中，刚进入职场的不少大学毕业生形成了种种心理误区和心理障碍，对其顺利就业和职业发展十分不利。只有主动走出误区，扫清障碍，才能以良好的精神状态应对激烈的竞争和工作的压力。

一、健康求职心理的含义

（一）健康的含义

世界卫生组织对"健康"所下的定义是：健康乃是一种在身体上、精神上的完满状态，以及良好的适应力，而不仅仅是没有疾病和衰弱的状态。换言之，这就是人们所指的身心健康。身心健康包括以下四个方面：

（1）躯体健康，即人体生理的健康。

（2）心理健康。一是人格是完整的，自我感觉是良好的，情绪是稳定的；二是在自己所处的环境中，有充分的安全感，且能保持正常的人际关系，能受到别人的欢迎和信任；三是对未来有明确的生活目标，能切合实际地不断进取，有理想和事业的追求。以上为心理健康的三个重要标志。

（3）社会适应良好，这是指能适应复杂的环境变化，为他人所理解，被大家所接受。

（4）道德健康，其最主要的是不以损害他人利益来满足自己的需要，有辨别真伪、善恶、荣辱、美丑等是非观念，能按社会规范约束、支配自己的行为，能为他人的幸福做贡献。

（二）心理健康的标准

广义的心理健康是指一种高效而满意的、持续的心理状态。狭义的心理健康是指人的基本心理活动的过程内容完整、协调一致，即认识、情感、意志、行为、人格完整和协调，能适应社会，与社会保持同步。

作为处于特定年龄阶段的特殊群体，大学毕业生应具有与年龄和角色相应的心理行为特征。综合国内外专家学者的观点，根据我国大学毕业生的年龄特征、心理特征和社会角色特征，其心理健康的基本标准应包括以下六个方面。

1. 自我评价正确

正确的自我认知评价是大学毕业生心理健康的首要条件。大学毕业生是在与现实环境，与他人的相互关系中，在自己的实践活动中认识自己的。一个心理健康的大学毕业生对自己的认识应比较接近事实，即所谓"自知之明"。对自己的优点感到欣慰，但又不狂妄自大；对自己的弱点不回避，也不自暴自弃，而是善于正确地"自我接纳"。

2. 意志健全

意志是人在完成一种有目标的活动时，所进行的选择、决定与执行的心理过程。意志健全者在行动的自觉性、果断性、顽强性和自制力等方面都表现出较高的水平。意志健全的大学毕业生在各种活动中都有自觉的目的性，能适时地做出决定，并运用切实有效的方法解决所遇到的各种问题，在困难和挫折面前，能采取合理的反应方式，能在行动中控制情绪和言行，既不顽固执拗、轻率鲁莽、言行冲动，也不意志薄弱、优柔寡断、害怕困难。

3. 人格完整

人格，在心理学上是指个体比较稳定的心理特征的总和。人格完整是指有健全统一的人格，即个人的所想、所说、所做都是协调一致的。大学生人格完整的主要标准是：人格结构的各要素完整统一；具有正确的自我意识，不产生自我同一性混乱；以积极进取的人生观作为人格的核心，并以此为中心把自己的需要、愿望、目标和行为统一起来。

4. 情绪健康

情绪健康的主要标志是情绪稳定和心情愉快。这是大学毕业生心理健康的一个重要指标，因为情绪在心理变化的外显成分中起着核心作用，情绪异常往往是心理疾病的先兆。大学毕业生的情绪健康应包括以下内容：

（1）愉快的情绪多于不愉快的情绪，一般表现为乐观开朗，充满热情，富有朝气，满怀自信，善于自得其乐，对生活充满希望。

（2）情绪稳定性好，善于控制和调节自己的情绪，既能克制约束，又能适度宣泄，不过分压抑，使情绪的表达既符合社会要求，也符合自身需要，在不同的时间和场合恰如其分地表达情绪。

（3）情绪反应是由适当的情境引起的，反应的强度与引起这种情绪的情境相符合。

5. 人际关系和谐

人总是处在一定的社会关系中的，和谐的人际关系，既是大学毕业生心理健康不可缺少的条件，也是大学毕业生获得心理健康的重要途径。其具体表现为以下六个方面：

（1）乐于与人交往，既有稳定而广泛的人际关系，又有知心朋友。

（2）在交往中保持独立而完整的人格，有自知之明，不卑不亢。

（3）能客观地评价别人和自己，善于取别人之长补己之短。

（4）宽以待人，乐于助人。

（5）积极的交往态度多于消极的交往态度。

（6）交往动机端正。

6. 适应能力强

较强的适应能力是心理健康的重要特征，不能有效地处理与周围环境的关系是导致心理障碍的重要原因。心理健康的大学毕业生，能与社会保持良好的接触，对社会的现状和未来有较清晰、正确的认识，思想和行动都能跟得上时代的步伐，与社会要求相符合。这里所讲的适应，不是被动、一味地迎合，甚至与不良风气、落后习俗同流合污，而是在认清社会发展趋势的基础上，主动适应社会发展的要求，不逃避现实，不妄自尊大、一意孤行。

（三）健康的求职心态

心态是个人的内心态度，是个人对人、事、物、时空的即时态度、即时想法的综合，相对于表现在外的态度它是内涵。各种想法是来源，具体的观念是结果，态度是外在的表现，心态则是内在的过程。

一个心理健康的大学毕业生，在求职过程中表现得既理智客观，又积极进取；既自信乐观，又慎重冷静；既善于抓住机会，也敢于创造机会。健康的求职心态表现为以下五个方面。

1. 正确的自我定位

一个人如何自我定位，是关乎他将来在社会中存在价值的重要一环。许多大学生毕业之后，几年之内多次换工作，这是自我定位不准的后果。大学毕业生要对自己有清晰、全面的了解，知道自己想做什么工作、能做什么工作以及为什么要做这样的工作，有正确的职业生涯定位，不好高骛远，也不妄自菲薄。

【自我评测】

心理压力测试

1. 测试说明

根据自己的实际情况判断你是否有以下症状（在后面括号内打"√"或"×"）。

(1) 经常患感冒，且不易治愈。 （   ）
(2) 常有手脚发冷的情形。 （   ）
(3) 手掌和腋下常出汗。 （   ）
(4) 突然出现呼吸困难的苦闷窒息感。 （   ）
(5) 时有心脏悸动现象。 （   ）
(6) 有胸痛情况发生。 （   ）
(7) 有头重感或头脑不清醒的昏沉感。 （   ）
(8) 眼睛很容易疲劳。 （   ）
(9) 有鼻塞现象。 （   ）
(10) 有头晕眼花的情形发生。 （   ）
(11) 站立时有发晕的情形。 （   ）
(12) 有耳鸣的现象。 （   ）
(13) 口腔内有破裂或溃烂情形发生。 （   ）
(14) 经常喉痛。 （   ）
(15) 舌头上出现白苔。 （   ）
(16) 面对自己喜欢吃的食物，却毫无食欲。 （   ）
(17) 常觉得吃下的食物沉积于胃里。 （   ）
(18) 有腹部发胀、疼痛的感觉，而且经常腹泻或便秘。 （   ）
(19) 肩部很容易坚硬酸痛。 （   ）
(20) 背部和腰经常疼痛。 （   ）
(21) 疲劳感不易解除。 （   ）
(22) 有体重减轻的现象。 （   ）
(23) 稍微做一点事就马上感到疲劳至极。 （   ）
(24) 早上经常有起不来的倦怠感。 （   ）
(25) 不能集中精力专心做事。 （   ）
(26) 睡眠不好。 （   ）
(27) 睡觉时经常做梦。 （   ）
(28) 在深夜突然醒来时不易继续再睡着。 （   ）
(29) 与人交际应酬时变得无精打采。 （   ）
(30) 稍有一点不顺心就会生气，而且时有不安的情形发生。 （   ）

> 2. 测试解释
>
> 如在以上症状中，你出现了 5 项，属于轻微紧张型，只需多加留意、注意调适休息便可以恢复；如有 11 项至 20 项，则属于严重紧张型，就有必要去看医生了；倘若在 21 项以上，那么就会出现适应障碍的问题，这就需要引起特别的注意，应立即去看医生。

2. 明确的就业意向

心态积极的求职者，拥有明确的求职意向，大到就业单位的性质、行业、未来的工作地区，小到工作的职位、月薪等都有一个清晰的目标，在求职择业的过程中不盲目从众，会始终根据自己的就业意向寻找合适的就业机会，会根据自己的能力水平、优劣势，结合就业市场环境等因素，理智地调整求职目标并朝着目标不断努力。

3. 充分的求职准备

心态积极的求职者，会做好充分的求职择业准备，不会打无准备之仗。在大学学习期间，从专业学习到社会实践，通过各种类型的学习与社会活动全面提升自己的职业素养，并且广泛搜集就业信息，充分了解人才市场需求，仔细分析用人单位和应聘岗位的特点，有针对性地做好求职择业的准备。

4. 善于自我推销

心态健康的求职者，把面试当作自我推销的机会。他明白，面试官还不是自己的上司，平等地交流对话，有助于相互了解。他不会面对面试官显得畏畏缩缩，或被面试官牵着鼻子走，而是尽可能主动、自信地展示自己的优势，告诉对方录用自己的理由，同时抓住机会，尽可能多地了解对方的要求、条件、发展前景等。

5. 善于自我激励

自我激励是指个体具有不需要外界奖励和惩罚作为激励手段，就能为设定的目标自我努力的心理特征。心态健康的求职者，善于自我激励，拥有激发自己成功的内在动力，使自己朝着求职目标持续努力，积极参与竞争，相信自己能把每一件事情做好，面对挫折的时候，认为失败都是暂时的，不过是一种历练，甚至会把每一次失败当作学习的机会，吸取教训，完善自己，并能迅速重整旗鼓，投入到下一轮的求职择业中去。

二、心态对择业的影响

美国学者拿破仑·希尔曾说："一个人能否成功，关键在于他是否有乐观积极的心态。人与人之间的差异其实很小，但这小小的差异却往往造成了结果上的巨大差异。"这里说的巨大的差异便是成功或失败。这很小的差异就在于我们具备的是乐观积极的心态，还是消极懈怠的心态。对择业来说，同样如此。

（一）心态影响就业认知

> **案例品读**
>
> **推销员的故事**
>
> 　　两个欧洲人到非洲去推销皮鞋，看到非洲人都是光脚走路，第一个人大失所望，认为非洲人不需要鞋子，皮鞋在非洲根本没有市场。而另一个人却惊喜万分，认为这些人都没有皮鞋穿，皮鞋在非洲的市场大得很啊！

　　心态影响每个人看问题的角度和深度。

1. 心态影响环境认知

　　心态积极的人，能从积极的角度去看问题。事物都是对立统一的，既有不利的因素也有有利的因素。心态积极的人看问题比较全面，且更倾向于看事物积极的一面。例如，面对当前大学毕业生"就业难"的现状，我们应当不仅看到形势的严峻和竞争的激烈，还有党和国家以及全社会为解决大学毕业生就业难所做的努力，从而正确分析形势，面对困难与挑战，对就业前景怀有信心和希望。消极心态的人，看问题的视角比较单一，且更倾向于放大不利因素。而这些不利因素往往压得他们透不过气来。

　　心态积极的人，能以发展的眼光去看问题。事物是发展变化的，他们能够看到就业的困难是暂时的、阶段性的，随着经济社会的不断发展，改革的不断深入，当前的就业困难定会逐渐好转。他们善于用发展的眼光看待自身职业生涯，允许自己从一个起点相对较低的工作开始就业，在工作中去锻炼自己，提升自己的价值，而不求一步到位。消极心态的人，不能全面发展地看问题，希望一次性找到一个高薪、轻松的工作，迟迟难以就业，同时容易被"就业难"吓倒，唉声叹气，甚至对前途失去信心，悲观厌世。

2. 心态影响自我评价

　　持有积极心态的人，能客观评价自我。他们认为困难是可以克服的，凭借自己的能力也好，寻求他人的指导、帮助也好，只要通过自己的不断努力，逐步完善自己，总能找到解决问题的方法，困难终将过去。尽管道路是艰辛曲折的，但前途一定是光明而充满希望的。而持有消极心态的人，看不到自己的能力、自己内在无限的潜能，遇到困难容易退缩，容易被困难打倒。

　　持有积极心态的人是自我负责的人。他们以慎重的态度去寻找和对待第一份工作，既不随便择业，也不盲目跟风，而是根据自己的实际情况，有针对性地选择与自己的兴趣能力相符合的工作，作为自己职业生涯的良好开端。即使工作并不十分满意，也不会轻易跳槽，而是想办法适应当前的工作，或者对自己的职业目标进行重新评估、调整之后再离职。而持有消极心态的人，则容易动摇，工作一不如意就跳槽，但是频繁地、无目的地跳槽只会让职业生涯越来越糟。

3. 心态影响就业期望

　　由于社会经济的不断发展、社会体制的不断改革，大学毕业生的职业期望处于整个社会价值观的不断冲突和协调的涡流中，期望与现实往往存在一定的差距。持有积极心态的人能对自己的心理、能力、价值观念等进行正确调适，充分进行自我评价，在现实社会中找到理想与实际的"结合点"，理性地调整自己的期望。而持有消极心态的人则会去抱怨现实的残酷，环境的艰苦，难以从自身出发找问题。

> **案例品读**
>
> **积极的心态是求职道路上的催化剂**
>
> 求职过程中心态是极为重要的一环，积极乐观的心态往往会让求职过程变得简单许多。工作能力固然重要，但开朗的性格、积极的就业心态更是一剂不可或缺的催化剂。
>
> 2012年3月，由上海市人力资源社会保障部门和共青团组织精心打造的扶持失业青年就业"启航"计划正式启动。
>
> 小顾是一名毕业就失业的青年，从小父母离异跟着父亲生活。二人仅靠父亲的微薄工资维持生计，几年前父亲病逝，现在只能靠着奶奶的退休金相依为命。就业促进中心老师在指导过程中发现小顾的个人价值观与大众价值观、个人理想与现实存在一定的矛盾。同时，在缺乏父母关爱的家庭环境下成长导致了他性格比较孤僻、语言表述尖刻、内心敏感、抗拒与人沟通。
>
> 在"启航"计划中心职业指导科及就业援助员耐心的沟通与指导下，逐渐与小顾建立了良好的咨访关系，并给出针对性的职业指导建议，帮助他成功地融入职场。

（二）心态影响择业过程中的情绪

情绪是人对主体需要和客观事物之间关系的短暂而强烈的反应，是一种主观感受、生理反应、认知的互动，并表达出特定的行为。情绪反映的是客观外界事物与主体需要之间的关系，它是一种内心体验。

美国临床心理学家阿尔伯特·艾利斯的情绪ABC理论告诉我们，人的消极情绪和行为障碍结果——C（consequence），不是由于某一激发事件——A（activating event）直接引发的，而是由经受这一事件的个体对它不正确的认知和评价所产生的错误信念——B（believe）直接引起的。例如，一个人可能认为，这次考试（A）只是试一试，考不过也没关系，下次可以再来。另一个人可能说，我精心准备了那么长时间，竟然没过，是不是我太笨了？我还有什么用啊？人家会怎么评价我？于是同一情境之下（A），不同人的信念（B）带来的结果（C）大相径庭。可见，同样的事件，不同的信念会给我们带来不同的情绪，这里说的信念其实就可以理解为我们的心态。

很多时候周围的环境会影响我们的情绪，但不是至关重要的因素，关键是自己保持怎样的心态。奥斯威辛集中营的幸存者、心理学家维克托·弗兰克尔说过："在任何特定的环境中，人们还有一种最后的自由——选择自己的态度。"积极乐观的心态如同生命中的心灵天线，我们通过它不断地发射着充满激情和成功渴望的电波。乐观与积极的心态往往决定一个人的成功，我们每天生活在情绪的包围之中。一不小心，它就会给我们带来意想不到的结果。

模块四　求职择业心理

在择业和就业的过程中，我们经历各种各样的情境，都会给我们带来情绪反应。例如，竞争激烈带来的焦虑，求职失败带来的沮丧，面试成功带来的喜悦等。拥有良好心态的人：一方面可以通过正确的认知信念，减少负面情绪的产生，即类似上面ABC理论中提到的B，体会到更多的积极情绪；而拥有消极心态的人，容易对事件做出消极分析和解释，从而容易出现悲观情绪。另一方面，拥有良好心态的人，情绪相对稳定，能够较好地控制自己的情绪，出现情绪可以适时地进行调整，做情绪的主人，避免严重的情绪带来的伤害；而拥有消极心态的人容易被情绪所左右，出现情绪失控。

（三）心态影响择业行为

行为是指人们一切有目的的活动，它是由一系列简单的动作构成的，在日常生活中所表现出来的一切动作的统称。规划职业生涯、搜集就业信息、应聘面试等都是我们的择业行为。

心态积极的人行为更有目的性，他们在求职择业时，会根据自己的实际情况选择适合的企业、职位，有针对性地为自己的目标做准备；而心态消极的人难以形成明确的目标，容易盲目从众。

心态积极的人行为更主动，他们习惯于用"我要""我一定有办法"等积极的意念鼓励自己，敢于在激烈的就业大潮中主动出击，从各种途径寻找就业机会，勇于竞争，最终脱颖而出；而心态消极的人容易产生拖延依赖心理，不仅不主动找工作，还要等到老师和家长催促时才开始着手找工作，更有些大学毕业生自己完全不考虑择业就业的问题，等待学校推荐或家长安排就业单位。

心态积极的人行为更为持久，遇到困难会勇往直前，最终想出解决办法，直到成功；而心态消极的人遇到难题时，通常会选择退缩、逃避，放弃当前的目标。

好文续航

心态与行为

曾有一位心理学家做过这样一个实验：

首先，他让十个人穿过一间黑暗的房子，在他的引导下，这十个人都顺利地穿了过去。

接下来，他打开房内的一盏灯。在昏暗的灯光下，这些人看到了这间房子地面的大水池以及水池里面的十几条大鳄鱼，水池上方搭着一座窄窄的小木桥，他们之前就是从这个小木桥上走过去的，大家都惊出了一身冷汗。这时，心理学家问，还有谁愿意再次穿过这间房子？过了好久，才有三个胆大的人表示愿意。其中一个人小心翼翼地走了过去，速度比第一次慢了许多。另一个人颤颤巍巍地踏上小木桥，走到一半时，竟只能趴在小木桥上爬了过去。第三个人刚走几步就一下子趴下了，再也不敢向前移动半步。

然后，心理学家打开房内所有的灯。这时，大家看见小木桥下方装有一张安全网，由于网线颜色极浅，他们刚才没看见。心理学家再问有谁愿意通过木桥时，又有五个人站了出来。

> 最后，心理学家问剩下的两个人为什么不愿意尝试。他们异口同声地反问："这张安全网牢固吗？"

三、求职心理准备

（一）承认现实差距

中国人民大学大学生就业问题研究所组织的一项调查显示，在大学毕业生中，职业理想与现实职业"很符合"的不到一成，"基本符合"的占六成，"不符合"的占三成有余。求职理想与现实的巨大差异会贯穿大学毕业生的就业始终，增加大学毕业生的心理负担和就业成本。

寒窗苦读十几载，临近毕业的大学生，都会勾画自己的职业理想，都渴望找到条件优越、利于发展的好工作，有的大学毕业生把理想、未来描绘得辉煌灿烂。美好的职业理想固然没错，但现实社会并非时时有光环照耀，各种客观条件的制约使主观愿望难以满足，理想之花暂时难以绽放。对此，大学毕业生应有充分的思想准备。

正确的职业理想应当是在发展中不断完善、不断补充，根据实际情况不断调整的动态目标系统。它应当是集自我价值的实现和物质生活的满足为一体，并兼顾国家利益、社会利益的有机体系。有了这样的心理准备，并能及时、主动地调整自己的职业目标，适应社会生活的现实需要，才能找到适合自己的位置，遇到挫折时才不会使情绪一落千丈。

（二）学会脚踏实地

树立崇高的职业理想，与脚踏实地并不矛盾。失败者常常感叹求职择业真难。现实确实如此，尤其是热门的职业更是如此，存在着异常激烈的竞争。我们无法改变这种社会现实，但可以改变自己的择业态度。职业理想的追求与实现，并不一定取决于职业本身。中外众多伟大人物的职业起点也难言理想，如我国杰出数学家华罗庚初中毕业后便帮助家里料理小杂货铺，也曾在母校干过杂务；美国著名政治家、物理学家本杰明·富兰克林曾经是个订书工人。可见，较低的职业起点，并不会贬低职业理想的价值。

目前整体就业态势是大城市、大企业、大机关对大学毕业生的需求和吸纳量较小，有的已趋于饱和，甚至人满为患。而很多艰苦行业、中小企业、中小城镇、边远地区又极其缺乏人才。因此，国家号召大学毕业生到基层去，到艰苦的地方去，到中小企业去。面对大的社会需求态势和大的就业环境，大学毕业生不能一味追求热门职业，争挤大城市、沿海地区、大机关、大企业，而应根据社会需要，及时调整就业期望值，确立面向基层的务实就业观。

（三）正确看待"专业不对口"

"学以致用"是大学毕业生求职择业的基本准则，但在就业过程中往往会遇到"专业不对口"的现象，原因有以下三个方面：

（1）有些专业设置的分类过细，社会对这种细化专业的需求量是有限的，真正的对口有一定的难度。

（2）学生在校期间所学的主要是基础知识和初步专业知识，与实际应用还有一定的距离。

（3）由于边缘学科、交叉学科的广泛出现，需要有更广博的知识面，仅凭所学的专业知识是远远不够的。

所以，大学毕业生在就业过程中，不应过分追求"专业对口"，特别是对于一些综合类、管理类等人文管理学科的大学毕业生来讲，更应该如此。

（四）勇敢面对竞争

竞争是市场经济的基本准则，尤其在当前依然严峻复杂的就业形势下，大学毕业生更要有充分的竞争心理准备。一方面要敢于竞争，如在就业的竞争中，经常有本科生"战胜"研究生，高职生"战胜"本科生而获得就业机会的案例，正是这些学历不占优势的学生敢于竞争，才获得了宝贵的工作机会；另一方面还要善于竞争，唯有如此，方能占据主动，赢得机遇和成功。善于竞争，要从提高自身就业竞争力入手，在提高基本素质、基本工作能力、专业技能、求职技能的基础上，充分发挥自己的优势，在竞争中抓住机会，迎接挑战。

（五）正确面对挫折

求职择业的过程一般不会一帆风顺。择业是双向选择过程，我们选择企业，企业同时挑选我们，被用人单位拒绝很正常，暂时找不到工作也不必沮丧，切不可因此而产生自卑心理。生活中的挫折是造就强者的必由之路，挫折是锻炼意志、增强能力的好机会。遇到挫折后应放下心理包袱，仔细寻找失利的原因，调整好目标，脚踏实地地前进，争取新的机会。

双向选择的本质意义是一种激励手段，对优胜者和失败者都是如此。它能促使失败者振作起来，彻底摆脱"等靠要"的就业心态，使自己加快自立自强的转化过程，成为新时代的开拓者。现实社会中，女大学生求职择业仍比男大学生更容易遭遇挫折，女性择业难，并不是社会对女性的需求量小，关键在于女性要善于发现自身的优势，凭借优势参加就业竞争。

？【问题求解】

请为就业"支招"

我是一名大二高职生，即将面临找工作的问题，可是我学习成绩一般，也没有什么特殊的才能和优势，想找份理想的工作很困难，我能做些什么来帮助自己顺利就业呢？

交互测试：健康求职心理认知

主题二　求职择业心理调适

目前严峻的就业形势使大学毕业生面临较大的心理压力，如果不及时调节，会导致心理失衡，有碍求职工作顺利进行。

微课启学：求职心理调适

一、自卑心理调适

自卑是指自我评价偏低、自愧无能而丧失自信，并伴有自怨自艾、悲观失望等情绪体验的消极心理倾向，是一种因过多的自我否定而产生的自惭形秽的情感体验。在自卑心态下做任何事情，都会倾向于退缩、逃避。如果以这种心态参加面试，很容易形成消极的"自我"形象，给人留下畏怯、懦弱、难堪大任的形象。

案例品读

自卑是面试的大敌

小安是腼腆的女孩，每次去应聘都输在面试上。她见了面试官，诚惶诚恐、如履薄冰，手脚不知往哪儿放，头不敢抬，眼睛不敢看人，话不敢多说，问一句答一句，有时还答非所问，面试结束后又懊恼不已，自惭形秽，最后形成恶性循环，慢慢失去了求职自信心。

大学毕业生正处于对别人评价非常敏感的时期，自尊心很容易受到伤害，尤其是对有竞争性的活动，害怕在竞争中失败、被嘲笑而采取"退避三舍"的态度。但求职并非一般性的竞争活动，招聘单位与职位都是有限的，如果在难得的机会面前畏缩退让、精神不振，只会让本该属于自己的工作机会白白丢失。

自卑是大学毕业生走向成功的大敌。消除自卑感主要有以下四种方式。

1. 看到自己的优点

每个人都有优点，要客观分析自己，正确评价自己，把自己的优点（如才干、能力、技艺与人格特质等）一一列举出来，这些优势就是自己竞争的法宝。同时，坚信自己通过多年的学习，已经具备了一定的谋生本领。

2. 积极的心理暗示

我们应当时常提醒自己："天生我材必有用？""我行，我一定能干好！"不要计较别人的议论。在面试时暗示自己：面试无非是一场谈话，紧张会适得其反，不如轻松应对；"东方不亮西方亮"，即使面试失败，相信还有下一次机会，这个单位不要我，肯定还有其他单位在等着我。

3. 用补偿心理超越自卑

补偿心理是一种心理适应机制，即为了克服自卑，而发展自己的长处、优势，弥补自己的不足和劣势。美国前总统林肯出身贫寒、相貌平平且言谈举止缺乏风度，为了补偿这些缺陷，他拼命自修以克服早期的知识贫乏和孤陋寡闻，最终成为有杰出贡献的政治家。求职者意识到自己的不足，就要努力学习别人的长处，发挥自己的优势，弥补自己的不足，使自卑成为成功的动力，成为超越自我的"涡轮增压器"。

4. 用实际行动建立自信

战胜自卑必须付诸实践，建立自信最快捷、最有效的方法就是去做自己害怕的事，直到获得成功。比如，练习当众发言，当众发言是信心的"维生素"。在大庭广众下演讲，需要勇气和胆量，是培养和锻炼自信的重要途径。

【活动体验】

我的成就故事

请大家认真回想自己的过往，写一个关于自己的成就故事。在故事中你可以描述事件中你想达到的目标或需要完成的事情；你面临了什么障碍，限制和困难；你的具体行动步骤是什么，你是如何一步步克服障碍达成目标的；结果你取得了什么成就；等等。

成就可大可小，但需要你真心喜欢这个故事，请着重描述清楚这个故事给你带来的体验和感受。尤其是它带给你的自豪感。

二、自负心理调适

与自卑心理相反，部分大学毕业生因就读学校为名牌学府、所学专业紧俏，自认专业知识和综合素质高人一筹，或因被多家用人单位垂青，而在求职时盲目自信甚至过分挑剔，对岗位的期望过高。如要求收入丰厚、社会地位高、城市好、工作轻松自在等兼备，目标定位偏高，或者"这山望着那山高"，导致高不成低不就，迟迟不能落实就业单位。

在求职中，自卑和自负处于两个极端，常相互转化。当心理倾向自卑时，不敢去正视和面对问题，优柔寡断、行事拘谨、缩手缩脚；当心理倾向自负时，则好高骛远、自命不凡，认为自己什么工作都能胜任。但自负的人往往败不起，一旦遭遇求职失败，心理就容易向自卑、自责转化，甚至一蹶不振。那么，如何避免产生择业自负心理呢？

1. 正确看待缺点

自负者的致命弱点是不能容忍别人指出自己的缺点与不足，总是自以为是。因此，能够接受批评是矫正自负性格的关键。"金无足赤，人无完人"，每个人既有优点和长处，也有缺点和不足，大学毕业并不代表自己完美无缺，也许你在某个方面较为突出，但它往往不是求职成功的决定因素。用人单位看中的是毕业生的专业知识、能力水平、社会适应性、思想品德、个性特征等方面的综合因素，这些才是就业成功的关键。

2. 学会赞美他人

青蛙坐在井底时，会觉得自己很大、天很小。但当它跳出井口时，就会发现天好大、自己很小。每个人都有优点和长处，承认他人的优点并且赞美他人，这是很好的调适自负心理的方法。

3. 及时调整就业期望值

调整就业期望值并不是降低职业理想，而是在迈出择业第一步时，不将职业目标定得过高，不过于追求职业声望，不对职业条件要求太高，不能过于追求工作条件和物质生活待遇，应在职业理想的引导下，立足社会需要，在现实可能的条件下积极就业，在实践中开拓事业，增长才干。

三、焦虑心理调适

就业焦虑是指大学毕业生在落实工作单位之前表现得焦虑不安，是择业过程中比较常见的情绪反应，表现形式有恐惧、不安、忧心忡忡等心理反应。引起就业焦虑的问题包括：能否找到一个适合自己专业特长、环境优越的单位；参加竞争的人过多，求职过程中多次遭受失败而不知怎么办；自己在能力和知识等方面存在明显不足或缺陷；对用人单位严格的录用程序感到不适应；等等。

没有社会经验的大学毕业生在择业时产生焦虑心理在所难免，适度的焦虑使其产生压力，这种压力是对自身惰性的进攻，它可以增强人的进取心和上进心。但是，过度焦躁，又不能及时化解这种情绪，则会导致心理障碍或心理疾病。

案例品读

患上焦虑综合征

一名即将大学毕业的大学生，择业期间基本上是在焦虑中度过的，起初信心十足，遭遇挫折后开始自我怀疑，在那段不停地参加招聘会、笔试、面试、等结果的日子里，他特别压抑，开始失眠、健忘、脾气暴躁，甚至想到过自杀，到医院检查，发现患上了严重的焦虑综合征。

美国心理学家阿伦·贝克的研究表明，焦虑水平与对伤害的不现实期望和幻想有关，所期望和幻想的伤害越严重，焦虑水平就越高。也就是说，对面临的问题越担忧，就会越焦虑。对就业焦虑可以尝试通过以下三个方面进行调适。

1. 转换认知思维，克服紧张心理

调整自己对社会现实的认识，不能片面地看问题，不要把社会阴暗面扩大，把职场视为洪水猛兽而不敢踏入半步，从观念上寻求改变，在根本上避免紧张情绪的产生。

2. 提高自我效能感，增强就业自信心

在设计就业目标时，充分考虑各方面的因素，将行动目标定得切实可行，使之容易达到，从而获得成功体验；培养自身的社会适应能力，坦然面对变化莫测的环境，降低担忧和焦虑水平，促进顺利就业。

3. 自我放松训练，优化心理素质

主要方法有调息放松法（通过深呼吸来缓解紧张情绪）、想象放松法（通过对一些广阔、宁静、舒缓的画面或场景的想象来达到放松身心的目的）和肌肉放松法（通过音乐的辅助，使身体的各个特定部位的肌肉先紧张后放松来体验放松的感觉）。

【自我评测】

焦虑自评

1. 测试量表

焦虑自评量表(Self-rating Anxiety Scale，SAS)是一种焦虑评定的标准，用于测量焦虑状态轻重程度及其在治疗过程中变化情况的心理量表(见表4-1)。该量表采用四级评分,主要用于疗效评估,不能用于诊断。

注意事项:下面有20道题目(括号中为症状名称),请仔细阅读每一道,把意思弄明白,每一个题目后有四个选项,分别表示:没有或很少时间(过去一周内,出现这类情况的日子不超过一天);小部分时间(过去一周内,有1~2天出现过这类情况);相当多时间(过去一周内,有3~4天出现过这类情况);绝大部分或全部时间(过去一周内,有5~7天出现过这类情况)。根据你最近一周的实际情况,在分数栏合适的分数下打"√"。

表4-1 焦虑自评量表

题 目	没有或很少时间	小部分时间	相当多时间	绝大部分或全部时间
(1) 我觉得比平时容易紧张和着急	1	2	3	4
(2) 我无缘无故地感到害怕	1	2	3	4
(3) 我容易心里烦乱或觉得惊恐	1	2	3	4
(4) 我觉得我可能将要发疯	1	2	3	4
(5) 我觉得一切都很好,也不会发生什么不幸	4	3	2	1
(6) 我手脚发抖打颤	1	2	3	4
(7) 我因为头痛、颈痛和背痛而苦恼	1	2	3	4
(8) 我感觉容易衰弱和疲乏	1	2	3	4
(9) 我觉得心平气和,并且容易安静坐着	4	3	2	1
(10) 我觉得心跳得快	1	2	3	4
(11) 我因为一阵阵头晕而苦恼	1	2	3	4
(12) 我有过晕倒发作,或觉得要晕倒似的	1	2	3	4
(13) 我呼气吸气都感到很容易	4	3	2	1
(14) 我手脚麻木和刺痛	1	2	3	4
(15) 我因胃痛和消化不良而苦恼	1	2	3	4
(16) 我常常要小便	1	2	3	4
(17) 我的手常常是干燥温暖的	4	3	2	1
(18) 我脸红发热	1	2	3	4
(19) 我容易入睡并且一夜睡得很好	4	3	2	1
(20) 我做噩梦	1	2	3	4

注:表中题目(5)、(9)、(13)、(17)、(19)为反向计分题。

2. 计分方法

将 20 道题的得分相加即得原始分，再乘以 1.25 以后取得整数部分就是标准分。

3. 量表解释

标准分分数越高，表示这方面的症状越严重。按照中国常模（测验常模）结果，SAS 标准分的分界值为 50 分。焦虑总分低于 50 分为"正常"；50~60 分为"轻度"；61~70 分是"中度"，70 分以上则是"重度焦虑"。

> **好文续航**
>
> ### "SWAP"小口诀轻松缓解焦虑
>
> "SWAP"是英文单词 stop（停一停）、wait（缓一缓）、absorb（想一想）和 proceeding（接着干）开头的字母组合。每个单词里都蕴藏着一个缓解焦虑的小方法。
>
> 1. 停一停
>
> 如果焦虑发作，一定要想办法让自己停下来。如正在开车，要找个安全的地方停靠。如果恐高而焦虑，要从高处走下来，暂时离开让你焦虑的那个环境。有些人反应强烈还会感到出汗、胸闷或心跳加速等，这时"停下来"也能缓解这种不适反应。
>
> 2. 缓一缓
>
> 要想办法让自己的情绪缓和下来。比如做个深呼吸，安静地休息一段时间，此时最不适宜做决定，在焦虑情绪下的决定是缺乏冷静思考的，极易出错。
>
> 3. 想一想
>
> 情绪平稳后，还要转移一下注意力，想点儿有意思的事。比如看场电影、做做运动，或玩把游戏，最好是做一些能让自己感到开心放松的事，以平复情绪。
>
> 4. 接着干
>
> 通过以上三种方法将焦虑赶走后，再回到原来引起焦虑的事情上。调整好情绪再回头看问题，也许会有不同的视角和发现。

四、盲目从众调适

从众是指个人受外界人群行为的影响，而在知觉、判断、认识上表现出符合公众舆论或多数人的行为方式。通常情况下，多数人的意见往往是对的，适度从众有助于人们遵从社会规范，形成一致行为，完成群体目标。但缺乏分析，不做独立思考，不顾是非曲直，一概服从多数，"随大流"的行为，则是不可取的，是消极的"盲目从众心理"。

> **案例品读**
>
> **随大流　失方向**
>
> 小倩是即将毕业的大三学生，想到就业的压力她就紧张。看见别人在制作简历，自己也赶紧制作。听见别人说公务员待遇好，她也和同学一起报了名，准备参加公务员考试。看见别人跑招聘会，她也一起去，结果发现其实是师范类专场招聘会，自己不符合要求。但每次看到那么多人挤在那儿，自己的脚步又不由自主地往前挪动。

当下大学毕业生就业盲目从众现象较为突出，主要表现在两个方面：一是不顾自己的专业、特长等实际情况，一味追求就业热点，盲目奔向经济发达地区和中心城市谋求职业，一味追求所谓的热门单位、热门职业；二是对招聘单位缺乏全面了解，甚至连单位的性质、地点、发展状况都不搞清楚，仅仅通过一次人才交流会或学校组织的供需见面会，就草草签约。要克服求职中的盲目从众心理，可以采取以下方法。

1. 做好职业生涯规划

个人应对自身的知识、能力、素质、就业价值观等主观因素和客观环境进行分析，必要时可到有关就业指导机构进行科学的职业测评，在此基础上，确定职业发展目标，制订不同时期的职业发展计划与实施方案，避免为一时的职业不理想甚至一时冲动而感到茫然。

2. 培养自己的各种能力

首先，加强社会实践，丰富自己的社会经验，只有经历了很多事情，才能更好地去预测结果；其次，消除顾虑，允许自己犯错误，果断做出决定，大胆地去尝试，逐渐为自己建立信心，相信自己的判断，而不是尾随别人；最后，不断培养自己的独立生活能力，强化独立自主意识。

3. 增强就业自信心

苏联著名作家高尔基曾经说过：只有满怀自信的人，才能在任何地方都怀有自信地沉浸在生活中，并实现自己的意志。一般来说，自信心和个性强的人，从众行为少；缺乏自信、个性软弱的人，从众行为多。因此，在求职择业过程中，要保持充分的自信，敢于面对竞争中的各种问题，相信自己能在求职大战中取得胜利，找到理想的工作。

五、攀比心理调适

每个人的性格、兴趣、能力都不尽相同，因而在择业目标、职业选择上不具有可比性。但有的大学毕业生血气方刚，喜欢争强好胜，虚荣心较强，从而引发攀比心理，在求职择业过程中，不从自身实际出发，不考虑所选单位是否适合自己，而是盲目攀比，特别是看到自认为不如自己的同学（如认为对方学习成绩不如自己好，没当过学生干部，或者外表不如自己等）找到了好的工作，心想自己的工作一定不能比他们的差，因而挑来选去，迟迟不愿签约，甚至到毕业离校时工作单位还没能落实。

当然，在一定的范围内进行攀比，可以激发自己的斗志和潜力，尝试寻找更好的单位。但前提是基于对自己有客观理性的认识和了解。如果忽略自己的个性，对自己不能进行积极、正确、客观、公正地分析，只是与其他同学盲目攀比，不计后果，"舍其所长，就其所短"，将会与合适的职业失之交臂，因迟迟无法与用人单位签约，而陷入紧张焦虑之中。

> **案例品读**
>
> 盲目攀比　错失良机
>
> 山东某职业学院国际贸易专业的小李，在应聘青岛一家中等规模的私营外贸企业的过程中，一路过关斩将，即将签约时，他收到了同学小孙发来的短信："我已经和××贸易集团签约，月薪3 500元。兄弟，千万别看低自己！"看完短信，小李以"需要再考虑一下"为由，拒绝和该单位签约，原因是这家企业承诺的起步月薪是2 000元，而发短信的那位同学学习成绩远不如自己，自己的工资又岂能在他之下。多日后，求职碰壁的小李，再次回到那家看重他的公司时，考官很抱歉地告诉他招聘已经结束了。

对攀比心理需要及时进行调适，可以尝试以下方法。

1. 认识自我，主动求职

首先，客观地分析自己的兴趣特长、性格气质、能力水平等，了解自己的价值观、职业倾向、求职技能等，明确自己想干什么、能干什么，客观分析自己的竞争力如何，要拿今天的自己与昨天的自己比较，而不是一味地与他人攀比；其次，将求职主动权掌握在自己手中，有的放矢地投递简历，积极主动地与用人单位联系，争取让对方更多地了解自己。

2. 规划职业生涯，发挥潜能

大学毕业生首先要规划好自己的职业生涯，要把就业看成是职业生涯的起始环节，不过分计较短期内的利益得失，把眼光放长远，以发挥自己的潜能作为择业的重要参考指标，做自己想做、挑战自己的工作，使自己的潜能得到挖掘和开发，展示自己的才华，体验成功的快乐。

3. 祝贺他人，心态乐观

求职本身就存在着竞争，每个人各有优势和特点，签约总会有先后。他人就业，并未阻挡自己的择业，条条大路都通向就业之门，关键看自己如何行走，如果心存嫉妒，就会使自己暗受伤害，心情郁闷，进而影响择业。为了使自己有一个好心情，需要发自内心地祝贺他人先找到工作，使自己保持乐观心态，这样更利于求职。

六、抑郁心理调适

抑郁是一种过度忧愁和伤感的情绪反应，表现为心情压抑、苦闷、烦躁、悲观失望、自我评价过低，兴趣、生活水平下降，食欲下降，失眠、动作缓慢等。

> **案例品读**
>
> ### 求职抑郁情绪
>
> 小凡是某高职学院2020届毕业生，从2019年10月开始，他就一直在为找工作的事忙活，参加了数十场招聘会，求职简历送出了一沓又一沓，也接到通知去了几家不同的单位参加面试，可最后的结局都是石沉大海，到毕业时工作还没有着落。看着同学们一个个奔赴职场，小凡觉得压力很大，认为自己学无所用，求职的勇气和信心越来越差。拿到毕业证，又晃荡了两个月，工作依然无果后，他干脆回到山区老家，帮助父母干起了农活。每当家人劝他出去找工作时，他便愁眉紧锁，沉默不语。可是想到年迈的父母为供养他读大学欠下一身债务时，内心又非常自责。

大学毕业生在求职过程中，不被用人单位认可和接受，屡屡受挫后，容易情绪低落，产生抑郁心理。抑郁者常有消极观念，觉得生活无味，严重者甚至选择轻生。调适抑郁心理可以采取以下方法。

1. 学会正确归因

按照现代归因理论，成功和失败可归因于四个方面，即个人能力、努力程度、任务难度和机会运气。前两者属于主观因素，后两者属于客观因素，若把自己的挫折过多地归结于客观因素，就不会去努力克服困难，争取成功；但若一味归结于主观因素，又会过多地自责，容易丧失自信。大学毕业生在求职过程中遭遇挫折后，要客观分析失败的原因，进行正确的归因。求职失败不一定是自己能力不行，可能是由于选择求职单位的方向不对，也可能是因为自身价值观与单位企业文化不符合，还可能是其他一些因素。根据归因结果，调整好目标，脚踏实地地前进，争取新的机会。

2. 释放抑郁情绪

心理学研究表明，现代人最大的困惑之一是无法实现人与人的沟通，这是引发心理疾病的重要因素。因此，大学毕业生择业时遇到了挫折，要学会与人沟通和交谈，倾诉困惑。也可使用转移法，如锻炼身体、练练书法、听听音乐，做些有意义的事，充实自己的生活。

3. 保持乐观心态

找工作需要耐心和毅力，尤其目前就业市场是"买方市场"，竞争激烈，在求职过程中遭受挫折不足为奇。大学毕业生不必因此而沮丧。应把就业过程看作认识职业生涯、认识和适应社会的机会，并通过求职活动来了解、认识和发展自己，促进自我成熟。

【自我评测】

抑郁自评

1. 测试量表

抑郁自评量表(Self-rating Depression Scale,SDS)是一种测量抑郁的工具(见表4-2)。该量表使用简便,可直观地反映抑郁患者的主观感受,适用于具有抑郁症状的成年人。

注意事项:下面有20道题目(括号中为症状名称),请仔细阅读每一道,把意思弄明白,每一个题目后有四个选项,分别表示:没有或很少时间(过去一周内,出现这类情况的日子不超过一天);小部分时间(过去一周内,有1~2天出现过这类情况);相当多时间(过去一周内,有3~4天出现过这类情况);绝大部分或全部时间(过去一周内,有5~7天出现过这类情况)。根据你最近一周的实际情况,在分数栏合适的分数下打"√"。

表4-2 抑郁自评量表

题 目	没有或很少时间	小部分时间	相当多时间	绝大部分或全部时间
(1) 我觉得闷闷不乐,情绪低沉	1	2	3	4
(2) 我觉得一天之中早晨最好	4	3	2	1
(3) 我一阵阵哭出来或觉得想哭	1	2	3	4
(4) 我晚上睡眠不好	1	2	3	4
(5) 我吃得跟平常一样多	4	3	2	1
(6) 我与异性亲密接触时和以往一样感觉愉快	4	3	2	1
(7) 我发觉我的体重在下降	1	2	3	4
(8) 我有便秘的苦恼	1	2	3	4
(9) 我心跳比平时快	1	2	3	4
(10) 我无缘无故地感到疲乏	1	2	3	4
(11) 我的头脑跟平常一样清楚	4	3	2	1
(12) 我觉得经常做的事情并没有困难	4	3	2	1
(13) 我觉得不安而平静不下来	1	2	3	4
(14) 我对将来抱有希望	4	3	2	1
(15) 我比平常容易生气激动	1	2	3	4
(16) 我觉得做出决定是容易的	4	3	2	1
(17) 我觉得自己是个有用的人,有人需要我	4	3	2	1
(18) 我的生活过得很有意思	4	3	2	1
(19) 我认为如果我死了别人会生活得好些	1	2	3	4
(20) 平常感兴趣的事我仍然照样感兴趣	4	3	2	1

注:表中题目(2)、(5)、(6)、(11)、(12)、(14)、(16)、(17)、(18)、(20)为反向计分题。

2. 计分方法

将20道题的得分相加即得原始分，再乘以1.25以后取得整数部分就是标准分。

3. 量表解释

标准分分数越高，表示这方面的症状越严重。按照中国常模（测验常模）结果，SDS标准分的分界值为53分。抑郁总分在53~62分为"轻度抑郁"；63~72分为"中度抑郁"；73分以上则为"重度抑郁"。

七、依赖心理调适

大学毕业生在就业过程中的依赖心理也较为常见。一些大学毕业生缺乏主动参与意识和竞争意识，信心和勇气不足，不能主动向用人单位展示自我、推销自我，依靠自身努力去赢得竞争、赢得用人单位的青睐，而寄希望于学校，寄希望于地方毕业生就业管理部门，寄希望于家庭，等候被动安排，缺乏择业主动性，"等靠要"思想突出，依赖心理严重，使自己在就业中处于劣势。

案例品读

父母依赖症

大学毕业生小张的父母在招聘会尚未开始时，就早早地到会场打探单位情况。招聘会开始很久以后，小张才姗姗来迟，并由家长陪同前往用人单位摊位前面谈。面谈过程中，父母比小张的发言时间还要多，结果谈了很多家企业，但没有一家企业向他抛出橄榄枝。小张就是求职择业过程中的过分依赖父母的典型案例。在当下人才市场上，这种父母代替子女，亲友代替本人与用人单位洽谈的场面屡见不鲜。

要克服依赖思想，关键是要加强自我意识。美国心理学家爱利克·艾里克森曾指出：自我是自主的、有力量的实体，自我能决定个性的"命运"，参与决定个性行为的方向。自我不仅保证个人适应环境，健康成长，而且是个人自我意识和统一性的源泉。

加强自我意识首先要树立独自处理事情的信心和决心，要明确自己的目标及自己最想从事的职业；其次，根据设定的目标，自主学习有关应聘方面的知识技巧，增强自信度和踏实感；最后，遇到困难时要与人交流，多听取别人的建议，但最终的决定权还是掌握在自己手中，要通过自己的努力获得理想的职位。

微课启学：心理适应能力培养

？【问题求解】

如何克服"恐面症"

我最近开始求职找工作了，每次投简历我都能通过筛选，但是一到面试我就犯怵，经常大脑一片空白，答不上面试官的问题，很担心这样下去没有公司会录取我，越担心面试发挥越不好，我这是怎么了？该如何调节？

> 【知识点拨】

成功求职的三个关键心理

1. 不轻言失败

在求职过程中，被用人单位拒绝很正常，其原因不胜枚举：要么是你的学历不够，或者所学的专业不完全对口；要不就是受年龄、经验等其他因素所限。可以说，除非你是"度身定制"的专才，否则，招聘单位对你一见钟情的概率少之又少。关键是在求职过程中要树立信心，不放弃任何一次可能成功的机会，要有一种不达目的誓不罢休的精神。正所谓"精诚所至，金石为开"。任何用人单位都欢迎那种做事锲而不舍、百折不挠的人才。

2. 展示自己的长处

任何人都有自己的长处和短处，关键是能以长补短、以勤补拙。例如，有的人可能学历不高，但却具备他人所不及的口才；有的人年纪偏大，与用人单位界定的"年龄范围"相距甚远，但他却有丰富的行业经验、出色的管理才干。或许你的某些长处正是用人单位所渴求的，如果能把自己的长处恰如其分地展现出来，就有可能赢得用人单位的青睐。

3. 先期进入角色

应聘前"未雨绸缪"，尽可能掌握应聘单位更多的信息。进入面试阶段时，选择适当的时机主动出击，或对招聘单位现有的经营提出良好的改革方案；或对公司发展前景做一番展望；或者谈一下，一旦被聘用，你有哪些本领能为他们带来效益等。关键是要将话说到点子上，让招聘人员产生这样的印象：你虽未正式"登场"，但已经提前进入了角色。在这种情况下，用人单位很难不对你刮目相看、情有独钟。

（资料来源：根据重庆人才网资料改编。）

交互测试：求职择业心理调适

主题三 初入职场心理调适

当你接到公司录用通知书，即将成为一名职场新人时，你有什么样的感受？也许你会欣喜若狂，但欣喜之后更需要冷静和理性，这是因为：一方面，要沉下心来认真规划自己的职业生涯；另一方面，在初入职场之时，不可避免地会面临一些困惑，因此需要做好心理准备以便从容应对。

一、职场新人的三大任务

从"学生"到"职场新人"的身份转变是刚入职的大学毕业生需要面对的问题，迈入职场，需要用积极的心态去适应、了解、融入新环境。

（一）建立"职场人"意识，符合职场要求

社会角色是个人在社会关系体系中处于特定的社会地位并符合社会要求的一套个

143

人行为模式。就像演员在舞台上扮演不同的角色一样，人处在不同的社会地位，从事不同的社会职业时，都要有相应的个人行为模式，即扮演不同的社会角色。职场新人需要明确自己"职场人"的社会角色，增强角色意识。

在走上工作岗位之前，职场新人往往角色转换认识模糊，对即将从事的职业缺乏全面准确了解，对于自己职场人的角色意识不清晰。作为职场新人应该尽快做出调整，使自己从外在形象到内在心态符合职场要求。

首先，进入职场后，我们要牢记自己已经是一个"职场人"，做事不能像学生那样随意，我们工作中的任何疏漏和错误，都有可能会涉及某个项目的成败，或者牵扯到一定的经济利益。做事之前一定要多加思考，不清楚、不明白的地方要及时向老员工或者领导请教。还应该有意识地根据自己所从事的职业特点与要求去行事，包括工作准则、待人接物、社交礼仪，甚至是职场中的一些不成文的规定等。

其次，在外在形象方面，要根据职业的特点穿着合适的服装，而不能像学生时代一样穿着随意。轻松休闲的服装会给人不专业、尚未融入工作环境的感觉，既给人留下不好的第一印象，也会给自己一种太过放松的暗示，难以进入工作状态。比如，银行工作人员、律师、保险从业人员等，在职场上通常要求西装革履，这样能给人专业干练的感觉。如此着装之后，自己的姿态、气场也会随之改变，会由此平添几分自信。

（二）加快知识转化，适应岗位要求

对于职场新人来说，在学校里学的理论知识永远无法替代实践工作经验，第一份工作对于以后自身工作习惯的养成、职业发展的方向都有着重要影响，企业抛出橄榄枝的原因首先是对个人品质和修养的肯定，然后才是学识和专业。因为对于刚毕业的大学生来说，从书本到实际还有一段很长的路要走。

案例品读

缘何从成绩优秀到能力低下

小张毕业于某高水平高职院校的网络新闻与传播专业，专业成绩优秀，毕业后在当地就职于一家颇有名气的传媒公司。入职前，她满怀信心，觉得自己一定会在工作上做出突出成绩。上班第一天，上司让她做一份Excel表格，虽说她曾经接触过Excel，但是对很多用途只是一知半解，结果弄了很长时间也没有弄好，耽误了上司的工作，小张非常内疚，失落感也开始不断加深。她怎么也不能接受一向在学校多方面表现优秀的她竟得到上司给的"工作效率低下"的评语。

从学校的练习场进入职场的真正跑道，每个人多少都会有些不适应的感觉，但这是成长必经的一步。入职之前所积累的毕竟限于"纸上谈兵"，运用到实际中，的确需要一段时间的思考和摸索。所以，没有必要给自己"能力有限"的负面暗示和压力。

在学校掌握的绝大部分是知识，在工作中需要的更多是能力，只有将知识运用到实践中去，在实践中反复总结升华，让知识转变成工作能力，知识才有价值。所以职场新人一定要注重知识向能力的转换。

（三）和谐人际关系，融入工作团队

人际关系是人的基本社会需求，帮助我们了解自我，能够达到自我实践与肯定的作用，可以用于鉴定自我的社会心理是否健康。良好的人际交往能力以及良好的人际关系是人们生存和发展的必要条件。

> **？【问题求解】**
>
> **如何打破人际关系僵局**
>
> 2021届毕业的小雅在一家化妆品公司上班，其顶头上司是一位爱时尚、喜潮流的年轻男士。上司衣服非常高档，聚会吃饭也很讲究，工作之余热衷聊时尚话题。小雅来自农村，家境贫困，对上司的生活感到有些隔膜，平常聊天也插不上话。而本部门另一位来自省会城市、家境殷实的新员工却与这位上司志趣相投，很快就融入了上司的生活圈子，小雅颇为失落。
>
> 你觉得小雅应该怎么做才能融入团队？

职场新人面临着工作上手和处理人际关系的双重压力。不少职场新人反映：揣摩领导心思、赢得领导赏识、与同事处理好关系都是让人十分纠结的难题。如何让自己迅速融入职场，又如何获得领导和同事的信任，是每一个职场新人需要慎重思考，且必须妥善解决的重要问题。

二、职场新人常见问题

从校园到社会，是人生的重大转折，在这个过程中，新的角色、新的环境、激烈的工作竞争、复杂的人际关系等，让许多职场新人一时难以适应，出现一些不良心理。这些不良心理不仅压抑了他们的潜能，还影响到了他们的身心健康。

（一）角色定位偏

角色定位不准是职场新人容易出现的问题之一。大学毕业生作为职场新人，在角色转换过程中容易依恋学生角色，出现怀旧心理。经历了十多年的读书生涯，对学生角色的体验非常深刻，学生生活使得每一位学生在学习、生活和思维方式上都养成了相对固定的习惯。因此，在职业生涯开始之初，很多人常常会自觉或不自觉地把自己置身于学生角色之中，以学生角色的社会义务和规范来要求自己、对待工作，以学生角色的习惯方式来待人接物，来观察和分析事物。

学生时代，我们犯了错误，老师、家长大都会给予包容，但在职场上没有人会一味包容我们的错误，企业聘用我们，是希望我们为企业创造效益，没有哪家公司、老板愿意雇用不能创造价值的人。

（二）职场适应差

> **案例品读**
>
> ### 职场不适引发失落情绪
>
> 会计专业的毕业生小丽进了一家银行担任柜员，业务上手很快，但银行对员工的服务态度要求很高，一贯在家被父母呵护备至的小丽感觉很不自由，对此颇有怨言，由此情绪低落，失去了工作热情。

新人不适应职场是一种普遍现象，95%以上的新人会遇到这一问题。职场不适应最主要的原因是孤独感，相对校园，职场是一个无人照顾的新环境，许多新人并没有做好心理准备，还产生孤立无援的感觉，各种问题也就接踵而至。大多数新人会在两个月左右适应环境，如果超过三个月还没能适应，则要考虑自己是否适合这份工作。

> **好文续航**
>
> ### 所做非所长怎么办？
>
> 某高职毕业生不喜欢与数字打交道，但很喜欢人力资源工作。毕业后，凭借良好的素质，如愿进入一家中型企业做人事助理，主要工作是绩效考评与薪酬板块。一开始，他真想好好挑战自我，看看自己能否在数字方面有所突破。但几个月过去了，繁杂的数字还是让他有些招架不住，上司不满意他的工作，他自己也萌生退意，想找自己擅长的招聘与培训工作。
>
> 这位毕业生初入职场所遇到的问题在职场新人中很常见，对于系统性很强的人力资源工作，不仅需要从业者有较好的处理事务、规划全局的能力，还需要细心和耐心。作为职场新人，他可以考虑和上司交流一下，看能否调换岗位。同时应该更加重视自己的短板，因为喜欢这样的工作，要想在此领域有大的突破，可以先扬长，再慢慢补短。如上司肯培养、给机会，现在补短也来得及，但需要自身有足够的勇气承担工作中的过错。
>
> （资料来源：根据上海市人力资源和社会保障局网站资料改编。）

（三）工作压力大

> **案例品读**
>
> ### 工作压力引发身心疾病
>
> 小霞是一名品学兼优的高职生，毕业后顺利进入一家软件技术公司从事软件开发工作。公司的业绩压力大，工作节奏快，小霞总是处于紧张之中，引发了体

力上的疲倦和精神上的萎靡，逐渐出现入睡困难、做噩梦、易惊醒、眩晕、心悸等症状。这是典型的因职场压力大而产生的焦虑心理。

职场不同于学校，工作任务需要保质保量完成，其劳动强度、难度和紧张度都比在学校时高得多，生活节奏变快，绩效考核也会很严格，直接与工资、奖金、晋升挂钩，工作之余还需要去处理复杂的人际关系，这使得职场新人处于紧张焦虑状态，给工作和生活带来困扰。

好文续航

职场人压力报告

脉脉数据研究院与在线职业教育平台开课吧共同发布的《中国职场压力报告2021》显示，2021年上半年，在不确定性的市场环境下，职场人压力指数首次"破7"，高达7.26，创下近四年的压力峰值。2021年，30岁以下职场人的压力值普遍高于30岁以上的职场人。其中，25~30岁的职场人连续两年成为最高压力群体，压力值达到7.37。25岁以下的职场新人压力值为6.73。

【活动体验】

减压体验活动

1. 热身甩手操

请大家放松站立。用力向后甩肩膀，就像把压力向后甩掉一样。然后一边跳，一边口中念道："压力走吧，离开我，让我轻松一点。"当把压力"甩掉"之后，双手叉腰，原地再跳几次。

2. 放松训练

跟随"想象放松指导语"（扫描边白处二维码，播放音频），放松身体。

3. 压力分享

分析、寻找主要的压力事件，交流、分享缓解压力的有效方法。

（1）填写压力事件评估图（见图4-1）。

微课启学：想象放松指导语

图4-1 压力事件评估图

模块四　求职择业心理

说明：中间的"笑脸"代表自己，笑脸周围有若干"圆圈"代表你面临的压力事件。圆圈大小代表压力事件的大小，圆圈离"笑脸"的远近代表压力事件的紧迫程度。在圆圈里写上自己的压力事件。不一定所有的圆圈都要填写，根据自己的实际情况填写即可。

（2）老师指导学生观察自己的压力事件评估图，分析哪些压力是离自己很远的，哪些压力是自己想象的（不真实），删掉它们。由此筛选出自己最主要、最迫切的压力事件。

（3）请成员自愿分小组交流分享。

话题一：我最主要、最迫切的压力事件是什么？

话题二：我自己尝试的解决方法是什么？效果如何？

话题三：每个小组总结2~3个有效缓解压力的方法。

（4）小组推荐代表，在团队里交流分享。重点分享有效缓解压力的方法。

4. 升华活动

（1）组员围成圈站立，大拇指相连，轻轻地合上眼睛，用心感受团队力量。

（2）游戏：臀部"写"字。成员用臀部，写"轻松"与"希望"两个词。

（3）教师小结：在有压力的时候，我们适时停下来，暂时放下烦心事。闭上眼、深呼吸，在舒缓的音乐旋律中，让我们体会放松的感觉，让能量重新充满我们的身体。

（四）心理落差大

案例品读

心理落差带来的不悦

"虽然早有心理预期，但却没想到这么少！"提起第一笔薪水，小赵就慨叹不已，某国家示范性高职院校毕业的他，在一家数控公司工作，试用期月薪为税后不足3 000元，小赵很郁闷，想着每天要去上班，双腿就像灌了铅一样，抬不起来。

初入职场便产生失落感的大学毕业生不在少数。根据职场社交平台领英于2018年发布的职场新人调查报告显示，近1/3的年轻人在第一份工作中的薪资水平远低于预期。

职场新人一般理想主义色彩较浓，对工作的期望值较高，或抱有不切实际的幻想，一旦发现工作环境或工作条件比想象中差，自己得不到想要的待遇和回报，或者发现不被领导重视，自己的工作成果遭到领导或同事否定时，会感到处处不如意、不顺心，失落和沮丧油然而生，情绪一落千丈，进而失去继续努力的信心。

（五）跳槽频次高

> **案例品读**
>
> **跳槽惯性毁前程**
>
> 高职毕业生小圣，一年内竟然换了十多次工作，每次工作不了多久就不想干了，总觉得自己可以干更好的工作。现在他宁可在家待业，也不出去找工作。他的父母很着急，但多次劝说无果……

频频跳槽也是职场新人容易出现的一大问题。根据无忧人力资源调研中心发布的《2020年人力资源白皮书》表明：近年来应届毕业生离职率一直居于高位。

数据显示：应届毕业生入职1~2年内离职率高达31.7%，其次是试用期阶段离职率为29.6%。

大学毕业生刚参加工作时充满激情，但如果短期内的努力没有很快得到回报，就认为公司不重视人才，觉得自己在这里没有前途而选择离职。有的大学毕业生总想干重要的、自己感兴趣的工作，不屑于从基层工作做起，不满于企业给其安排的简单枯燥的工作。殊不知，从这些简单枯燥的工作中的表现，企业可以看出一名新人的职业道德、职业态度和职业能力，从而决定是否让他担任更重要的任务。还有的大学毕业生"这山望着那山高"，希望自己所在的公司规模要大、知名度要高、管理要规范且成长空间要大，而现实工作与工作理想存在较大差距，于是选择频繁跳槽。

三、职场新人的心理调适

（一）端正动机，发现工作乐趣

心理学家认为，一个人从事某项工作是由不同的动机决定的。动机是指引起和维持个体的活动，并使活动朝向某一目标的内部动力。根据不同的引发原因，动机可以分为内部动机和外部动机。内部动机是由活动本身产生的快乐和满足引起的，并且不需要外在条件的参与，如一个人为了获得专业知识、提升自己而努力工作；外部动机则是指那种不是由活动本身引起，而是由与活动没有内在联系的外部刺激或原因诱发出来的动机，如从事某项工作是为了获得物质利益、提升职务、得到他人的认可。

内部动机是个体对所从事的活动本身有兴趣而产生的动机。这种活动能使个体获得满足，个体从事这种活动时不需外力作用的推动。而如果是因为外部动机从事某项活动，一旦外部因素不能诱发个体动力时，就意味着个体消极情绪的出现。如将外部评价当作参考坐标，我们的情绪就很容易出现波动，因为外部因素我们控制不了，它很容易偏离我们的内部期望，让我们产生不满和抱怨。负性情绪使人痛苦，为了减少不满和抱怨带来的痛苦，我们只好降低内部期望，最常见的方法就是减少工作努力程度。

> 【知识点拨】
>
> **内部动机更利于就业**
>
> 根据自我决定论，内部动机强的大学毕业生，会更主动地去分析合适自己的职业并规划未来，因此能够有目标地去学习、掌握技能、培养自己某方面的能力，从而获得用人单位的青睐。而缺乏动机的大学毕业生，既不会主动向用人单位自荐，也不敢参与各种就业竞争，在整个求职就业过程中处于十分被动的位置，难以找到合适的工作。

职场上的成功人士往往有一个共同的特征，那就是他们并不会过于在乎自己在工作中究竟得到了多少薪金以及福利待遇，甚至也不会过于在乎别人的评价，而是专注于工作之中，尽职尽责，通过工作业绩实现自己的人生价值。

薪酬、福利待遇以及他人的评价诚然重要，但它们并不应该是我们从事某项工作的主要原因或核心原因。当一个人更多地在乎这些外部回报时，其很容易丧失工作的心理能量，不知不觉步入平庸者的行列。因此，以超越物质回报的态度醉心于工作，发现工作的乐趣，这才是我们应该追求的职业境界，这种境界足以使职场新人成为有价值的人。

（二）摆正位置，转换角色意识

职场新人面临的各种问题，都在于我们没有很好地完成从学生到职业人的角色转换，没有正确地认识自己、摆正自己的位置。

角色转换是一个长期的过程，需要坚持不懈地努力。同时，在角色转换过程中，需要注意以下几条原则。

1. 虚心提高工作能力

尽管高校毕业生经过了多年的知识学习，但是在面对全新的职业时，还需要从头学起，虚心向有经验的技术人员、领导、师傅和同事学习，学习他们观察问题、分析问题和解决问题的方法，不断地丰富自己的专业知识，提高自己的专业技能，最终达到自我完善。

2. 快速树立规范意识

职场不同于学校，很多事情都是以效率为先，而不是个人兴趣。企业为了各部门能高效地完成工作，通常都有具体的工作流程和详细的工作规范，尤其是一些生产性工作的安全规范涉及工作安全，更应该加以注意。因此，我们在工作中要有规范化的意识，凡事按章办事不仅可以提高效率、避免出错，也能给人一种很专业的印象。

3. 勇于担当工作责任

勇挑工作重担，乐于无私奉献是角色转换的重要标志。大学毕业生走上工作岗位后，应当从一开始就严格要求自己，树立主人翁意识，增强社会责任感，培养无私奉献的精神，诚实劳动、任劳任怨，不计个人得失，努力承担岗位责任，主动适应工作环境，使自己更好更快地完成角色转换。

4. 积极培养职业兴趣

热爱本职工作、安心工作是学生角色向职业角色转换的基础，刚刚走上工作岗位的大学毕业生，应当尽快地从学生学习生活的模式中解脱出来，全身心投入到工作岗位中去。如果"身在曹营心在汉"，经过几个月甚至一年的适应还静不下心来，那么，不仅对角色转换不利，而且会影响职业兴趣的培养和工作成绩的取得。甘于吃苦是角色转换的重要条件，职场新人只有甘于吃苦，才能实事求是地分析和对待角色转换中遇到的种种困难，并自觉加以克服。

5. 善于发现问题解决问题

勤于观察思考，善于发现问题是角色转换的有力保障。大学毕业生进入职场，只有勤于观察问题，才能发现问题；只有运用自身掌握的知识去努力解决问题才能掌握大量的第一手资料，分析研究职业对象的内部规律，也才能培养自己的独立见解，逐步具备独立开展工作的能力，更好地胜任角色工作。

（三）处处留心，适应职场环境

初入职场，要意识到自己与职场"老人"和专业人士存在着不小的差距，不仅体现在业务水平上，更体现在说话办事上。所以，作为职场新人，一定要向前辈多学习，少说话、多做事，处处留心、时时留意。社会不像学校那么简单，说话办事要讲究方式方法，所以一定要多加学习，学会与同事和谐相处，尽快适应职场新环境。

> **案例品读**
>
> "发牢骚"是进步的绊脚石
>
> 小王从某高职院校毕业后进入一家公司，作为职场新人，他每天承担着大量琐碎的工作，包括分内的和分外的工作任务，加班加点是"家常便饭"。但是工作大半年过去了，却没有赢得同事和上司的赞誉，他觉得很困惑。
>
> 同在一个办公室的老赵看得清楚，出于对职场新人的关爱和同情，及时给小王点拨："年轻人应该积极阳光，你既然接受了工作任务，就要开开心心地落实，你的问题在于——接任务时很勉强，做工作时牢骚满腹，交任务又抱怨不断。"小王困惑地说："我的每项任务都是尽全力完成的，这才是核心吧？"老赵回答："这个很重要，但是态度也很重要，你如果承担不了，就直接拒绝，不要勉强。既然接了任务，就要有一个坦然的心态面对，费力不讨好的事千万别干！"
>
> 作为职场新人，应该将主要精力放在业务学习上，而不是到处"找茬"。即便工作环境中存在这样那样的问题，也应该通过合理的途径向领导或者上级反映，到处抱怨既解决不了问题，还会给人不好的印象。关于职场规则，需要我们慢慢地领悟，用心学习，方能逐渐适应职场的环境。
>
> 初入职场的新人，应主动与前辈沟通、交流，不懂就问，逐步改变学生的单纯思

维方式，学会用成熟理性的眼光看待问题，尽快适应新的环境，只有这样，工作才能顺利进行。

（四）调整心态，化解不良情绪

新人面临的压力一般比较大，当由此产生不良情绪时，可以采取以下情绪调节方法予以化解。

1. 保持良好的心态

前面讲过，心态对于我们的情绪是有影响的。现代心理学认为，人有九种基本情绪，即兴趣、愉快、惊奇、悲伤、厌恶、愤怒、恐惧、轻蔑和羞愧。其中"兴趣"和"愉快"是正面的，"惊奇"是中性的，其余六种情绪都是负面的。不难发现，人的负面情绪占大多数，因此人不知不觉就会进入不良情绪状态。如果不能抛开这些负面情绪，将降低我们感受到兴趣和愉快这些正面情绪的机会。

心境具有两极性，好的心情使你产生向上的力量，使你喜悦、生气勃勃、沉着、冷静、缔造和谐。当正面情绪充斥我们的时候，负面情绪就会消减。为了化解我们在职场中的不良情绪，我们就应该塑造阳光心态，把兴趣和愉快这两类好情绪调动起来，使自己经常处于积极的情绪当中，并从正面情绪中受益。

2. 学会倾诉和宣泄

当已经被负面情绪困扰时，应该选择适当的途径予以宣泄。寻找信任的倾诉对象，将心中的郁积一吐为快，甚至大哭一场，都能达到情绪调节的效果；与朋友聚餐、品茗，彼此倾诉，获得对方的指点、宽慰，能帮助我们走出阴霾；与父母、家人相聚，共享天伦之乐，也有助于忘却心中的烦恼；或者将我们的情绪用文字、图画等形式表达出来，以免这些情绪积攒于我们的心中，让我们痛苦难过。我们要尽量做到今天的坏情绪不带到明天，从而才能更好地投入到工作中去，而不是一直被坏情绪所影响。

3. 积极自我暗示

自我暗示法是通过内心的主观想象，并相信它能引起相应的生理、心理变化来进行自我刺激的自我心理疗法。自我暗示法的实质是自觉地诱发积极的、良好的心理状态，并使其保持稳定，从而改变消极、不良的心理状态，产生良好的心理激励与平衡作用，从而调节情绪。运用自我暗示法缓解压力和调整不良情绪，主要是通过语言的暗示作用。如失落时，提醒自己"愁也没有用，还是面对现实，逐渐适应吧！"当有比较大的内心冲突和烦恼时，安慰自己"一切都会过去"，等等。通过各种积极的自我暗示来影响情绪，告诉自己：我能行，不好的一切都会过去。

4. 多做户外运动

调节不良情绪的另一种有效的方法便是参与户外运动。好处在于：一方面，户外运动能让我们的注意力从消极的情绪转移到大自然的美丽风光中去；另一方面，会使憋闷的情绪得到释放，继而增加自己的生活乐趣和对美好生活的热爱之情。心情不好的时候，可以选择一些经济又环保的方式进行运动，出去爬山、观景，与家人去附近郊区野餐，帮助我们从坏情绪中走出来。

> 【问题求解】
>
> ### 如何为职场新人排忧解难？
>
> （1）作为职场新人，小芸总感觉被无视，她该怎么办？
>
> （2）小军在视频拍摄和制作方面非常有天分，大二的时候已经能够拍摄一些他自己喜欢的微视频，放在网上点击率还挺高，毕业后他到一家策划公司的摄影部工作。入职后不久他感到很郁闷——他当下拍的作品跟自己的理想背道而驰，那些所谓的"甲方"根本不懂审美，可为了生计，必须附和着他们，为此他非常苦恼。你觉得他应该怎么办？

交互测试：初入职场心理调适

沙场练兵

测试心理老化程度

下面15道题可以测试人的心理老化程度，请你来试一试。

（1）是否变得很健忘？
（2）是否经常束手无策？
（3）是否总把心思集中在以自己为中心的事情上？
（4）是否喜欢谈起往事？
（5）是否总是爱发牢骚？
（6）是否对发生在眼前的事漠不关心？
（7）是否对亲人产生疏离感，甚至想独自生活？
（8）是否对接受新事物感到非常困难？
（9）是否对与自己有关的事过于敏感？
（10）是否不愿与人交往？
（11）是否觉得自己已经跟不上时代？
（12）是否常常很冲动？
（13）是否常会莫名其妙地伤感？
（14）是否觉得生活枯燥无味，没有意义？
（15）是否渐渐喜好收集不实用的东西？

如果你有7条以上回答是"肯定"，意味着你的心理出现老化危机，现在开始，要小心保护自己的心理健康啦！

认识多维的自己

全班同学分成6~8人一组，每位组员准备三张白纸。

1. 独立完成

首先，每个人在第一张白纸上描述"理想的我"，时间为5分钟，然后，每个人将已写好的第一张白纸搁置在一旁，暂时不准再看。接着在第二张和第三张白纸上分别

153

具体描述"别人眼中的我"和"现实中的我",每次各 5 分钟。

注意:如果可以,在描述"别人眼中的我"时,可以请组员来写。三张纸也可以汇成一张大纸。

2. 协同合作

当各人都完成前面的部分之后,每个成员将所有三张纸都放在桌上,各自对纸上的"三个我"做出检查,主要是看看"三个我"是否和谐。如果不和谐,则找出差异所在,并尝试找出原因。然后,大家一同探讨,看看怎样可以使"三个我"更加协调一致。

注意:重点留意"理想的我"和"现实中的我"是否协调一致。

3. 自我分析

在理性分析"三个我"中自己感到满意与不满意的基础之上,小组成员协商完善的途径与措施。

4. 活动意义

多角度描绘自我,感受自我在社会生活中的多重角色意义,并掌握自我评价的具体方法,达到对自我的全面认识。

5. 活动点评

不必期待"三个我"百分之百协调一致,因为那是不切实际的期望。

驱散心理上的阴霾

2020 年 7 月,小瑛毕业于湖南某高职院校。同年 10 月被本省一家科技公司录用。小瑛说,那份工作强度不大,收入还可以,但她只喜欢埋头做事,不愿和同事说话,与领导和同事的关系处理不好。2021 年 1 月下旬,公司以业绩太差为由将她辞退。

失去工作后,小瑛非常自卑,不愿和人说话,不参加任何聚会,更害怕家人问她工作上的事。在两个月时间里,她每天上午出去找工作,下午和晚上都待在租住屋里。2021 年 3 月下旬,她在当地一家酒店当起了服务员。在酒店,她最怕、也最烦别人说自己是大学毕业生,好几次都因为这件事和别人发生口角。同年 6 月的一天晚上,小瑛忽然产生了轻生的念头……

根据上述案例,请分析并讨论:

(1) 小瑛是一种什么样的典型职业心理问题?

(2) 如果你是小瑛的好友,你应该如何劝她?

(3) 你认为小瑛现在应该怎么做?

(4) 在职场上,我们应该吸取小瑛的哪些教训?

模块五　职业形象塑造

> **开篇引例**

"95后" 小砌匠成为全国人大代表

一把砌刀能做什么？能筑起一堵墙将风雨遮挡，也能筑起一个家庭的梦想，能带他走进世界技能大赛为国争光，也能助他走进人民大会堂履职发声。2020年5月22日，全国两会召开，25岁的邹彬第三次作为代表参加会议。这位曾经的小砌匠成为湖南最年轻的全国人大代表。

邹彬出生于1995年。因为小时候对读书不感兴趣，16岁就辍学了，跟着父母从湖南新化农村到长沙打工。刚满18岁时，父亲交给他一把砌刀，将他带到工地上，成了工地上最普通的"搬砖工"，和灰浆、担泥沙、挑砖头啥都干。因为学历太低，想进"高大上"的企业也不够格。好在他足够努力。在工地上，他拿起了泥刀，专心钻研砌筑工艺，在中国建筑第五工程局有限公司(以下简称中建五局)举办的劳动竞赛中一举夺冠。

他的潜力被发现，有人推荐他参加国家队的比赛。19岁的他做出这个决定并不容易，这意味着他要放弃在工地上一个月近万元的收入，到集训队每个月只有3 000块钱的收入。但他决定利用这个机会磨炼自己的技艺，扎扎实实地练习。近两年的训练时间，他几乎每天都在砌墙再拆墙，拆墙再砌墙，在砖墙上砌出复杂的图案。

2015年8月16日，在有"技能奥林匹克"之称的第43届世界技能大赛上，邹彬过五关斩六将，最终获得砌筑项目的优胜奖，实现了中国在砌筑项目上零的突破。

荣誉纷至沓来。他成了第十三届全国人大代表，还荣获了全国技术能手、全国优秀农民工、湖南省2016年"十行状元、百优工匠"竞赛砌筑工比赛第一名、省直工会兼职副主席等荣誉。

他想更给力。他深知自己在理论学习上的欠缺，主动去长沙建筑工程学校读了中专，还准备参加成人高考，重返校园继续深造。他笑着说："我现在对学习非常有兴趣，听课都不会再打瞌睡了。"

如今，他被中建五局总承包公司破格录取为质量管理员，负责多个工种的质量把关工作。每当有新工人进入他所管理的项目时，他都郑重地和他们"交底"，叮嘱他们中国建筑的高质量标准，详细而苛刻地要求他们每一个细节做到位。

邹彬的微信名是"现在不努力，将来不给力"。他说："不要太在意眼前的待遇和付出，要不断学习，不断提升自己，一定可以为社会带来价值。"这是邹彬想和所有在平凡岗位上奋斗的年轻人说的心里话。他坚信"三百六十行，行行出状元"。

(资料来源：根据新华网资料改编。)

思考与探究：
邹彬成功的秘诀是什么？他的经历对你有什么启示？

主题一　职业形象概述

塑造美好的职业形象，是当代大学毕业生自我完善、自我发展的必然要求。纵观国内外的成功者，无一例外都努力塑造自己美好的职业形象，因为良好的职业形象能够提升个人品牌价值，对事业成功、个人发展和家庭幸福都具有强大的激励和促进作用。

一、职业形象的含义

形象是指能引起人思想或感情活动的具体形状或姿态。个人形象是指在一定时期、一定环境下，社会或公众对个人的外在表现和内在素质的印象、看法和认识的综合体现。职业形象则是一种角色形象，是人们对某种职业承担者所有行为和表现的总体印象与评价，是构成个人形象的基本要素。

职业形象是从业者从事本职业务时的形象，不包括未从事本职业务时的形象（如休闲时间的形象）。自由职业者同样有自己的职业形象。

职业形象是一个综合性指标，同时具有个性化特征。不同的职业类别，从业者具有不同的职业形象，如办公室管理人员和一线技术操作人员的职业形象就有很大差别。即使同一类职业，从业者的职业形象也会有很大差别。比如，同为教师职业，通常是语文教师儒雅、思政教师善辩、数学教师精细、美术和音乐教师具有艺术气质。

二、职业形象的构成

谈起职业形象，不少人只想到从业者的外在形象，如容貌、装扮、言谈等，这是片面的。一个人的职业形象有内在和外在两种主要因素。内在因素包括职业道德、职业责任感、职业认知和职业心理特征等，它代表职业形象的内涵；外在因素主要是指一个人展示出来的仪容、仪表、言谈、举止、姿态、风度等，是职业形象的外显。

《礼记·大学》有云："诚于中，形于外。"良好的职业形象正是内在美与外在美的完美统一，是一个人的仪表姿态、语言风格、行为举止、学识修养、个性心理等诸多因素的综合。美好的外在形象固然能给人留下审美愉悦，但若没有人格、情操、修养、智慧、才能等内在形象作为基础，那也只是肤浅的装饰。只有两者兼备，才能做到表里如一、卓尔不群，才能赢得事业的成功。

三、职业形象的作用

职业形象和个人职业发展有着密切联系，主要体现在以下几个方面。

（一）职业形象影响求职成败

虽说"人不可貌相，海水不可斗量"，但在求职面试时，面试官没工夫探究求职者的"海"有多深，在短暂的接触中，就按下了其职业形象的无声"快门"。许多公司

微课启学：像个职业人的样子

的人力资源部门在招聘员工时，对应聘者职业形象的关注程度远远高于我们的估计，因为他们认定，那些职业形象不合格、职业气质差的员工不可能在同事和客户面前获得高度认可，极有可能令工作效果大打折扣。因此，求职面试时，如果能够展现得体的装扮，表现出自信与才华，又让人觉得谦虚有教养，就能给面试官留下良好的第一印象，也就更容易在大批应聘者中脱颖而出。

> **案例品读**
>
> **修养是人生第一课**
>
> 　　22名即将毕业的大学生被导师带着到国家某部委级重点实验室参观。全体学生坐在会议室里等待部长的到来。这时有秘书给大家倒水，同学们表情木然地看着她一个人忙活，其中一个同学还问了句："有绿茶吗？天太热了。"秘书回答说："抱歉，刚刚用完了。"一位叫林晖的学生看着有点别扭，心里嘀咕："人家给你倒水还挑三拣四。"轮到他时，他轻声说："谢谢，大热天的，辛苦您了。"
>
> 　　门开了，部长走进来和大家打招呼，不知怎么回事，静悄悄的，没有一个人回应。林晖左右看了看，犹犹豫豫地鼓了几下掌，同学们这才稀稀落落地跟着拍手，由于不齐，越发显得零乱起来。接着，部长送实验室的纪念手册给同学们，大家都坐着，很随意地用一只手接过部长双手递过来的手册。只有林晖礼貌地站起来，身体微倾，双手握住手册，恭敬地说了一声："谢谢您！"部长闻听此言，方才面露笑容。
>
> 　　两个月后，学校毕业分配表上，林晖的去向栏里赫然写着该实验室。有几位颇感不满的同学找到导师抱怨："林晖的学习成绩最多算是中等，凭什么选他而没选我们？"导师笑道："是人家点名来要的。其实你们的机会是完全一样的，你们的成绩甚至比林晖还要好，但是除了学习之外，你们需要学的东西太多了，修养是第一课。"
>
> （资料来源：王培俊. 职业规划与创业体验[M]. 4版. 北京：高等教育出版社，2021.）

（二）职业形象影响个人业绩

> **案例品读**
>
> **永远不要把钱交给穿着破皮鞋的人**
>
> 　　华尔街上流行着这样一句俗语："永远不要相信一个穿着破皮鞋和不擦皮鞋的人。"
>
> 　　多伦多华人律师阿兰·叶在社交场合遇到了一位美国大都会人寿保险公司的推销员。
>
> 　　两天后的周末，推销员如约前往阿兰家。阿兰打开大门，迎进了西装革履、

157

发型整齐、满脸微笑的推销员。

"一位地道的保险推销员形象,美国大都会人寿保险公司真不愧为一流保险公司。"阿兰暗自称赞。

当推销员与阿兰坐在沙发上时,跳入阿兰眼帘的首先是推销员脚下那双已经变了形的旧皮鞋。它破旧、毫无光泽、布满多道皱纹,与西服毫不相配。阿兰大失所望。

当推销员移动身体时,阿兰心中为他那高质量的毛料西裤而祈祷:"千万别让这么好的裤子去擦那双早已该进垃圾堆的破皮鞋。"

尽管推销员用极好的口才不厌其烦地介绍了多个适合于阿兰的保险政策,阿兰的思维却全在那双如同木乃伊一般的破皮鞋上。

阿兰谈到这段经历时认为:"在我们律师事务所,所有律师都穿着闪亮如新的皮鞋。鞋,是一种身份的象征!穿着破皮鞋的人,只有两种可能:一是他买不起新鞋。那么,他一定是一个不成功的推销员。二是他舍不得买新鞋。那么,他一定是个吝惜金钱的人。无论是哪一种可能性,他都不会取得我的信任。"

因为保险公司所卖的是信誉,而保险的信誉首先来自客户对推销人员的信任度。

大多数情况下,人们不是买不起或者舍不得买新鞋,而是由于他们感到旧皮鞋穿着最舒服。

但是,一双破旧皮鞋带来的可怕后果却是穿破旧皮鞋的人永远不可能想到的!它能够轻易地毁坏你的形象,赶走你的商机,把你的辛勤工作无情地抛弃。

(资料来源:英格丽·张.永远不要把钱交给穿着破皮鞋的人[J].视野,2006(6):19.)

业绩型职业人首当其冲受职业形象影响,如果其职业形象不能体现专业度,不能给客户带来信赖感,所有的技巧都是徒劳,特别是对一些进行非实物性销售工作的职业人来说,客户认可更多的是人本身,因为产品对他们来说是虚的。即使是非业绩型职业人,如果职业形象欠佳,也会影响与合作伙伴和公司同事的合作,从而影响工作成绩。一项调查显示,职业形象直接影响收入水平,那些更有形象魅力的人收入通常比一般同事高14%。

(三) 职业形象影响职场前途

美国著名形象设计公司 CMB 对 300 名金融公司决策人的调查显示,成功的形象塑造是获得高职位的关键。获得上司认可是晋升的核心要素之一,如果在上司面前因为职业形象问题导致误会、尴尬甚至引发上司厌恶,业绩再好也难有出头之日。如果在同事面前因为职业形象问题被离群、被孤立、被排斥,同样封闭了自己晋升的空间。

职业形象的影响可谓无处不在,对于招聘面试官,它影响着你是否能赢得职位;对老板和同事,它影响着你的团队合作效率和升迁仕途;对客户来讲,它影响着你的生意订单;对下级来说,它影响着你的权威。可以这样说,职业形象决定着职业命运。因此,每个职业人都要有意识地塑造良好的职业形象,不仅充分展示优雅得体的风貌,更要展现敬业、精业、乐业的职业态度，随时随地树立和维护自己的职业形象，通过自己的职业形象体现自身的价值。

> **案例品读**
>
> **一个橘子定输赢**
>
> 凯蒙斯·威尔逊是假日酒店集团的创始人。有一次，他和员工聚餐，有个员工拿起一个橘子直接啃了下去。原来，这位员工高度近视，错把橘子当苹果了。为了掩饰尴尬，该员工只好装作不在意，强忍着咽了下去，惹得众人哄堂大笑。
>
> 第二天，威尔逊又邀请员工聚餐，而且菜肴和水果都和昨天一样。看到人都到齐了，威尔逊拿起一个橘子，像昨天那个员工一样，大口咬下去。众人看了看，也跟着威尔逊一起吃起来。结果，大家发现这次的橘子和昨天的完全不同，是用其他食材做成的仿真橘子，味道又香又甜！大家正吃得高兴时，威尔逊忽然宣布："从明天开始，安拉来当我的助理！"所有人都很惊诧，觉得老板的决定很突兀。
>
> 这时，威尔逊说："昨天，大家看到有人误吃了橘子皮，安拉是唯一一个没有嘲笑他，反而送上一杯果汁的人。今天，看到我又在重复昨天的错误，他也是唯一没有跟着模仿的人。像这样对同事不落井下石，也不会盲目追随领导的人，不正是最好的助理人选吗？"

四、塑造形象的原则

现代社会中，人人都在推销自己，形象便是个人的商标。要让自己成为畅销产品，就要把自己包装成名牌，也就是必须拥有自己的黄金形象。那么，如何塑造良好的职业形象呢？以下是四条基本原则。

（一）匹配职业特征

职业形象要与职业紧密结合，其中最重要的是体现出在职业领域的专业性。任何显得不够专业化的形象，都会让人认为从业者不适合其职业。

专业形象的设计，首先要在衣着上尽量穿得像这个行业的成功人士，宁愿保守也不能过于前卫时尚。要了解该行业和企业的文化氛围，把握好特有的办公室色彩，谈吐和举止中要流露出与企业、职业相符合的气质。要注意衣服的整洁干净，特别要注意尺码合适。衣服的颜色要选择中性色，注重现代感，把握积极的方向。

此外，成熟稳重是专业形象的关键，在工作中一定要表现出自身的成熟，尽量避免脸红、哭泣等缺乏情绪控制力的表现。在言谈中要表现出足够的智慧、幽默、自信和勇气，少用"嗯""哦""呵"等语气词，这能使你看起来更果断而可靠。

（二）体现企业形象

任何企业都有属于自己的独特形象。良好的企业形象可以使企业在市场竞争中处于有利地位，受益无穷。平庸乃至恶劣的企业形象无疑会使企业在生产经营中举步维艰，贻害无穷。

企业形象不仅靠各项硬件设施建设和软件条件开发，更要靠每一位员工从自身做起，塑造良好的职业形象，员工的一言一行直接影响企业的外在形象。管理学家怀利在《公司形象》一书中指出："如果通过外表、行为和与客户的关系，公司的职员能传达公司的价值，这个公司就是成功的企业。"纽约州立大学曾对《财富》杂志排名前 1 000 名公司的执行总裁进行了调查，总裁们普遍认为：如果公司员工能展示给客户一个良好的形象，公司可以从中受益。员工的形象等于公司的形象，公司的形象直接影响着公司的利润。

因此，许多跨国公司不惜重金为员工进行形象培训和设计，以提高员工个人素质。被誉为"全球第一 CEO（首席执行官）"的通用电气集团前董事长兼 CEO 杰克·韦尔奇在其任职期间，严格清除"园中"的"杂草"，而那些"杂草"是以其形象来判断的。他定期查看员工照片，那些肩膀低垂、睡眼惺忪或耷拉着脑袋的人，他就毫不犹豫地指出来，说："这家伙看起来毫无斗志的！他能干好什么？为什么不把他调走？"他还从应聘者的外表来决定是否录用，在市场营销方面，他会聘用那些外表英俊、谈吐流畅的应聘者。

一名员工如果没有维护企业形象的意识，他肯定是一名不合格的员工。作为员工，不管走到哪里，都要始终记得自己所属的公司，记得维护公司形象，这是员工的基本职业道德。

（三）突出个人风格

随着社会的发展和时代的进步，职场人士的思维和性格越来越差异化、个性化，对自己职业形象价值的认识和细节的关注也达到了前所未有的高度。

职业形象的功能在于自我表达和与人交流，在于打造个人品牌。如果在形象上千篇一律，没有个性，即使再得体、再职业化也是不成功的。比如，就外在形象来说，首先要对皮肤、相貌、体形、内在气质进行对比、测量和分析，了解到自身的优缺点，然后再针对这些细节去寻找最适合的设计：服装用色、款式、质地、图案，鞋帽款式，饰品风格与质地，眼镜形状与材质，发型等要搭配得恰到好处。

（四）注重日积月累

职业形象的培养讲究内外兼修。"腹有诗书气自华"，内在修养是提高职业形象的根本源泉，需要日积月累，不可能一蹴而就。

即使是外在形象的塑造，也绝非一日之功，需要职业人日积月累，长期坚持。尽管不少书籍里提到了各种"短平快"的形象包装术，但没有长时间的行为习惯训练，只是暂时地掩盖或修饰，并不能真正塑造良好的职业形象。反之，一个人形成了一以贯之的行事风格，无论什么场合，都能展示自己的形象。例如，你喜欢微笑交流，即使打电话，对方也能听出你的"笑容"。你做事向来井井有条，手里的项目再多，老板也是信任无比。你从不大话连篇，即使低调出场，下属对你也是信心百倍。

因此，塑造职业形象贵在实践，贵在自觉，贵在坚持。从点滴做起，从现在做起，日积月累，就一定能达到目的，取得成功。

> **好文续航**
>
> 周总理的职业形象
>
> 　　一代伟人周恩来在南开学校读书时,就特别注意自己的形象,他在宿舍大立镜旁又糊了一面"纸镜",上书:面必净、发必理、衣必整、纽必结,头容正、肩容平、胸容宽、背容直。气象勿傲勿暴勿怠,颜色宜和宜静宜庄。他通过语言、举止、服饰、态度和作风,把一个人良好的文化修养、渊博的学识、精深独到的思辨力等,自然地转化成了外在的形象,尽显了伟人的巨大魅力。就是这种形象魅力,为当时的中国外交工作增添了不可磨灭的风采,使中国人在国际上扬眉吐气。
>
> （资料来源:根据人民网资料改编。）

交互测试:职业形象概述

主题二　内在职业素养

　　无论从事什么职业,都要具有职业素养。职业素养是人们在社会活动中需要遵守的行为规范,是影响一个人职业生涯成败的关键因素。只有具备了良好的职业素养,才能掌握通向就业之门和成功之门的钥匙。

一、职业素养的含义

　　职业素养也称为职业素质,是职业的规范和要求,是在职业过程中表现出来的综合品质,包括职业道德、职业意识、职业作风、职业行为、职业技能等。

（一）职业道德

　　职业道德是与职业活动紧密联系,符合职业特点和要求的道德准则、道德情操与道德品质的总和。其基本规范是:爱岗敬业、诚实守信、遵纪守法、团结协作、奉献社会。每个从业人员,无论从事哪种职业,在职业活动中,都要遵守职业道德。如教师要遵守教书育人、为人师表的职业道德,医生要遵守救死扶伤的职业道德。职业道德不仅是从业人员在职业活动中的行为标准和要求,而且是本行业对社会所承担的道德责任和义务。职业道德是社会道德在职业生活中的具体化。

（二）职业意识

　　职业意识是指人们对职业活动的认识、评价、情感和态度等心理成分的综合反映以及对职业所持的主要观点,是支配和调控全部职业行为和职业活动的调节器,它包括创新意识、竞争意识、协作意识、自律意识和奉献意识等方面。职业意识具有社会共性,也具有鲜明的行业或企业个性。从事任何职业,都应有强烈的职业意识,扮演好自己的职业角色,克服个人偏好,克服个性弱点,约束自己的职业行为。

微课启学:职业意识培养

（三）职业作风

　　职业作风是指从业者在其职业实践和职业生活中所表现的一贯态度,也是职业道德在从业者职业行为中的习惯表现。良好的职业作风的外在表现是敬业精神。敬业与否决定着职业作风的优劣，而职业作风的优劣又直接关系到其供职单位的信誉、形象和效益。职业作风具有潜移默化的相互影响作用，从某种意义上讲，职业作风关系到行业企业的兴衰成败。优化职业作风，就要纠正行业的不正之风，以职业道德规范职业行为。

（四）职业行为

职业行为是指人们对职业活动的认识、评价、情感和态度等心理过程的行为反映，是达到职业目标的基础。从社会学的角度，职业行为划分为社会行为和个人行为两大类。社会行为是"他律"的结果，有三个方面：由国家、工作单位领导层决定的市场经济行为；不论何种职业岗位在遵从国家法律法规、单位规章制度以及现实社会的伦理道德所表现出来的社会规范行为；必须履行与完成的例行工作任务和积极主动工作的目的任务行为。个人行为则是"自律"的结果，是自我约束、自我表现的结果，如在工作中表现出来的敬业、勤奋、进取、合作等精神，以及个人的喜怒哀乐、兴趣爱好、言行、衣着、审美观、价值观等。

（五）职业技能

职业技能是指人们从事某种职业所应掌握、运用的技术理论知识和专门技术的实际操作能力。依据我国规定的职业技能标准或任职资格条件，职业技能水平如何，要通过政府授权的考核鉴定机构，进行客观公正、科学规范的评价，也就是职业技能鉴定。职业技能鉴定是国家职业资格证书制度的重要组成部分。

二、职业素养的构成

1993年，美国学者莱尔·斯潘塞和塞尼·斯潘塞在两人合著《工作素质：高绩效模型》一书中，从特征的角度提出了"素质冰山模型"。如果把一个员工的全部素质看作一座冰山，浮在水面上的是他所拥有的行为、知识和技能，这些是员工的显性素质，约占1/8，可以通过各种学历证书、职业资格证书来证明，或者通过专业考试来验证；而潜在水面之下的是他的态度、价值观、个性品质、动机（内驱力）等，这些是员工的隐性素质，约占7/8，也反映出该员工的职业道德、职业意识、职业态度。显性素质和隐性素质的综合就构成了一个员工所具备的全部职业素质。

素质冰山模型中裸露在水面上的显性素质可以通过有针对性的培训获得，也是容易被模仿的，但它不能把表现优异者与表现平平者区别开来；而潜藏于水下的深层部分隐性素质，才是区分优异者和表现平平者的关键因素，这部分不容易被观察和测量，也难以评价，需要从具体的行为中推测出来。

隐性素质支撑着显性素质，在深层次上影响着一个人的发展。在人才选拔中，这部分内容最具有选拔的预测价值。因此，我们要以培养显性职业素养为基础，以培养隐性职业素养为重点，全面养成良好的职业素养。

> **案例品读**

精印"国家名片"的"驯"机手

2020年11月24日,北京印钞有限公司(以下简称北钞)刘惠春荣膺"全国劳模"称号,在人民大会堂接受表彰。人民币作为我国的法定货币,有着"国家名片"的美誉。刘惠春1988年入职北京印钞有限公司、始终工作在钞券印刷一线生产岗位,掌握钞券印刷全工艺流程,精通钞券凹印,丝网印刷,技艺精湛,2018年,成为印钞造币行业首位行业级技师;2019年,荣获国务院政府特殊津贴和"北京市有突出贡献的高技能人才"荣誉称号;还是"国家级技能大师工作室"和"北京市职工创新工作室"领办人。

1. 让机器听话,半辈子"挪"出来的绝活

在北钞,问谁能开所有凹印机,刘惠春首屈一指。30多年,他跟机器长在一起,先后在12个机台当领机,成为公司凹印工序首席技术带头人,他走到哪里,好成绩就跟到哪里。他所在的机台设备保养最好,质量、产量、墨耗指标均完成出色,大家都想和他"搭帮"干活。

这种能冲锋陷阵的将士,自然少不了挂帅出征的机会。"有问题,惠春上!"2012年,印刷机台转换印品,换新的版墨纸、重新调试机器压力,全过程下来要3天,而他只需16小时,创下公司的转产纪录。这实力,就是从垛纸、看色、端盘到机长,一个岗一个岗"挪"出来的。正是靠着稳扎稳打的精神,刘惠春一步一个脚印,每挪一个岗,他就有新的进步和突破。在印钞造币行业里,有点阅历的人提起他都会说:"刘惠春这人不简单!能把印钞机那么复杂的大家伙,'驯'得服服帖帖。"

2. 非一般的"倔强"和心量,成就最强技术舵手

要练就一身硬功夫,在哪个行业,都少不了一点近乎倔强的执着。刘惠春的执着,从进厂就出了名。

当学徒时,遇到问题,不弄个明白他就不让师傅走;当了机长,遇到问题,弄不明白他自己就不走。上着中班,设备有了故障,他停了机就开始研究,一个毛病,他能从天黑琢磨到天亮。同事都知道他倔,也都知道他一琢磨起来根本顾不上时间,可还是在一边陪着他"犯倔"。刘惠春也不辜负伙计们的信任,不仅能琢磨明白,还总能用最佳绩效回报大家。

面对构造日益复杂的印钞机,刘惠春深知光靠一股子韧劲儿远远不够,必须完成同步的知识储备。于是,他在业余时间学习了印刷工程和计算机应用,甚至取得了相关专业本科学历。然而,谈到刘惠春的成绩,很多了解他的人都这么说:"惠春这本事,更多得益于人品和心量。"

一样出工出力,谁都想挑个好使唤的机器、都想挑个有经验的同伴。可刘惠春既不挑机器也不挑同伴。他频繁地从"驯好"的机器上被"请"下来,去"调教"问题机器。他说:"不是谁都有机会开全部机型,这是钱都换不来的历练。"

这份豁达配上不服输的倔强,让无论什么机器到他那儿都特别听话,这也成

就了今日行业里印钞技术的最强舵手。新世纪塑料钞、澳门流通钞、奥运纪念钞、澳门生肖系列钞、航天纪念钞、人民币发行70周年纪念钞……这类重要的生产试验，总少不了他。

3. 成功诀窍无他，"笨功夫"做到家

"磨刀不误砍柴工"，刘惠春的功夫成就于扎实的积累。周末，常常是机器歇了他也不歇，而是揣着纸笔，一项项记录机器的参数。用他的话说："这是逐台排查设备参数的好时机。"在信息化还未普遍应用于印钞设备前，他就用这种笨办法，建立了大数据积累。这一习惯被延续下来，成为车间里多年的"规定动作"。每次新印品试验之前，刘惠春都会利用休息日，带领机台操作人员对设备进行全面检查。他看见印刷参数不规范就立即进行恢复，为新旧机型建立统一工艺技术标准，让各机台保持印刷数据的统一，印品的质量也得以保证。刘惠春常跟大家说："不要忽视细节，做好每一次常规检查与保养。"

（资料来源：赵元书，马杰. 精印"国家名片"的"驯"机手——记全国劳动模范刘惠春[J].中国金融，2020(23)：72-73.）

有专家分析，大学毕业生应聘失败有很多原因，其中缺乏职业素养是主要原因之一。近年来，企业越来越注重员工的职业素养，特别是其中反映基本道德准则的真诚与忠诚度、反映敬业的责任心、反映纪律性的服从意识、反映团队精神的合作能力、反映高效率的目标设定和主动工作理念等，已成为现代企业衡量应聘人员的首要标准。

好文续航

部分知名企业的用人标准

1. 华为公司：六条标准

华为公司的用人标准有六条：一是全力以赴的奋斗激情；二是客户为先的服务意识；三是至诚守信的优秀品格；四是积极进取的开放心态；五是携手共进的合作精神；六是扎实的专业知识与技能。

2. 百度公司：简单可依赖

"简单可依赖"是百度公司的企业文化，也是其对员工的基本要求。百度的用人标准有三条：一是能够适应百度文化；二是能够胜任工作；三是保持求知欲和快速学习的能力。

3. 宝洁公司：八项基本原则

宝洁公司对人才素质的要求归结为八个方面：领导能力、诚实正直、能力发展、承担风险、积极创新、解决问题、团结合作、专业技能。这八个方面是并列的，没有先后顺序，诚实正直和专业技能一样重要。

4. 壳牌公司：CAR潜质

壳牌招聘人才主要是着眼于未来的需要，所以十分看重人的发展潜质。壳牌把发展潜质定义为"CAR"，包括三部分内容：一是分析力（capacity）——能够迅速分析数据，在信息不完整和不清晰的情况下能确定主要议题，分析外部环境的约束，分析潜在影响和联系，在复杂的环境中和局势不明的情况下能提出创造性的解决方案；二是成就力(achievement)——给自己和他人有挑战性的目标，出成果，百折不挠，能够权衡轻重缓急和不断变化的要求，有勇气处理不熟悉的问题；三是关系力(relation)——尊重不同背景的人提出的意见并主动寻求这种意见，表现诚实和正直，有能力感染和激励他人，坦率、直接和清晰地沟通，建立富有成效的工作关系。

三、核心职业素养

此处所说的核心职业素养，是指企业格外看重、员工不可或缺的职业素养。具体包括以下几个方面。

(一) 专业素养

专业素养是指从事社会职业活动所必备的专业理论和相关知识，以及运用这些理论知识解决实际问题的能力。简单地说，就是指专业知识和专业能力。

大学毕业生的专业理论知识主要有本学科理论知识、跨学科理论知识和综合交叉学科理论知识三大领域。专业能力是运用专业知识分析问题和解决问题的能力，包括阅读、查阅、写作、社会调查、观察、运算、实验、自学等方面的能力。大学毕业生的专业素养反映了他们在某种职业活动中运用专业知识、专业能力解决工作实际问题的水平。

在很多人眼里，大学是相对轻松的时期，课程压力小、作业少，有很多课余时间自行支配。其实不然，一个人若想获得成功，想在将来成就一番事业，大学应该是其最充实、最辛苦的时期，要充分利用这个时期有意识地培养自己的专业素养，为将来的发展打下基础。读大学，就像建一座房子，专业知识就是建造过程中所用的材料，能力就是建造过程中所用的手法以及学到的技能和经验，二者缺一不可。没有专业知识，是巧妇难为无米之炊，建造房子无从谈起；没有能力，房子也无从建起，将来更没有能力去加以维修。

专业知识是将来工作的基础，没有扎实的专业知识，工作寸步难行。专业知识的学习，首先要学好课本，紧跟教师，先把课本知识吃透，然后以此为中心，广泛涉猎其他方面的知识。专业的学习模式应该是金字塔形：塔底代表广泛的知识，塔尖代表专业知识中最核心的部分。塔底是对塔尖的支撑，只有基础广泛、牢靠，塔尖才能做得更高。专业的学习也是获得原材料的过程，既要处处撒网，也要有所选择。

专业能力也是非常重要的，只有丰富的知识，却不知道如何运用，不过是个储存知识的仓库，不能解决实际问题。能力的培养是一个漫长的过程，必须多参加各种活动，在实践中运用知识解决问题，不断积累。

(二) 敬业精神

南宋理学家朱熹将敬业解释为"专心致志，以事其业也"。意思是说，对待自己所从事的职业要尽心尽力，专心致志。敬业就是用一种极端负责的态度对待自己的工作，勤勤恳恳、兢兢业业、忠于职守、尽职尽责，其最高境界体现为精业。精业通过对职业工作的极端负责任、对技术的精益求精表现出来。敬业精业是爱岗乐业情感的进一步升华，是对职业责任、职业荣誉的深刻认识。

敬业精神是一种优秀的职业品质，是职场人士的基本价值观和信条。敬业精神是职业精神的首要内涵，是职业道德的集中体现。在经济社会中，一个人要想获得成功或得到他人的尊重，必须对职业、对工作保持敬仰之心，视职业、工作为天职。如果总是对工作抱怨、不满、吹毛求疵，就会使自己发展的道路越走越窄，甚至步入失业人员的行列。敬业不仅是一种精神，更是一种能力，所有的能力只有通过敬业才能体现出它的价值。一个人能力再强，如果不愿意付出，他就不能为企业、为团队创造价值。而一个人愿意为企业、为团队全身心付出，即使能力稍逊一筹，也会发挥潜能，为团队增色。

搜狐公司董事局主席兼CEO张朝阳说："我们公司招聘人的标准是敬业精神。敬业精神是个比较感性的概念，但实行起来，就可以明显感受出来。因为，是否把工作当作自己生活中一件很重要的事情，是否为了干好工作与别人协作好、配合好，这些是很容易看出来的，我们需要的就是这种具备敬业精神的员工。"

要做到敬业，我们必须牢记两点。

1. 态度决定一切

态度是人们对某种现象或事情相对稳定的心理倾向。态度是内心的一种潜在意志，是个人的能力、意愿、想法、价值观等在工作中的外在表现。每个人都有自己的工作态度，有的勤勉进取，有的悠闲自在，有的得过且过。工作态度决定工作成绩。态度越主动积极，前程越光明美好。用什么样的态度面对人生，就会拥有什么样的人生。

很多时候，影响成败的不是事情本身，而是做事的态度。世界上没有卑微的工作，只有卑微的态度。无论你从事的工作多么琐碎，都不要轻视它。形形色色的工作岗位没有高低贵贱之分，只有所负责任的不同，每一件事都值得用心去做。只有不看轻自己工作的人，才会成就大事，才能在激烈的竞争中立于不败之地。

> **案例品读**
>
> #### 小螺丝里成就"世界奇迹"
>
> 2018年10月23日，港珠澳大桥正式通车。这座"一桥连三地"的世纪工程，被国外媒体誉为"新世纪七大奇迹之一"。中交一航局第二工程有限公司的管延安是这座超级工程的建设者之一，33节巨型沉管、60多万颗螺丝，他创下了5年零失误的深海奇迹，被誉为中国"深海钳工"第一人。
>
> 2013年，远在青岛航修厂工作的管延安看到了港珠澳大桥岛隧工程建设项目前来招募钳工的通知。在得知这将是又一个向世界级难题挑战的机会后，他主动报名并顺利通过选拔，成为港珠澳大桥岛隧工程建设大军中的一员。
>
> 工程中最大的挑战是修建一条5.6千米长的海底隧道。考虑到地质条件和生态保护，港珠澳大桥海底隧道采用33节水泥沉管在海底进行对接，误差要以毫米

计算，工程难度极高。管延安的主要工作就是负责对接设备的安装、调试和维修。

这项工作简单来说就是拧螺丝。一根沉管有两万多颗螺丝，如果有一颗误差超过1毫米导致漏水，会直接影响到整个工程的质量和1 000多名工友的人身安全。

在工作中练就一手"绝活"的管延安，仅靠一把扳手，就能保证一根沉管上的两万多个螺丝间隙不超过1毫米。这样的间隙没办法用肉眼来判断，但管延安却通过一次次的拆卸和练习，创下了零缝隙的奇迹，为世界首条"滴水不漏"的外海沉管隧道建设做出了贡献，成为保障沉管隧道安全的最后一道防线。

"专注，做什么事情都静得下心来，把每一次安装都当成是第一次任务"，这是很多同事对管延安的评价。他以炉火纯青、登峰造极的技艺，见证平凡中的崇高与伟大，在追求卓越质量的筑梦过程中收获着自豪与满足，践行着为国建桥的使命与担当。一念执着，锻造"中国品质"，追逐"中国速度"，成就"中国质量"，铸造"中国品牌"。

（资料来源：根据齐鲁网资料改编。）

好文续航

解读工匠精神

《高技能人才队伍建设中长期规划(2010—2020年)》《教育部关于深化职业教育教学改革全面提高人才培养质量的若干意见》均指出，高职院校作为技术、技能人才培养的主阵地，承载着培养高素质、高技能人才的艰巨任务，要重点培养"敬业守信、精益求精、勤勉尽责"的职业精神。在《中国制造2025》国家行动纲领指导下，工匠精神不仅是"促进受教育者全面发展和自我实现的现实需要，更是职业教育系统性变革的时代呼唤"。

春秋时期的工匠"祖师"鲁班、战国时期水利工程巨匠李冰、隋代造桥匠师李春等都是我国古代优秀工匠的杰出代表，皆因具有独到的工匠技艺和精神而被世人称颂。《说文解字》曾记载："匠，木工也；工，巧饰也。"清代思想家魏源也曾说过："技可进乎道，艺可通乎神"，个人技艺达到一定境界，变成了具有审美价值的艺术，可达到"道"的境界。

古代的"工匠精神"通过心传身授、体知躬行的传承模式，造就了强力而行的敬业奉献精神。而现代的"工匠精神"始于职业教育，体现于企业生产和服务中。广义指社会劳动者在其职业活动中所遵循的价值纲领，是其职业价值观、职业态度和职业精神的集合体。狭义为以技术技能型人才为首的工匠劳动者对产品品质精益求精的价值追求，是一种对职业敬畏、工作执着，崇尚精品、追求极致的职业精神。

培育工匠精神是中国从制造大国成为制造强国对人才提出的时代要求，《大学》言："大学之道，在明明德，在亲民，在止于至善。"站在人才培养的职能角度，从本质上规定了学校培育学生工匠精神具有先天性、必要性。在高职院校学习期间是学生世界观、人生观和价值观形成的决定性阶段，属于工匠精神培育的黄金时期，高职院校对学生工匠精神的培育属于源头培育，对其毕业后弘扬工匠精神至关重要。工匠精神是技能型人才的内在品质，培养工匠精神体现了人的本质要求。工匠精神的培育应把现实需求与长远发展结合起来，"在'合规律性'与'合目的性'之间保持一定的张力，把工匠精神的培育融入人才培养的全过程。"

　　以工匠精神为核心的职业素养，主要由五个要素构成：一是精雕细琢、尚巧创造为主的专业素养；二是尊师重道、敬业乐业为主的道德素养；三是严谨专注、宁静致远为主的心理素养；四是持戒守规、求实创新为主的思维素养；五是审美情趣、追求至善为主的人文素养。

（资料来源：洪娟. 工匠精神视野下高职学生职业素养的现代内涵解读[J]. 现代职业教育,2019(004):8-9.）

2. 工作无小事

　　老子在《道德经》中写道："天下难事，必作于易；天下大事，必作于细。"这句话精辟地指出了想成就一番事业，必须从简单的事情做起，从细微之处着手。每个人所做的工作都是由一件件小事构成的，所做的每一件看似琐碎的小事，往往起着关键作用。只有把小事做好，在小事中不断积累经验，培养踏实果断的工作作风，才能在小事中不断提高工作水平。如果眼高手低，不屑于细小工作，不把细小工作做好，是永远干不好工作的。

　　如果能将"把小事做到位"当作一种习惯、一种工作态度，成功就离你不远了。

（三）诚信意识

　　诚信就是诚实守信。诚实就是真实无欺，既不自欺，也不欺人；守信就是重诺言，讲信誉，守信用。诚实守信是中华民族的传统美德，在我国传统道德中，它被看作"立身之本""举政之本""敬德修业之本"。孔子甚至认为可以"去兵""去食"，而不可以无信。

案例补充：一诺千金

1. 诚信待人

　　诚实守信是一种社会公德，是做人的基本要求。商业讲诚信，价格实惠，品质过关，才能生意兴隆；政治讲诚信，言出必行，表里如一，才能得到人民的拥护；学术讲诚信，严谨治学，不剽窃抄袭，才能得到大家的认可。诚信做人才能够为自己建立良好的信誉，有了良好的信誉方能立足职场，深得老板、同事和客户的信赖与支持。

> **【案例品读】**
>
> 海尔砸冰箱
>
> 　　海尔从一个濒临倒闭的小厂逐渐成长为年销售额近 3 000 亿元的国际知名企业，诚信是其中一个重要原因。1985 年，也就是海尔创业的第二年，当时国内市场电冰箱供不应求，戏称"纸糊的冰箱都能卖出去"，而就在这一年，海尔砸掉了 76 台不合格冰箱。这些冰箱有缺陷，很多人建议低价处理掉，而厂长张瑞敏却果断砸毁了这些冰箱。当时一台冰箱的市场价格为 800 多元，相当于一名职工两年的收入。这个被不少人认为是"败家"的"砸冰箱事件"，却砸出了中国家电行业唯一入选"中国十大驰名商标"的品牌，把"零缺陷"的质量意识砸进了海尔全体员工的意识里，也把诚信的海尔形象砸进了消费者的心中。

2. 忠诚于企业

在现代职场中，人们奉"忠诚"为衡量员工品质的首要标准。在一项对世界著名企业家的调查中，当问到员工最应该具备什么品质时，他们无一例外地选择了"忠诚"。忠诚于企业是最宝贵的职业道德之一。很多公司招聘员工时，第一看重的不是能力，而是职业道德，因为能力可以通过培养获得，而培养一个人的职业道德却十分困难。在职业道德中，企业尤为看重员工的忠诚度。

在现代人力资源管理中，员工与公司被普遍认为是一对互利共生体：公司拥有忠诚和有能力的员工，业绩才会有保证；员工必须依赖公司的平台才能获得物质报酬和满足精神需求。在这种合作关系中，合作双方能否相互忠诚是决定双方能否共赢的关键。如果员工失去了对公司的忠诚，也就失去了成功的关键。

> **【知识点拨】**
>
> 忠诚无价
>
> 　　曾任微软全球副总裁的李开复（现任创新工场董事长兼 CEO）在《给中国学生的第一封信：从诚信谈起》中写道："管理经验和沟通能力可以在日后工作中学习的，而一颗正直的心是无价的。"他还举了一个例子：一位曾经来应聘的求职者，在技术、管理方面都非常出色。但是，在谈论时他表示，如果微软录取他，他甚至可以把在原来公司工作时的一项发明带过来。随后他似乎觉察到这样说有些不妥，又特别申明——那项发明是他下班之后做的，老板并不知道。李开复说："这一番谈话之后，不论他的能力和工作水平怎样，我都肯定不会录用他。原因是他缺乏最基本的处事准则和最起码的职业道德——诚实和讲信用。如果雇用这样的人，谁能保证他不会在这里工作一段时间后，把在这里的成果也当作所谓'业余之作'而变成向其他公司讨好的'贡品'呢？"
>
> 　　忠诚于公司最基本的一点是绝对不做有损于公司的事，不背叛自己的公司，最直接的行为是融入公司，和公司成为一个共同体，接受公司既定的规则、惯例、人际

关系等。忠诚的日本职员常以"我家"来称呼自己所在的公司，在称呼对方所在的公司时也从不说"你们公司"，而是称"府上"。很多日本职员都把公司看成自己社会生活的核心，感情色彩极为浓厚。即使一个人辞职了，也很少去做反戈一击的事情，甚至依然会关心原公司的发展情况。

（四）团队精神

俗话说："一根筷子轻轻被折断，十双筷子牢牢抱成团。"团队精神的重要性对于任何组织来说都是无与伦比的，大到国家，小到公司，都需要每个成员具有团队精神。一个人没有团队意识将难成大事，一个公司没有团队意识将成为一盘散沙，一个民族没有团队意识也将难以强大。可以这样说，团队精神决定组织成败。

团队精神是一种大局意识、协作精神和服务态度的集中体现。它不仅包含了与人沟通、交流的能力，而且特别强调与人合作的能力。团队精神的基础是尊重个人，核心是协作，最高境界是全体成员的向心力、凝聚力，它反映的是个体利益与整体利益的统一，进而保证组织的高效运转。

团队是为了实现共同的目标而集合起来的群体，需要全体成员心往一处想，劲儿往一处使；需要分工协作，优势互补；需要团结友爱，关怀帮助；需要风雨同舟，甘苦与共。在这个世界上，任何一个人的力量都是渺小的，只有融入团队，与团队一起奋斗，才能实现个人价值的最大化，才能成就自己的卓越。

> **案例品读**
>
> #### 团队合作比成绩优秀更宝贵
>
> 一家咨询公司招聘高层管理人员，九名优秀应聘者经过初试，从上百人中脱颖而出，闯进了由公司老总亲自把关的复试。老总看过这九个人详细的资料和初试成绩后相当满意。然而，此次招聘只能录取三个人，所以老总给大家出了最后一道试题。
>
> 老总把这九个人随机分为甲、乙、丙三组。指定甲组的三个人去调查本市婴儿用品市场，乙组的三个人调查妇女用品市场，丙组的三个人调查老年人用品市场。老总补充道："为了避免大家盲目开展调查，我已经叫秘书准备了一份相关行业的资料，走的时候自己到秘书那里去取。"
>
> 两天后，九个人都把自己的市场分析报告送到了老总那里。老总看完后，站起身来，走向丙组的三个人，分别与之一一握手，并祝贺道："恭喜三位，你们已经被本公司录取了！"
>
> 面对大家疑惑不解的表情，老总说："请大家打开那天我叫秘书给你们的资料，互相看看。"原来，每个人得到的资料都不一样，甲组的三个人得到的分别是本市婴儿用品市场过去、现在和将来的分析，其他两组的也类似。老总说："丙组的三个人很聪明，互相借用了对方的资料，补全了自己的分析报告。而甲、乙两组的六个人却各自行事，互不联系，自己做自己的，使报告内容很片面。"他最后

说:"我之所以出这样一个题目,其实最主要的目的,是想看看大家的团队合作意识。甲、乙两组失败的原因在于缺乏合作,忽视了队友的存在。要知道,团队合作精神在现代企业里比什么都重要。"

(资料来源:根据南方新闻网资料改编。)

【活动体验】

蒙眼穿鞋

每三人为一组,选出一名志愿者,在地上画一道横线,同时在线的前方五六步远的地方放一双拖鞋,志愿者的任务就是在被蒙上双眼的情况下,将拖鞋穿上。另两人给予志愿者指导,引导他穿鞋。活动结束后,参与者交流感受。

(五)沟通能力

沟通是为了达到设定的目标,把信息、思想和情感在个人或群体之间传递,并且达成共同协议(共识)的行为过程。因为沟通是在人与人之间进行的,所以也称为人际沟通。

沟通能力是一个人生存与发展的必备能力,也是决定一个人成功的必要条件。美国著名的克莱恩咨询公司曾进行过一项调查,在讨论世界500强企业家成功的因素时,300位较成功的企业管理者中,85%的人认为自己之所以成功,是因为沟通和处理人际关系的能力胜人一筹,他们善于沟通,善于协调,善于把自己的理念、思维传递给他人,从而寻求到相应的帮助;而只有15%的人将成功归功于他们的专业知识与运作技巧。

美国普林斯顿大学也曾对1万份人事档案进行分析,结果发现:"智慧""专业技术"和"经验"只占成功因素的25%,其余的75%取决于良好的人际沟通。而哈佛大学就业指导小组早在1995年的调查结果就显示:在500名被解职的男女中,因人际沟通不良而导致工作不称职者占82%。

麦可思研究院独家撰写的《大学毕业生求职与工作能力调查报告》显示,在各类用人单位对员工最需要的基本工作能力中,沟通能力名列前茅(见表5-1)。

表5-1 各类用人单位最需要的基本工作能力

用人单位类型	最主要的三项工作能力		
民营企业/个体	积极学习	有效的口头沟通	说服他人
国有企业	积极学习	疑难排解	服务他人
中外合资/外资/独资	积极学习	有效的口头沟通	说服他人
政府机构/科研事业	有效的口头沟通	积极学习	服务他人
非政府或非营利组织	批判性思维	有效的口头沟通	说服他人

因此,从业人员要努力提升自己的沟通能力。沟通既富有科学性,又蕴含艺术性。

提升沟通能力，不只是提升口头表达能力，更要在沟通中善用方法与技巧，重视沟通对象，恰当地选择沟通方式，克服沟通障碍，积极主动地与人沟通。

> 【知识点拨】
>
> ### 上司们不喜欢什么样的人
>
> 下面几种类型的人，都是由于缺乏责任心而不受上司欢迎。
> （1）傲慢稚气型：明明是完全不懂，也装出一副"万事通"的模样。
> （2）将错就错型：听不得别人的批评，一旦做错事被发现，就开始找借口和抱怨，最后还不忘加上一句："这是没办法的事，怪不得我。"
> （3）自吹自擂型：面试时自称在校成绩优异，但录用后却发现所言夸大其词。
> （4）回避责任型：认为"我是新人，做错了可以原谅"，且该做的事常会忘记去做，缺乏责任感，拖拖拉拉。
> （5）取宠敷衍型：一味讨好上司，对工作能赖就赖。
> （6）"买铁思金"型：手头工作不好好干，心里却想着要找另一份工作。
> （7）肆无忌惮型：摆着一副"破罐子破摔"的架势，我干不好怎么啦？

交互测试：内在职业素养

主题三　职场礼仪形象

礼仪就是礼节和仪式，是人们在社会交往活动中应共同遵守的行为规范和准则，就是以最恰当的方式来表达对他人的尊重。

某心理学家曾做过一个试验，分别让一位戴金丝眼镜、手持文件夹的青年学者，一位打扮入时的漂亮女郎，一位挎着菜篮子、脸色疲惫的中年妇女，一位留着怪异头发、穿着邋遢的男青年在公路边搭车。结果显示，漂亮女郎和青年学者搭车的成功率很高，中年妇女稍微困难一些，打扮怪异的男青年很难搭到车。这个试验说明，不同的礼仪形象会有不同的际遇。

> 【案例品读】
>
> ### 形象定胜负
>
> 1960年9月26日，在芝加哥哥伦比亚广播公司的一个电视直播间里，总统候选人理查德·尼克松和约翰·肯尼迪站在摄像机和聚光灯前，进行了美国总统竞选历史上第一次电视辩论。
>
> 尼克松当时是美国副总统，肯尼迪不过是马萨诸塞州一名资历尚浅的参议员，此前的历次民意测验中，尼克松都领先肯尼迪。许多人认为，这将是一场一边倒的竞选，经验老到的尼克松肯定会胜出。但当天的电视辩论使尼克松受到致命一击，也因此将肯尼迪送上总统宝座。如果在广播中收听这场辩论，听众会认为两个人旗鼓相当，不分高下。但电视观众看到的却是另一番情景：一脸憔悴的尼克

松对阵阳光活力的肯尼迪。

尼克松并非其貌不扬、精神萎靡之人，但他刚动过膝盖手术，脸色苍白，身体消瘦。更失败的是，他抹了较深色的男用粉底霜，在强烈的灯光下，显得面色铁青，神情疲惫，正如历史学家罗杰·巴特菲尔德所形容的："在全世界面前，他看起来好像一个不爱刮胡子和出汗过多的人，忧郁地等待着电视广告告诉他怎样不要失礼。"而肯尼迪不仅在事前进行了练习和排练，还专门跑到海滩晒太阳，积极进行体育锻炼，在电视屏幕里显得身材匀称、健康结实、精神饱满、活力四射，加之服饰得体，看上去神采奕奕、风度翩翩。

最后，肯尼迪以49.7%对49.5%的得票率战胜了尼克松。有评论称，战胜尼克松的不是肯尼迪，而是肯尼迪的形象设计师。

（资料来源：根据人民网资料改编。）

一、礼仪基本原则

（一）尊重

孟子曰："敬人者，人恒敬之。"尊重是交际礼仪的灵魂，在与人交往中既要自尊又要尊重他人，尊重他人才能赢得他人的尊重。与人交往，不论对方的地位高低、身份如何、相貌怎样，都要尊重其人格、劳动、价值，尊重他人的情感、思维方式和生活习惯。人与人之间相互尊重，才会减少摩擦与纷争，创造和谐的交际氛围。

案例品读

"推销大王"的奥秘

"推销大王"乔·吉拉德在15年里共推销出13 005辆小汽车，平均每年推销出867辆。他总结自己的成功秘诀，认为最主要的一点是尊重别人。有一次，一位妇女来到了他的汽车展销室，他热情地接待了她。聊天的时候他了解到，这位妇女只是进来打发时间的，因为那天是她55岁生日，她已经想好要买邻店的福特牌汽车，只是那个店的小伙子说有事要出去，让她1个小时后再来。乔·吉拉德听了以后，没有因为她不买汽车心生反感，而是立刻让秘书买了一束鲜花送给她，并诚挚地祝贺她生日快乐。这位妇女深受感动，最后买下了吉拉德的汽车。吉拉德的成功就在于把每个人都当成最重要的人物看待。

（二）适度

适度就是把握分寸、恰到好处，是指在施行礼仪的过程中，按照礼仪准则和规范，把握好与特定环境相适应的人们彼此间的感情尺度、言语尺度和行为尺度，以建立和保持健康持久的人际关系。在与人交往的过程中，我们要彬彬有礼、不卑不亢，不能低三下四、傲慢无礼；要热情大方、坦率真诚，不能虚伪客套、言过其实；要注重礼貌、优雅得体，不能夸张做作、过于拘谨。

（三）宽容

海纳百川，有容乃大。宽待他人是一种礼仪风范，体现了人的宽厚、雅量和忍耐。宽待他人的人，易于博得他人的爱戴和尊重。在交际活动中，我们既要严于律己，又要宽以待人。宽容待人要做到将心比心、多理解他人、体谅他人、容忍他人，不要求全责备、斤斤计较。

> **案例品读**
>
> ### 六 尺 巷
>
> 清朝大学士张英的邻居建房，因宅基地和张家发生了争执。张英家人飞书京城，希望张英打个招呼"摆平"邻家。张英看完家书淡淡一笑，在家书上回复："千里家书只为墙，让他三尺又何妨。万里长城今犹在，不见当年秦始皇。"家人看后甚感羞愧，便按张英之意退让三尺宅基地，邻家见张英家人如此豁达谦让，深受感动，亦退让三尺，遂成六尺巷。这条巷子现存于安徽省桐城市内，成为中华民族谦逊礼让传统美德的见证。

（四）从俗

从俗就是交往各方都应该尊重对方的风俗习惯，了解并尊重各自的禁忌。由于国情、民族、文化背景的不同，地区之间、人与人之间的风俗习惯会有比较大的差异，在交往中要坚持入乡随俗，尊重他人的生活条件、文化背景和风俗习惯，切忌目中无人，自以为是，触犯他人的禁忌。

（五）自律

自律是礼仪的最高境界，是指人们在没有任何监管的情况下，能够自觉按照礼仪规范约束自我、控制自我、反省自我。礼仪是一个人内在修养的外在表现，具有良好修养的人，持有高尚的道德信念和行为准则，养成"非礼勿视、非礼勿听、非礼勿行"的自觉性，无论在什么场合都用严格的礼仪规范约束自己的言行，使自己成为一个高尚的人，一个受人欢迎的人。

二、个人形象礼仪

一个人的形象会给他人留下第一印象，影响着与他人沟通的效果。重视个人形象礼仪既是尊重自己，也是尊重他人的表现。良好的个人形象体现一个人的文化修养、个性气质，帮助个体在社会竞争中更加自信，更好地实现自身价值。

个人形象礼仪主要是指仪表方面的礼仪。仪表是指人的外表，包括人的容貌、服饰、姿态、风度等，是一个人精神面貌和内在素质的外在表现。

（一）仪容

仪容指人的容貌。一个人即使天生丽质，如果不加修饰，体味难闻，也会让人敬而远之。清洁是仪容美的关键，人的身体从头到脚都应保持干净整洁，避免散发难闻的气味。

案例补充：
梨虽无主，
我心有主

1. 头发

头发位于人体的"制高点",打量一个人,首先看到的就是头发。修饰头发最重要的是保持整洁,要勤于洗头,保持干爽。发型的选择要与自己的职业、年龄、性格、脸形相配,力求美观大方,体现个性。职场上,男性发型应体现潇洒稳重,阳刚之气,女士发型应体现庄重大方,不失柔美。一般情况下,男士前额的头发不能遮住眉毛,两鬓的头发不要挡住耳朵,后面的头发不要碰到衬衫的领口,否则既不雅观,也容易弄脏衣领。女士在重要的场合长头发不应披散,散发以不过肩为宜,必要时要束发或盘发。

2. 面容

面容是仪表之首,面容的修饰举足轻重。每日至少要早晚洗脸两次,清除附着在面部的污垢、汗渍等。为了养护面容,要保持足够的睡眠,多吃蔬菜水果,多喝水,摄入足够的水分和维生素,防止皮肤粗糙、干燥。

眼部是被人注意最多的地方,要时刻注意眼部的清洁,避免眼眵遗留在眼角。要让眼睛有充足的休息,长时间面对计算机、手机、电视、图书等会使眼睛疲劳,导致眼睛干涩,甚至出现异物感、肿胀感及流眼泪等症状,显得两眼无光。戴眼镜的人,要考虑眼镜与脸形的搭配,以增添美感。

注意鼻子内外的清洁,有鼻涕要及时用手帕或纸巾擦拭干净。

保持牙齿清洁,坚持每天早晚刷牙。如果牙齿上不易去除的牙垢很明显,或牙齿发黄,可以去医院或专业的洗牙机构洗牙,使之看起来洁白、健康。不吸烟、不喝浓茶是防止牙齿变黄的有效方法。此外,要保持口气清新,以免对方反感。口香糖可以缓解口腔异味,但在正式场合嚼口香糖是不礼貌的,与人交谈时也应避免。咳嗽、打哈欠、打喷嚏时尽量避开他人,实在忍不住,要将头转到一侧用手帕或纸巾遮挡口鼻,并向他人道歉。秋冬季节要防止嘴唇干燥破裂。

耳朵容易被忽视,在洗头、洗脸和洗澡时,不要忘记洗耳朵。要及时清洁耳垢,但要注意安全,防止伤及耳膜。

3. 化妆

得体的化妆可令面容焕发光彩。在正式场合,女性化妆还是尊重他人的表现。化妆要与时间和环境相适应,白天一般略施粉黛即可,浓妆一般晚上才用。工作场合的妆容以清新、自然、淡雅最为合适。出席吊唁、丧礼场合,不宜化浓妆,也不宜抹口红。不要在公众场合当众化妆或补妆,应该在洗手间或没有其他人的地方进行。

(二) 服饰

孔子说:"君子不可以不学,见人不可以不饰。不饰无貌,无貌不敬,不敬无礼,无礼不立。"这说明服饰的作用十分重要。服饰是一种文化现象,也是一种无声语言,一个人的穿着能透露其个性、身份、涵养及心理状态等信息。

1. TPO 原则

TPO 原则是国际上公认的正式社交活动的着装原则。TPO 是英文 time(时间)、place(地点)和 object(目的)三个单词的首字母缩写。

"T"是指着装要考虑时间因素。时间因素包括一天的早中晚三个时间段,一年春夏秋冬四个季节，以及人的不同年龄阶段。以季节为例，夏季应当以凉爽、简洁、轻柔为着装格调，不宜穿着层叠褶皱过多、色彩浓重的服装。就年龄来说，年轻人的着装体现青春气息，清新、活泼最好，而年长者款式不宜太新潮前卫。

"P"是指着装应与地点、场合相协调。着装场合有三种：一是公务场合，着装基本要求为注重保守，宜穿套装、套裙或者制服，此外还可以考虑选择长裤、长裙和长袖衬衫；二是社交场合，即聚会、拜会、宴会、舞会、音乐会等场合，其着装的基本要求为典雅、时尚、个性，宜着礼服、时装、民族服装等，不适合选择制服、工作服、牛仔装、运动装、沙滩装、居家装等服装；三是休闲场合，居家、健身、旅游、娱乐、购物都属于休闲场合，着装的基本要求为舒适、自然、方便，适合选择的服装有居家装、运动装、休闲装、沙滩装等各种非正式的便装。

"O"是指着装打扮要考虑活动的目的，也就是通过着装留给别人什么印象。比如，出席正式的商务洽谈时选择正装，表明对活动的重视和对对方的尊重；而选择暴露、随意的服装会被视为对自身的重视远远超过对工作的重视。

2. 男士西装

西装是全世界最流行的正装，是职场男士必不可少的装备。西装面料应该挺括、坠性好，一般宜选择全毛料制作的西装。颜色上宜选用深色调，这样对任何正式场合均适宜。

(1) 西装的款式。按照上衣的纽扣数量来划分，西装有双排扣和单排扣两种。最常见的单排扣西装有1粒纽扣、2粒纽扣和3粒纽扣三种，在非正式场合可以不扣，以示洒脱；在正式场合，2粒纽扣的西装讲究"扣上不扣下"，3粒纽扣的，要么只扣中间那粒，要么扣上面两粒。双排扣西装上衣最常见的有2粒、4粒、6粒纽扣三种，穿着时应把扣子都扣好，在坐下时可以解开下面的扣子，以免坐久了弄皱衣服，但站起来时不要忘记扣好解开的扣子。

(2) 衬衣的搭配。衬衣以浅颜色居多，白色衬衣可以配所有西装。花衬衣、条纹衬衣可以配单色西装，单色衬衣可以配条纹或方格西装。如配有色衬衣，颜色一般选择与西装同色系，如深灰色西装配浅灰色衬衣。衬衣大小以领口大小为准，一般衬衣穿好后，扣好扣子，领子的大小以能塞进一个手指头为好。衬衣领头要硬挺，切忌软塌塌。穿好后，衬衣领子应高出西装领子约1 cm，袖子应长出西装袖口1.5~2.5 cm。穿西装时，衬衣下摆应塞进裤腰里。打领带时，衬衣所有的扣子都要扣好，不打领带时，最上面的扣子不扣。

(3) 领带的选择。领带是西装的灵魂。一般男士全身服饰的色彩不超过三种颜色，领带的颜色应与衬衣、西装相配，深色西服宜配深色领带，浅色西服宜配浅色领带，领带颜色与西服颜色相近，也可略深于西服。

(4) 鞋袜。黑色皮鞋是"万能鞋"，它能配任何一种深色西装。灰色的鞋子绝不宜配深色西装，浅色的鞋也只可配浅色西装。穿西装忌穿旅游鞋、胶鞋或布鞋。袜子最好与西裤或皮鞋颜色相同，切忌选配白色袜子或尼龙丝袜。袜筒不可过短，否则坐下来时露出小腿上的皮肤是很不雅观的。

注意事项：西装穿上身前一定要拆除衣袖上的商标。西装口袋要少装或不装东西，以防走样或变形。外衣袋除了放用来装饰的真丝手帕外，不要再放其他任何东西。内侧衣袋可以放钢笔、钱夹或名片夹，外侧下方的两个大口袋原则上不放东西。

3. 女士套裙

西装套裙是职业女性的最佳选择。职业女性着西装套裙，显得精明、干练、优雅、成熟。套裙有两件套和三件套之分，两件套由上装和一条半截裙构成，三件套则在两件套基础上加一件背心。

（1）套裙颜色。套裙颜色力求淡雅，以深色、中性色为主，不宜选用过于鲜亮、刺眼的色彩。黑、白、灰、蓝、藏青等颜色，能给人稳重、端庄、高雅之感，都是格调雅致的配色。穿着同色套裙，可以用不同色的衬衣或领花、丝巾、胸针、围巾等衣饰来点缀。

（2）套裙面料。套裙面料不一定要高档华贵，但要同质同色，而且一定要剪裁得体，做工精细，这样穿起来才能大方得体、精神焕发。做工粗糙，过大或过小、过肥或过瘦的套裙，都不要贸然穿着。粗呢、厚毛料、宽条绒等布料如使用不当，使胖人看上去更胖，会增加笨重的感觉。发亮的料子，如绸缎和化纤面料，使人看上去丰满，大花型的毛料有扩张感，小花型的面料使丰满的人看上去苗条。套群上下应选用同一种面料。

（3）配套衣物。穿着套裙，与其搭配的衬衣、内衣、皮鞋、丝袜一样不可少。衬衣要端正雅致，除了标准的白色衬衣外，只要颜色不过于鲜艳且与套裙颜色协调的衬衣，均可选用。穿套裙一定要穿内衣，且内衣不要外露或外透。穿套裙时，要穿配套的高跟、半高跟的船形皮鞋或盖式皮鞋，系带式皮鞋、丁字式皮鞋、皮凉鞋都不宜与套裙搭配，更不可穿布鞋、旅游鞋。此外，一定要穿高筒丝袜或连裤袜，袜子首选肉色，有时可选与衣服相配的黑色或灰色。

> **【问题求解】**
>
> **如何避免因礼仪形象拉低职场层次？**
>
> 小张是一家物流公司的业务员，口头表达能力不错，熟悉公司的业务流程，对公司的产品及服务的介绍也很得体，给人感觉朴实又勤快，在业务人员中学历也是最高的，可是他的业绩总是上不去。小张自己非常着急，却不知道问题出在哪里。小张从小大大咧咧，不修边幅，头发经常是乱蓬蓬的，双手指甲长长的也不修剪，身上的白衬衣常常皱巴巴的并且已经变色，他喜欢吃有刺激性气味的食物，吃完后却不知道去除异味。小张的大大咧咧能被生活中的亲朋好友包容，但在工作中常常过不了与客户接洽的第一关。因为客户在和他接触的第一时间已经留下不好的印象，觉得他是一个对工作不认真，没有责任感的人，通常很难和他进一步交往，更不用说和他进行业务合作了。
>
> 小张应该怎样改变自己？

（三）表情

表情是人的无声语言，能真实反映人的思想、情感及心理活动变化。心理学家认为，"感情的表达＝言语7%＋声音38%＋表情55%"。可见表情在人与人的沟通过程中占有相当重要的位置。目光和笑容是最能够表达情感的两种表情。

1. 目光

目光就是眼神，也称为眼语，是面部表情的核心。伟大诗人泰戈尔说："一旦学会了眼睛的语言，表情的变化将是无穷无尽的。"眼睛是心灵的窗口，因为心灵深处的想法都会自觉不自觉地从眼神中流露出来。

（1）目光的角度。在注视他人时，目光有平视、俯视、仰视、侧视等不同的角度：平视代表平等、友好、真诚、不卑不亢；俯视常给人高高在上、不易接近或傲慢冷漠的印象；仰视表示尊重、敬畏之意，适用于面对尊长，也可以表示胆怯、担忧，没有信心或谦卑；侧视即斜视对方，在任何时候都是失礼的。

（2）投注的范围。在人际交往中，目光注视的部位不仅反映双方的关系，也说明自己的交往态度。在公务活动中，目光宜投注在对方前额中部到双眼的正三角区域，表示公事公办、严肃郑重。一般社交场合，则可投注在对方两眼到嘴的倒三角区域，表示亲切温和，融洽和谐。如长时间谈话，除了不时与对方做必要的目光交流外，要把目光更多地投注在对方的嘴和脖子区域。与人相处时，一般不宜注视对方的头顶、大腿、脚部、手部，更不要"目中无人"，越过对方的肩头，看向他身后的远处。面对非亲昵关系的异性，通常不应注视对方肩部以下的部位。

（3）注视的时间。向他人表示友好时，一般注视对方的时间约占全部相处时间的1/3，向对方表示关注、重视，注视对方的时间约占全部相处时间的2/3。如果注视的时间过短，目光常游离躲闪对方，意味着回避或轻视对方；如果始终盯着对方，会被认为有敌意，或有寻衅滋事的嫌疑。当然，恋人之间、亲人之间可以长久地凝视。

2. 笑容

（1）笑的种类。

微笑，即唇部向上移动，略呈弧形，但牙齿不外露，表示满意、友好、不卑不亢，适用范围最广。微笑是人际交往的润滑剂，是表情中最能赋予人好感、增加友善和沟通、愉悦心情的表现形式。它可以缩短人与人之间的距离，可以化解令人尴尬的僵局，是沟通彼此心灵的渠道，使人产生安全感、亲切感、愉快感。英国诗人雪莱说："微笑，实在是仁爱象征，快乐的源泉，亲近别人的媒介。有了笑，人类的感情就能够沟通了。"

含笑，是最浅的一种笑，不出声，不露齿，只是面带笑意，表示接受对方，待人友善，适用范围较广。

轻笑，即嘴巴微微张开一些，上齿显露在外，不发出声响，表示欣喜、愉快，多用于会见客户、向熟人打招呼等。

浅笑，即笑时抿嘴，下唇大多被含于牙齿之中，多见于年轻女性表示害羞之时，通常又称为抿嘴而笑。

大笑，因其表现得太过张扬，一般不宜在严肃的商务场合中使用。

> **案例品读**

微笑拯救了自己

20世纪30年代，有一位犹太传教士，每天散步时，总是和擦肩而过的路人打招呼："早安！"但在当时，很多人对犹太传教士比较反感，对他的态度也不友好。其中有一位名叫米勒的年轻人，对他更是冷漠。但传教士并未因此而改变，他仍旧在每天见面时，向这位年轻人道声"早安"。终于有一天，这个年轻人脱下帽子，向传教士回了句："早安！"

几年后，纳粹上台了，传教士和很多犹太人一起被抓获，准备送往集中营。当他们走下火车时，有一位军官对着这帮人喊着："左！右！"被指向左边的都是死路一条。轮到传教士时，他浑身颤抖地走上前去，当他绝望地抬起头时，一下子认出了眼前这位军官，习惯性地脱口而出："早安！米勒先生！"米勒面无表情，但仍用一句低得只有两人能听见的声音说："早安！"随后，传教士被指向右边，那是一条生还的路。

（资料来源：陶静.微笑是成功的开始[N].焦作晚报，2012-6-28.）

（2）笑的禁忌。

假笑，即笑得虚假，皮笑肉不笑。

冷笑，是含有怒意、讽刺、不满、无可奈何、不屑一顾、不以为然等意味的笑。这种笑，非常容易使人产生敌意。

怪笑，即笑得怪里怪气，令人心里发麻，多含有恐吓、嘲讽之意，令人十分反感。

媚笑，即有意讨好别人而笑，亦非发自内心，而来自功利性目的。

怯笑，即害羞或怯场地笑。如笑时以手掌遮掩口部，不敢与他人交流视线，甚至还会面红耳赤，语无伦次。

窃笑，即偷偷地笑，多表示洋洋自得、幸灾乐祸。

狞笑，即笑时面容凶恶，多表示愤怒、恐吓。

（四）举止

举止就是人的肢体活动，以及在活动中各种身体姿势的总称。举止也是一种无声语言。

1. 站姿

站姿是人的静态造型动作，是其他人体形态的基础。古人主张"站如松"，要求站立时像青松一样挺拔。正确的站姿要求身体自然站直，目光平视前方，重心在双脚后部，挺胸直腰，收腹提臀，双臂自然下垂置于身体两侧。男士站立时双脚分开与肩同宽（见图5-1）。女士则要求双腿并拢，双脚呈"V"字形或"丁"字步，这种站姿优美自然（见图5-2）。女士站成"丁"字步时，可采取前搭手姿势，即双手置于腹前，左手搭在右手手背上。男士可采取后搭手姿势，即两手在身后相搭，贴在臀部，具有权威和阳刚特质。无论男女，站立时忌东倒西歪，重心不稳，双手不可叉在腰间或抱在胸前，显得盛气凌人。

模块五　职业形象塑造

图 5-1　男士标准站姿

图 5-2　女士标准站姿

2. 坐姿

正式场合的坐姿首先是从椅子的左侧入座，左侧走出。入座应该无声无息和不慌不忙。正确的坐姿应该是上身挺直，两肩放松，双手自然放在腿上，不可弯腰驼背。男士就座时，双脚平踏于地，双膝略微分开，双手可以掌心向下叠放于膝盖之上（见图5-3）。女士就座时，双腿并拢，以斜放一侧为宜，双脚稍微有前后差别。正规场合通常只坐椅子的2/3，挺拔身体，正襟危坐（见图5-4）。非正式场合可以随意一些，但也不要过于随意，可以跷二郎腿，但不能把跷起的脚或者脚底对着别人，不要把一条小腿叠放在另一条大腿上呈"4"字形，这是很失礼的举止。

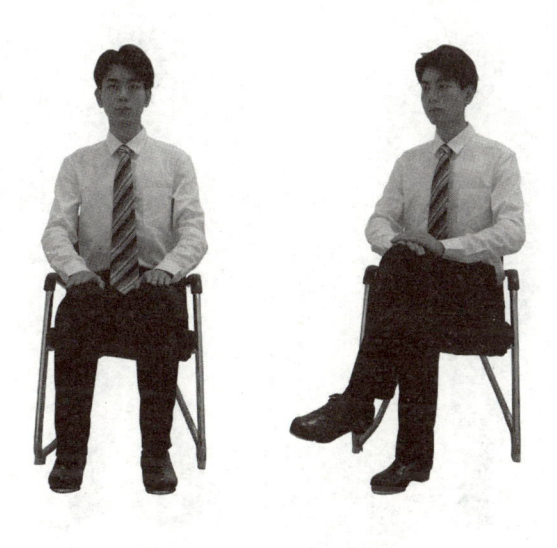

图 5-3　男士标准坐姿

图 5-4　女士标准坐姿

3. 走姿

走姿很能体现一个人的精神风貌。古人要求"行如风"，即要求行走时如风行水上，轻快自然。正确的走姿应该是目光平视，两肩平稳，上身挺直，收腹立腰，步幅为 1~1.5 个脚长，手臂自然摆动，摆动幅度以 30°为宜(见图 5-5)。步速应均衡、平稳，每分钟 100~120 步为宜。外八或内八式走姿都显不雅。男士脚步应稳重、大方、有力。女士脚步应轻盈、敏捷、有韵律,穿裙子时要走成一条直线,使裙子的下摆与脚的动作显示出优美的韵律感。

图 5-5 标准走姿

4. 蹲姿

当在公众场合要捡起掉落在地上的物品时,应一脚在前,一脚在后,站在所取物品的旁边,屈膝蹲下去拿,不要低头,不要弓背,要慢慢把腰部低下,一条小腿基本垂直于地面,另一只脚脚跟提起,脚掌着地,两腿合力支撑身体,掌握好身体的重心(见图 5-6)。女士如穿裙子下蹲,要注意防止背后的上衣自然上提,以免露出腰臀部的皮肤和内衣。即使穿着长裤,两腿展开平衡下蹲,撅起臀部的姿态也不雅观。

【活动体验】

练一练你的"站坐行"

人们常说的"站如松,坐如钟,行如风",是指站着要像松树那样挺拔,坐着要像座钟那样端正,行走起来要像风那样快而有力。请同学们按照表 5-2 的要求,分别练习站姿、坐姿和走姿,体验"站如松,坐如钟,行如风"的感觉。让这些基本体态要求成为个人行为习惯,只要努力改变,坚持实践,相信大家都能成为体态洒脱而优雅的人。

图 5-6　标准蹲姿

表 5-2　基本姿态要求

	男士姿态要求	女士姿态要求
站姿	（1）抬头挺胸，提臀收腹，腰直肩平 （2）两脚成"八"字形或平行分开，两脚距离不超过肩宽 （3）双手自然下垂或交叉放于小腹处，显得刚毅洒脱、舒展大方、伟岸挺拔	（1）抬头挺胸，直腰提臀收腹 （2）双脚呈"V"字形分开，双膝靠紧，脚跟并拢；或呈"丁"字步站立 （3）双手自然下垂或交叉放于小腹处，显得端庄、秀美
坐姿	（1）上身挺直，双肩自然放松，脖子伸直，下颌内收，双眼平视 （2）双脚自然平行放置，屈膝平行分开且比肩稍窄，双膝弯曲 90°~120° （3）两腿分开时，双手自然放在两腿上；两腿交叉时，双手叠合放在腿上；坐在桌前，则上身稍稍前倾，手臂自然弯曲，将手腕至肘部的 2/3 处搭在办公桌边沿，双手自然交合于台面	（1）收拢裙摆，慢慢坐下 （2）双脚、双膝自然并拢，也可向左或向右稍稍倾斜 （3）双手叠合放在腿上；若坐在桌前，则上身稍稍前倾，手臂自然弯曲，将手腕至肘部的 2/3 处搭在办公桌边沿，双手自然交合于台面
走姿	（1）抬头，挺胸，平视前方 （2）双臂自然摆动，步频不宜过快 （3）步态稳健、敏捷，步幅适中，富有节奏感 （4）不要拖地走	（1）抬头，挺胸，平视前方 （2）双臂自然摆动，步幅适中，步频适度 （3）步态轻盈、敏捷，富有弹性，两脚沿一条直线平行行走 （4）不要拖地走

三、职场交往礼仪

（一）见面礼仪

1. 介绍

介绍是人与人相互沟通的起点，分为以下两种：

（1）自我介绍。自我介绍的基本程序是先向对方点头致意，得到回应后再向对方介绍自己的姓名、身份和单位，同时递上自己的名片。可以采取主动式自我介绍："您好！我叫×××，见到您很高兴！"以引起对方的呼应。也可以采取被动式自我介绍，先婉转地询问对方："您好！请问我该怎么称呼您呢？"待对方作完自我介绍后，再顺势介绍自己。

（2）介绍他人。为他人做介绍，不要贸然行事，首先要确认双方是否有结识的愿望。介绍他人的顺序是"尊者居后"，即先介绍位低者，后介绍位尊者，让尊者拥有优先知情权。介绍晚辈和长辈认识，先介绍晚辈。接待来访，先介绍主方人士。介绍年长者和年轻者认识，先介绍年轻者。介绍男士和女士认识，先介绍男士。如果分不出身份、地位或年龄，可以按照顺时针、逆时针或者由近而远的顺序介绍，不可采取"跳跃式"。

2. 握手

握手是在相见、离别、恭贺或致谢时，相互表示情谊、致意的一种礼节。双方往往是先打招呼，再握手致意。

握手的次序：握手的次序是"尊者先伸手"，把握手的决定权留给尊者。上级与下级握手，上级先伸手。男士与女士握手，女士先伸手。已婚者与未婚者握手，已婚者先伸手。年长者和年轻者握手，年长者先伸手。社交场合的先至者和后来者握手，先至者先伸手。位尊者伸手后，位低者方可接手相握。但在接待来访者时，一般应由主人先伸手与客人相握，欢迎客人到来。在客人告辞时，应由客人先伸手与主人相握。

注意事项：握手时，只要有可能应该起身站立。一般以右手单手相握，亲朋故旧之间可以双手相握，即右手相握后，再用左手握住对方右手背。神情要专注、自然、热情、友好，应面含笑意，目视对方双眼，且口道问候，切忌东张西望或与第三者打招呼。要脱掉手套（女性在社交场合戴的薄纱手套除外）。握手时间不宜太久，一般应在三秒钟以内。握手应稍微用力，不可有气无力或拼命用力。握手时不要戴墨镜，除非有眼疾或眼部有缺陷。不要拒绝与他人握手。

3. 名片

名片是自我的"介绍信"和交际的"联谊卡"，不讲尊卑，不分职业，任何人均可使用。

（1）印制。名片色彩宜选庄重朴素的白色、米色、浅蓝色、淡黄色、浅灰色等，一张名片以一色为好。一般采用简体汉字，在国内少数民族聚居区、外资企业以及境外使用的名片，可酌情使用少数民族语言文字或外文。字体一般用宋体、仿宋、楷体、黑体等，不要采用行书、草书、篆书或花体字，更不要手写。版式有横式和竖式两种，但横式是现在通行版式，被广泛应用。名片一般铅印即可，若是胶印，则显得档次更高一些。

（2）递送。递送名片一般是尊者主动，如果尊者没有表示，而你又很想结识对方，可以说："很高兴认识您，不知道能否交换一下名片"或"希望以后还能见到您，不知道怎么跟您联络"等话语，以索取对方名片。递送时，应起身站立，走上前去，面带微笑注视对方，使用双手或右手食指与拇指拿着名片，让文字正面朝向对方再交与对方，并同时说"请多关照""请多指教""多联络"等敬语。如与多人交换名片，则采取由近及远或由尊而低的顺序，不可跳跃进行。

（3）接受。接受者应停止手中的一切事情，起身站立，面带微笑，目视对方，以双手捧接或用右手接过。接到手上，要用一分钟左右的时间从头到尾默读一遍，有疑问可当场请教，以示重视对方，切勿立即装入衣袋，手头把玩，弃之桌上，或交与他人。接受时应口头道谢，或重复对方所使用的谦语敬辞。接受后应回敬名片，如没有、没带或用完时，则要致歉。

（4）存放。无论是自己的名片，还是接受的他人名片，最好存放在专用的名片夹、名片包里，也可放在上衣口袋内，不要放在裤袋、裙兜、钱包里。在公文包和办公室里应经常备有名片。在交际场合如需使用名片，应事先备好，不可使用时临时翻找。

需要说明的是：随着移动互联网技术的快速发展以及移动智能终端的日渐普及，电子名片大有取代纸质名片的趋势，但不管怎样，可以肯定的是，名片礼仪不可不知、不可不遵。

4. 交谈

言为心声，交谈是人的知识、阅历、才智、教养的综合体现，没有交谈，人与人之间难有真正完全的沟通。

（1）交谈主题。交谈时适合选择五类主题：一是既定的主题，如求人帮助、征求意见、传递信息、讨论问题等；二是高雅的主题，如文学、艺术、哲学、历史、考古、地理、建筑等，但要对方感兴趣，不可不懂装懂或班门弄斧；三是轻松的主题，如文艺演出、体育赛事、手游电玩、电影电视、休闲娱乐、旅游观光、风土人情、名人逸事、天气情况等；四是时尚的主题，即以当下正在流行的事物为谈论的中心；五是擅长的主题，即交谈双方，尤其是交谈对象感兴趣、有研究、有可谈之处的话题，如与医生宜谈健身祛病，与作家宜谈文学创作，与运动员宜谈体育竞技。交谈中，忌谈个人隐私，如年龄、收入、婚恋、家庭、健康、经历等，也不可非议他人，传播闲言碎语，搬弄是非，因为"来说是非者，便是是非人"。在交谈过程中，我们必须谨记"良言一句三冬暖，恶语伤人六月寒"，切不可捉弄对方，尖酸刻薄，乱开玩笑，调侃取笑对方。当然，更不能谈论违背伦理道德、违法乱纪、错误思想之类的主题。

（2）交谈语言。交谈语言要求文明、礼貌、准确。交际场合多用"您好""请""谢谢""对不起""再见"等礼貌用语，忌说粗话、脏话、低俗话、怪话、气话。语言发音要标准，语速要适中，内容要简明，少用方言土语，慎用外语。

（3）善于倾听。古人云："愚者善说，智者善听。"在交谈过程中，各方都希望自己的见解为对方所接受，而善于倾听不仅体现对说话人的尊重，更能赢得他人的尊重。在倾听时，身体要稍稍倾向说话人，目视对方，神态专注。在听的过程中，不时以点头、微笑等动作表示支持、肯定，或以"嗯""是的"等语言予以附和，也可恰当地提出问题。在说者需要理解、支持时，可以"对""没错""是这样的""我也有同感"等加以呼应，不要随意插话、抢话。

> 【知识点拨】
>
> ### 职场交谈十禁忌
>
> （1）忌人云亦云。
> （2）忌当众炫耀。
> （3）忌喋喋不休，独霸"讲坛"。
> （4）忌一言不发，任人独白。
> （5）忌说瞧不起他人的话。
> （6）忌以自己的不幸和痛苦为题。
> （7）忌把与人交谈当成辩论比赛。
> （8）忌打探秘密和传播小道消息。
> （9）忌谈论涉及隐私的内容。
> （10）忌在公开场合质问他人意见的可靠性。

（二）办公礼仪

1. 同事相处

我们和同事朝夕相处，只有关系和睦和谐，才有助于工作顺利开展。处理好与同事的关系，要注意以下四点：

（1）平等虚心。对待同事应当一视同仁、不偏不倚，不可拉帮结派、搞小团伙。同时，要善于向同事取长补短，尤其要敬重上司，对上司的批评要虚心接受，切忌自以为是、自高自大、盛气凌人、简单粗暴。

（2）真诚相待。大文豪苏轼曾说："成事在理不在势，服人以诚不以言。"同事关系应当是君子之交，彼此豁达大度，以诚相待。如果虚情假意，必然失去同事的信任和支持。在工作中要维护上级的威信，不能在背后非议、指责上司。对下属则要充分信任，放手让其大胆工作。

（3）团结互助。帮助别人就是帮助自己，要主动关心、帮助同事，在其遇到困难或深陷困境时，要挺身而出，鼎力相助。要服从上司领导，兢兢业业做好本职工作，为上司分忧，切忌阳奉阴违、大唱反调。对下属要给予力所能及的帮助，为下属排忧解难。

（4）距离适度。两只刺猬由于寒冷而拥在一起，可各自身上的刺扎得对方难受，于是拉开了一段距离，但又感受不到对方的温暖，几经折腾，终于找到一个合适的距离，既能互相获得对方的温暖而又不至于被扎。这就是人际交往中的"心理距离效应"，也称为"刺猬法则"。处理同事关系要遵循这条法则，把握分寸，防止热情过度，强人所难，干涉对方的私生活。

2. 参加会议

参加会议要做到有备而来、衣着得体、仪表大方、准时守信，按规定落座，遵守会议纪律。

（1）会议主持。主持人应衣着整洁、大方庄重、精神饱满，切忌不修边幅、邋里邋遢。入席后，如果是站立主持，应双腿并拢、腰背挺直。持稿时，右手持稿的底中部，左手五指并拢自然下垂。双手持稿时，应与胸齐高。坐姿主持时，应身体挺直，双臂前伸，两手轻按于桌沿。主持过程中，切忌出现搔头、揉眼、抓腿、挠背等不雅动作。主持人言谈应口齿清晰、思维敏捷、简明扼要。

（2）会议发言。会议发言有正式发言和自由发言两种。正式发言者应衣冠整齐，走上主席台应步态自然、刚劲有力，体现成竹在胸、自信自强的风度与气质。发言时应口齿清晰、逻辑严密、简明扼要。如果是书面发言，要时常抬头扫视一下会场，不能一味低头读稿，旁若无人。发言完毕，应对听众的倾听表示感谢。自由发言虽较随意，但要注意以下几点：发言应讲究顺序和秩序，不能争抢；发言应简短，观点应明确；与他人有分歧，应以理服人、态度平和，听从主持人指挥，不能只顾自己。

（3）会议听众。会议参加者要遵守会议纪律：一是遵守时间，不得迟到或中途退场；二是各就各位，正式会议往往需要确定座次（确定座次的基本规则是"面门为上，居中为上，前排为上"，国内政务会议、国企内部大型会议，一般仍然遵循"左为上"原则，其他商务、社交、涉外活动则遵循"以右为尊"的国际惯例），与会者应在指定位置就座，不要自由择座、争座抢座；三是保持安静，除正常的会议讨论、鼓掌发言外，严禁出现任何噪声；四是专心听会，除适当做笔记外，应注视发言者，并在必要时以点头、微笑或掌声表达支持；五是遵守规定，对有关禁止录音、录像、拍照以及使用移动电话等具体规定，应严格遵守。

> 知识链接：会议座次安排

3. 来访接待

（1）迎接。对前来访问、洽谈业务、参加会议的外国、外地客人，应首先了解对方的车次、航班、到达时间等，安排与客人身份、职务相当的人前去机场或车站迎接。迎接客人应提前到达。接到客人，首先要问候对方，然后做自我介绍。迎接客人要提前准备好交通工具，并为客人安排好住宿的酒店。

（2）乘车。乘坐双排小轿车时，如有专职司机驾驶，一般后排高于前排，右侧高于左侧，两边高于中间。如双排五座轿车，排座自高而低次序为：后排右侧、后排左侧、后排中间、前排右侧。如主人亲自驾车，排座自高而低次序为：前排右侧、后排右侧、后排左侧、后排中间。三排九座小轿车，如有专职司机驾驶，排座自高而低次序为：中排右座、中排中座、中排左座、后排右座、后排中座、后排左座、前排右座、前排中座。如主人亲自驾车，则排座自高而低次序为：前排右座、前排中座、中排右座、中排中座、中排左座、后排右座、后排中座、后排左座。如是吉普车，无论是主人驾驶还是司机驾驶，都应以前排右侧为尊，后排右侧次之，后排左侧为末席。如是大巴车接待团体客人，则以司机座后第一排为尊，后排依次递减，且每排从右侧往左侧递减。

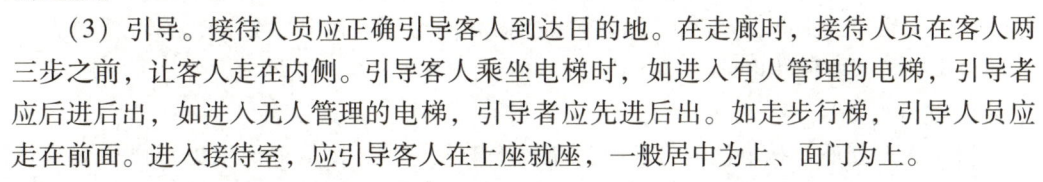

> 知识链接：乘车有讲究

（3）引导。接待人员应正确引导客人到达目的地。在走廊时，接待人员在客人两三步之前，让客人走在内侧。引导客人乘坐电梯时，如进入有人管理的电梯，引导者应后进后出，如进入无人管理的电梯，引导者应先进后出。如走步行梯，引导人员应走在前面。进入接待室，应引导客人在上座就座，一般居中为上、面门为上。

187

（4）递送饮品。提供饮品的顺序规则有四条：一是先宾后主；二是先高后低，即以职务的高低决定先后顺序；三是先近后远，在不了解服务对象的具体身份时，由距离自己最近者开始；四是先女后男，在涉外交往中讲究"女士优先"。此外，还要注意：给客人斟茶，只斟"七分茶"，约到杯深的2/3处为宜，要勤斟茶，不要等到茶叶见底后再续水。

（5）送客。当客人告辞时，接待人员要起身相送。当客人有较多或较重物品时，应帮客人代提物品。客人离开时，让客人先出门，与客人握手告别。客人需要乘车的，要为其开启和关闭车门，并挥手道别。与客人在门口、电梯口或汽车旁告别时，要面带微笑目送客人离去，待客人移出视线后才结束告别仪式。

（三）电话礼仪

电话被现代人公认为最便利的通信工具，在工作和生活中扮演着重要的角色。我国工信部相关统计数据显示，截至2021年10月，全国电话用户达到18.2亿户，其中包括固定电话用户1.8亿户，移动电话用户16.4亿户。

接打电话看似简单，其实大有讲究。要正确地利用电话，不仅要熟练地掌握使用电话的技巧，更重要的是自觉维护自己的"电话形象"。"电话形象"是电话礼仪的主旨所在，主要由电话使用的时间、地点、语言、内容、态度、表情、举止等几个方面构成，是个人形象的重要组成部分。

1. 通话基本要求

（1）礼貌。通话时要面带微笑，声音要亲切、自然、婉转，语调要愉悦。不要把话筒或手机夹在脖子下，也不要趴着、仰着、躺着或坐在桌子上、高架双腿与人通话，更不要边打电话边吃东西。

（2）简洁。使用电话时，除非亲人、恋人之间煲"电话粥"，或有很重要的事情需要细致地沟通交流，一般要遵循"通话三分钟"原则，即每次通话的时间限定在三分钟之内。发音吐字要清晰，让对方能够听明白你要表达的意思。

2. 拨打电话

（1）择时通话。公务电话应当在周一至周五的上班时间拨打，不宜在下班之后或例行的节假日拨打，更不能在凌晨、深夜、午休或用餐时间"骚扰"他人。如确有急事不得不打扰别人休息时，务必在接通电话后向对方致歉。

（2）准备内容。通话前应对自己所要传达的信息和阐述的要点了然于心。最佳办法是事先把这些内容写在便笺上，预备一个条理清晰的提纲，通话时一一道来。

（3）表现文明。接通电话，首先说"您（你）好"，声音清晰、明快。公务电话只有在确认信号好坏的情况下，才能开口喊"喂"，其他场合均为禁例。问候对方后，要自报单位、姓名和职务。请人转接电话，要向对方致谢。公务电话原则上由打来电话的一方先挂断电话。放下话筒前先说一声"再见"。

（4）解释差错。如果拨错了电话，应当诚恳地向对方致歉。如因信号问题或其他客观原因导致通话中断，发话人应迅速重拨，并向受话人解释、致歉，不可让对方久等，也不宜等对方回拨电话。

3. 接听电话

（1）及时接听。接电话的最佳时机是铃响二三遍后，因为此时双方都已做好通话准备。

（2）礼貌接听。接通电话，在礼貌问候对方之后，如果是在职场上，应主动报出公司或部门名称以及自己的姓名，否则只需报姓名即可。切忌拿起电话劈头就问："喂，找谁？"在会晤重要客人或举行会议期间有人打来电话，可向来电者说明原因，表示歉意，并承诺稍后联系。特殊情况可以不予接听，之后回拨并致歉或先以短信方式说明原因。休息时间如果有电话打进来，既要耐心接听，也不要大声喧哗。

（3）做好记录。为了避免因记不住或记不清发话人所传递的信息而一再要求其重述，受话人可以进行要点记录。记录应完整准确，机密内容要妥善保管。如有必要，必须给有关领导传阅或批示，有的还要存档备查。

（4）代接电话。为他人代接、代转电话，要殷勤转接、传达及时、记录准确、尊重隐私。代接电话时，不要充当"包打听"，不要询问对方与所找之人的关系。

（四）网络社交礼仪

通过微信、QQ等网络工具进行社交的人越来越多，那么人们在进行网络社交时要注意哪些礼仪呢？

1. 在线聊天的礼仪

（1）尽量及时回复他人的信息。如果别人给你发了消息，而你又有空，那么最好及时回复别人。如果你对其发送的内容完全没有兴趣，也要适当地、礼貌地回复。不要故意不理别人，可以通过减少回复的积极程度来表示出你不太想聊下去的意愿，给对方一个台阶下。

（2）不要在聊天时随意刷屏。在群聊时，你可以扮演话题引导者和气氛活跃者的角色，但要把握好度，不要一天24小时不停地"狂轰滥炸"，发一些"垃圾信息"，浪费大家的时间。

（3）不要发送或者转发没有根据、有伤风化及敏感的内容。不造谣、不传谣、不信谣，不要发送引起他人不适的内容。

（4）发送消息的形式要注意场合，能打字的尽量不发语音。有时对方很忙，需要处理复杂的事情或者正在与他人沟通，如果对方在开会或者在上课，很可能不方便听语音，而文字总是一目了然，也节省阅读时间。

（5）善用表情符号。聊天时适当加个表情符号，会让人产生亲近感，更直观地表达自己的情绪，也能通过符号释放出你的善意和愿意与对方沟通互动的心意，活跃聊天气氛。当然，发表情也要讲究适度。

（6）懂得网络专属用语。网络上的有些词是带有网络专属意义的。如果与他人聊天时，对方总回复"哦"或者"嗯"，表明对方很可能有其他事，没有专注和你聊天，或者对方不想继续和你聊下去了，要懂得适可而止。

（7）注意发消息的时间。不要在深更半夜或者一大早发一些一般性的无关紧要的消息，在别人休息时，提示消息会打扰别人休息，同时别人在这个时候也不一定会及时回复你。如果对方不回，不要连续发。

2. 朋友圈的礼仪

（1）不要把朋友圈当作营销平台

朋友圈是情感交流的地方，不是营销平台。所以，不要发太多的商业广告或帮别人发广告。把朋友圈当成了营销平台，可能会引起一些朋友的反感。

（2）巧用点赞评论

看到朋友发的一些内容，你觉得很好，可以适当点赞或评论，但是点赞要注意内容，当别人发一条悲伤的消息你也点赞，那就显得不合时宜，此时，评论安慰即可。

（3）不要刷屏式发朋友圈

发朋友圈时尽量不要刷屏，不要让朋友打开朋友圈时，几乎都是你发的内容，朋友无法忍受的话，很可能会"含泪"将你设置为"不看他（她）"状态。

3. 微信红包的礼仪

（1）不要轻易向别人索要红包

多年不联系的朋友，突然发消息给你："给我发10元红包吧，试试咱们的友情……"请记住，我们是朋友，不是乞丐，不要到处向别人要红包，虽然钱不多，但这样的行为令人反感。

（2）必须写清楚红包祝福语

如果是给别人发的份子红包（礼钱），一定要在红包上面写上祝福的话，这个是礼貌，包括还别人钱，上面也要写上感谢的话。发红包时，一定要写清楚红包的用途，不然别人不清楚你发红包的用意。

（3）不要只抢不发

抢群红包是一件很开心的事，尤其在传统节日，也代表一种"节味"，但群里面总有一些人只抢不发、一毛不拔。其实群成员都看在眼里，大家都心知肚明，久而久之也就看出一个人的品行。所以，礼尚往来应该是微信红包的一项基本原则。

（五）宴会礼仪

在各类宴请中，宴会是最正式、最隆重的一种，多在重大活动或招待重要客人时举行。

1. 席位

（1）席次。席次又称为桌次，指赴宴者需分桌就座时，各桌顺序的高低。席次的礼仪规则有四条：一是以右为上，当宴会厅餐桌有左右之分时，一般以面对正门的右侧一桌为上桌；二是内侧为上，当餐桌距离宴会厅正门有远近之分时，距离较远者为上；三是中央为上，当多张餐桌一起排列时，中央高于两侧；四是近高远低，当主桌确定后，一般距离主桌近者席次较高。

（2）座次。在排列每张餐桌上的座次时，一般遵循四条规则：一是主人面门，即餐桌上面对宴会厅正门且居中之位应由主人就座；二是主宾居右，根据"右高左低"的国际惯例，主人右侧之座请主宾就座；三是主桌为重，当宴会的餐桌数量较多时，排列座次的重点应为主桌，其余各桌的座次可以排列，也可以由大家自由就座；四是身份相仿，即将身份、地位相近者安排在一起。

2. 菜肴

菜肴是宴会的主角，要精心安排。具体有以下几方面要求：

（1）适量。菜肴一般要少而精，不过分追求菜肴的档次和数量，关键是确保质量和分量，并量力而行，避免大吃大喝、铺张浪费。

（2）可口。要认真了解参加宴会者的口味偏好和禁忌，使菜肴安排适合与会者的胃口，不要触犯个人禁忌、健康禁忌、职业禁忌、民族禁忌、宗教禁忌等。

（3）特色。宴请讲究吃特色，涉外宴请讲究国家特色，国内宴请讲究地方特色，跨民族宴请讲究民族特色，不同的酒店也有自身的特色。

3. 用餐

（1）筷子。用筷子就餐时，要注意以下几方面：一是筷子上不能残留食物；二是和人交谈时要暂时放下筷子，不能一边说话，一边挥舞筷子；三是不要用筷子指向别人；四是不要把筷子竖插在食物上；五是不可将筷子含在嘴里吮吸并发出声响；六是忌在菜盘里不停地扒拉以寻找自己爱吃的食物；七是忌用自己进了嘴的筷子在汤中取食，要取则用公筷；八是筷子只能用来夹取食物，不能作为他用或夹取食物之外的东西。

（2）餐巾。中餐就餐时一定要等主人展开餐巾后，其他宾客方可展开就座。首先从餐桌上拿起餐巾，先对折，再将褶线朝向自己，摊在腿上。餐巾放在椅子上意味着客人中途暂时离席，放在桌子上则意味着用餐完毕，一般要等主人先把餐巾放回桌上，才表示宴会结束。

（3）文明。中餐进餐伊始，置于桌上或由服务员送来的第一道湿毛巾是擦手的，不要用它擦脸。入席后不要立即动手取菜，应由主人举杯示意宴会开始时，方能开始进餐。夹菜时不要碰到邻桌，也不要把菜掉到桌上，掉在桌子上的菜不要再吃。一次夹菜不要过多，要细嚼慢咽。用牙签剔牙时，要用手或餐巾掩住嘴。口内含有食物要避免说话。不要反复劝菜，一般更不要为别人夹菜。在主人没示意结束时，无特殊情况客人不可先离席。

交互测试：
职场礼仪形象

沙场练兵

模拟心理疏导情景

你的朋友一念之差在宿舍偷了同学的东西，被人发现，他从此抬不起头来，情绪低落，郁郁寡欢。请问你将如何开导他？

多人传话

每十位同学排成一排，将事先写好的一句话发到第一位同学手中，然后收起字条，由第一位同学将信息传递出去，最后一名同学收到信息后，到讲台上复述。找一名同学对照字条进行核对，看哪个团队的信息传递既快速又准确。

分析案例

案例 1

有一次，元世祖忽必烈召见应聘官员，应聘者中有一位学士叫胡石塘。此人生性粗心，不拘小节，歪戴着帽子就进去面见忽必烈。忽必烈看见他，问道："你有什么本事啊？说来我听听。"胡学士回答说："我有治国平天下的学识。"忽必烈听了哈哈大笑："你连自己头上的帽子都戴不正，还能平天下吗？"胡学士因为歪戴帽子，不拘小节而葬送了前程。

请分析：你对"小处不可随便"的理解。

案例 2

1962 年，周恩来总理到北京西郊机场为西哈努克和夫人送行。亲王的飞机刚一起飞，我国参加欢送的人群便自行散开，准备返回，而周总理却依然笔直地站在原地未动，并要工作人员立即把那些离去的同志请回来。他严厉地说："你们怎么搞的，没有一点礼貌！各国外交使节站在那里，飞机还没有飞远，你们倒先走了。大国这样对小国客人不是搞大国主义吗？"当天下午，周总理就把外交部礼宾司和国务院机关事务管理局的负责同志找来，要他们立即在《礼宾工作条例》上加上一条，即今后到机场为贵宾送行，必须等到飞机起飞，绕场一周，双翼摆动三次表示谢意后，送行者方可离开。

请分析：工作人员违反了什么送客礼仪规范。

案例 3

一天傍晚，巴黎的一家餐馆迎来了一群外国游客，老板特地派了一名该国侍者去为他们服务。侍者向他们介绍了一些法国菜，他们却不问菜的价格，一下子点了几十道。点完菜，他们开始四处拍照留念。用餐时嘴里还不时发出咀嚼食物的声音，而且还弄得桌子、地毯上到处是油渍和污秽。邻座的客人实在看不下去了，对他们提出了抗议……

请分析：这群客人有何失礼之处。

案例 4

某航空公司要面向社会招一批空乘，前来报名的人络绎不绝。其中有几个女孩心想：空乘是多么时髦的职业，招的都是那些漂亮的女孩儿。于是，几个姑娘到美容院将自己浓墨重彩地打扮了一番，活像电视剧里的明星。她们高高兴兴地来到报名地点，谁知工作人员连报名的机会都不给，就让她们离开。看着别的姑娘一个个报上了名，她们几个很纳闷："这是为什么呢？"

请分析：工作人员为什么不让这几个女孩报名；空乘的"漂亮"究竟有什么样的含义；如果你要去应聘，应该怎样打扮自己。

模块六 职场人际关系

> **开篇引例**

真金不怕火炼

某国际知名酒店客房部主管在例行检查时,发现826房间的浴缸里有一根头发,台面和镜子上有几滴水珠。主管把负责客房保洁工作的实习生叫过来,让她自己看。实习生默不吭声,拿起抹布进行擦拭。擦完后,主管再次检查,却说:"水珠怎么还没擦干净?浴缸里也还有水印!"实习生噘着嘴,拿起抹布再次擦起来。擦完后,主管又来了,身后还跟着一群保洁员。主管仔细查看后呵斥道:"酒杯上有手印,怎么连这点活儿都干不好!你的培训课怎么上的?如果总是这样,趁早回家!"实习生泪眼婆娑,心想:主管如此吹毛求疵,还当着其他保洁员的面训斥自己,一点面子也不给,这工作以后怎么做?她恨不得立马卷铺盖离开酒店。

思考与探究:
如果你是这位实习生,该如何与这样的主管相处?

主题一 职场人际关系概述

在学校,也许你学习刻苦,成绩骄人;或者你做过学生干部,能力很强;或者你经常打工实习,经历丰富。但毕业之后,签约成为职场正式一员的时候,大家就都站在了同一起跑线上,面临许多新的挑战,其中职场人际关系是每个职场新人都必须用心经营的。

一、职场人际关系的含义

职场是人与人组成的特定的社会组织环境。在职场拥有良好的人际关系是一种职业能力。

社会学将人际关系定义为人们在生产或生活过程中所建立的一种社会关系。社会心理学所说的人际关系是指人们在人际交往过程中结成的心理关系。我们习惯上把人与人交往的关系总称为人际关系或"人际交往",包括亲属关系、朋友关系、同学关系、师生关系、雇佣关系、同事关系等,职场人际关系是诸多人际关系中的一种,是指在职工作人员之间各类关系的总汇。

二、职场人际关系的特点

人际关系客观存在于相互联系的两人之间,虽然我们看不见摸不着,但却能从心理层面感受到它。

(一) 无可选择

职场人际关系是一种工作关系。当我们选择某家单位,被分配到某个部门,与某些人一起工作时,我们的职场人际关系就产生了。与其他人际关系相比,职场人际关系略有不同。在社会中,我们可以有选择地与人交往,而在职场中我们却没有选择,不管你喜欢不喜欢、愿意不愿意与某个人共事,想不想与他交流、与他接近,工作关系依然存在。这种工作关系呈纵横交错的网状:纵向的是上下级关系,横向的是同事关系。在工作中,每个人都要和上司、下属以及同事相处。

> **【问题求解】**
>
> 频频跳槽为哪般?
>
> 小李是 A 公司的一名职员,和他同处一个办公室的同事小胡总是自我感觉良好,像极了"爱开屏的孔雀"——只要有新人或陌生人到来,他便不厌其烦地介绍自己的经历,与谁共过事,被什么人接见过,领导怎样高度评价自己,等等,直到对方对其肃然起敬为止。小李刚来时还为自己有这样的同事感到骄傲,时间长了,发现他翻来覆去总是那一套"演说词"。小李不胜其烦,辞职而去。
>
> 紧接着,小李成功应聘到了 B 公司,可他的部门主任爱占小便宜,一起外出,总是揩小李的油。最让小李气愤的是,有一次小李代表公司去一家合作单位开联欢会,会上幸运地抽到了大奖——一台冰箱。小李深知这个奖应该属于公司,就请示主任如何处理。主任以最快的速度赶到现场,径直将冰箱抬回了自己家。小李心想,在这样的领导手下,怎么能有好的发展?便又辞职了。
>
> 小李跳槽到了 C 公司,又碰到了一个非常孤傲的同事小王。小王不太理睬他人,午餐总是独坐一隅。一天,公司副总裁亲临餐厅和大家共进午餐,没想到小王眼疾腿快,如泥鳅一般挤到副总裁身边,大肆吹捧副总裁年轻有为。小李实在不屑与这样的职场"谄媚者"为伍,辞职的念头再次萌发。
>
> 小李频频跳槽到底是同事有问题,还是自己的心态要调整?

(二) 竞争合作

职场人际关系是一种竞争合作的关系。一如竞技体育中没有纯粹的合作与竞争一样,在职场,同一公司、同一部门、同一团队的人们相互之间的关系应该是在竞争中合作、在合作下竞争。

美国普林斯顿大学教授、数学家约翰·纳什因著名的"纳什均衡"理论获得了 1994 年度诺贝尔经济学奖,他所创立的"非合作博弈理论"认为,各方的利己行为导致的最终结局是一个"纳什均衡"——仅仅是"双不亏",并不能实现各方利益的最大化。由于在解决世界上各类资源共享问题和避免冲突方面有独到的方法,"合作博弈"近年来在经济学中的地位与日俱增。"合作博弈"强调的是集体主义、团体理性，故而"合作博弈"也称为"联盟博弈"，这个联盟形成后能够使博弈双方的利益都有所增加，实现共赢。2012年诺贝尔经济学奖得主美国加利福尼亚大学荣誉教授劳埃德·沙普利使用"合作博弈"的方法来研究现实中的利益分配难题，设计了有效匹配资源的方案。

在社会资源有限的情况下，职场竞争是不可避免的。竞争会带来更多的活力和创造力，促进个人和企业的成长。但是一味竞争会导致个人和团队的能量耗竭，不利于个人和团队的长远发展。

职场新人刚走出校园，不可能独自承担起一个项目，特别是在程序化、标准化极强的行业里，每个人只能完成一部分工作，我们无法想象，一个只会自己工作，平时独来独往的人能给企业带来什么。有一位人力资源经理曾直截了当地说："我从不录用不积极参加集体活动的毕业生。"团队合作在很大程度上关系着企业发展的命脉。

【自我评测】

优秀的团队成员

1. 测试量表

我是一名优秀的团队成员吗？我能成为一名优秀的团队成员吗？回答这两个问题，请你先认真阅读表6-1的每一项，并根据自己的实际情况在每道题目后面的相应空白处打"√"。

表6-1 团队成员合作特点测试

题　目	非常符合	一般符合	不符合
（1）我能够接受其他团队成员在某个领域比我更优秀			
（2）无论面对何种组织形式（团队组织形式、传统组织形式或其他），我都能保持积极的态度			
（3）当与他人发生争执时，我会尽快想办法解决彼此的问题			
（4）即使他人在工作中获得的回报更多，我也会积极地与他合作			
（5）当我的工作伙伴效率很低时，我仍然会耐心地与他合作			
（6）即使我的提议没有被团队所采纳，我也会积极执行团队最后通过的决议			
（7）我能与不同价值观的同事友好相处并保持高效			
（8）即使同事和我的某个观点不一致，我也会尊重他的观点和选择			

续表

题　　目	非常符合	一般符合	不符合
（9）我认为团队领导鼓励团队成员参与决策和管理是件好事			
（10）我会努力避免做出任何有损于团队利益的事情			
总　　分			

2. 计分方法

统计你在本练习中的得分。其中，"非常符合"为 5 分，"一般符合"为 3 分，"不符合"为 1 分。

3. 量表解释

如果你的总分在 40 分以上，表明你是（将来是）一名机敏、高效的团队成员，并且你非常喜欢团队组织形式；总分为 30~40 分，表明你能够适应团队组织形式；总分低于 30 分，表明你更适合在传统的组织形式中工作，或者你更适合单独工作，但是鉴于合作精神在现代社会的重要性，你需要积极提升自己的团队合作技能。

（三）常变常新

职场人际关系是一种心理关系，它是人们在职场活动中形成的，它的建立和巩固需要一个过程。最初我们是通过自己的外部特征吸引他人的注意，初入职场的第一印象发挥重要作用，人际交流处在比较浅表的层面上。随着工作的开展，同事之间从各个方面逐渐加深了解，彼此投入一定的情感，人际关系进入一个新的阶段。一般来说，和所有的同事都建立均衡或良好的关系比较困难，而且，职场人际关系也不是一成不变的，可能起先一个你看不顺眼的人日后会成为你的最佳搭档或好朋友，也可能一个你很喜欢的人会与你渐行渐远。同时，上司也不可能和所有的下属都维持同等强度的关系（虽然越接近这个目标，对企业的发展越有利）。在职场中，个体的纵向职场人际关系可能好于其他同事，也可能不如其他同事，或者一个不被看好的下属会逐渐得到上司的器重。

案例品读

职场忘年交

小刘是某公司的新员工，他所在部门的同事老李是个一丝不苟的人。早上谁迟到了 5 分钟，谁的办公桌没有擦干净，他都一清二楚。小刘把写好的材料给老李看，老李说："小刘，你写的这份宣传材料我看了，你看看，标点符号用错了多少？这样的材料如果拿给总经理看，他对我们会是什么印象？标点符号我们从小到大都在用，这都用不好？"小刘起初觉得老李太过较真，不好相处。

后来，小刘慢慢地被老李严谨细致的工作作风所感染，自己做事也分外细心，写每一份资料都仔细斟酌，力求做到最好。久而久之，老李对小刘也特别欣赏，经常在业务上指导他——小至一份合同的撰写，大到和客户打交道的技巧。除此之外，老李还帮小刘梳理公司的人际关系，教他如何与不同的人打交道。小刘在公司里如鱼得水，不久就获得了晋升。

在老李的退休欢送会上，小刘向老李表达了深深的感激之情，两人成为忘年交，一直保持着真挚的友谊。

三、职场人际关系的重要性

职场人际关系可以成就你，也可以阻碍你。哈佛大学商学院的调查发现，在事业有成的人士中，26%靠工作能力，5%靠家庭背景，而人际关系则占69%。美国盖洛普公司一项覆盖全球100万工作者的调查显示，"处理不好与同事的关系"是导致离职最重要的原因。根据广东省2017年被解雇的4 000份员工样本调查数据显示，人际关系不好者占90%，工作不力者占10%。大学毕业生中，人际关系处理得好的人，平均年薪比优等生高15%，比普通生高出33%。

（一）职场人际关系影响职业成功

良好的职场人际关系是职业生涯发展顺利的保证。相对于专业知识的竞争力，一个人在人际关系、人脉网络上的优势，就是人脉竞争力。哈佛大学为了了解人际能力在一个人成功中所扮演的角色，曾经针对贝尔实验室的顶尖研究员做过调查。他们发现，被大家认同的专业人才，专业能力往往不是重点，关键在于"顶尖人才会采取不同的人脉策略，这些人会多花时间与那些在关键时刻可能对自己有帮助的人培养良好关系，在面临问题或危机时便容易化险为夷"。他们还发现，当一名表现平平的实验员遇到棘手问题时，会去请教专家，但却往往因为没有回音而白白浪费时间。顶尖人才则很少碰到这种问题，因为他们在平时就建立了丰富的人际关系资源网，一旦前往请教，立刻便能得到答案。

可见，具有良好职场人际关系的人，能多渠道地获得信息和机会，能从前辈那里学得更多的知识和经验，从而使自身的专业技能迅速增值，不仅如此，也更容易获得升职的机会，因为在良好的人际关系中，各方都能从中获益，可以大大提高团队的工作绩效。因此，出于团队合作的需要，现代企业不仅关注员工的工作绩效，同时也会关注员工的人际关系。从某种意义上说，人际关系是一个人通往财富、荣誉、成功之路的门票，拥有了这张门票，你的专业知识才能发挥作用。

案例品读

能力强 ≠ 能升职

春红在大学毕业后进入一家公司工作，她执着地认为只要自己努力工作，展现出超人的工作能力，必然能够做出一番事业，获得重用并步步高升。可是一年过去了，春红虽然表现出了出色的工作能力，但薪水并不比那些表现一般的同事高，职位也没有得到晋升。春红很不服气，于是工作起来更加努力。她认为只要自己足够优秀，总有一天上司会看到她的能力与才华，从而给她加薪晋职，把她当作公司的骨干。

但是,又一年过去了,春红还是在原地停留。相反,与她同时进入公司的同事已经是独当一面的主管了,薪水也比春红高出许多。春红终于忍不住向公司里唯一与她要好的同事抱怨自己的"怀才不遇"。没想到的是,同事却很直接地告诉她一个令她震惊的原因:虽然春红工作非常出色,但由于她恃才傲物,认为自己比别人都要优秀,不把同事放在眼里,平时也就缺少了对同事的尊重,与同事的关系没处好。上司虽然知道她工作出色,但担心如果让她当主管的话,同事们会不配合,这样会不利于工作的开展,所以一直不敢重用她。

(二)职场人际关系影响身心健康

职场人际关系与身心健康有着十分密切的关系。

良好的人际关系能够增进交往双方的相互了解,有助于形成相互帮助、相互支持的工作氛围。这种友爱互助的环境氛围,会使人工作得顺心、舒心,工作效率大为提高,促进人际关系的良性发展。

不良的人际关系则使人倍感压力。研究显示,长期承受过度压力的人,胃病、心血管病以及抑郁症等身心疾病的罹患率比较高。压力会影响人的理解、记忆、注意力等认知能力,僵化人的思维,降低人的智力水平,容易导致行为失控或形成强迫行为。不仅如此,身处压力之中,我们会感受到忧郁、愤怒、沮丧、难过等负性情绪,这些负性情绪会干扰人际交往过程,影响人际交往能力,使我们变得更为冷漠、疏远,甚至敌对,从而使人际关系更加恶化。

💡【知识点拨】

职场人际关系与心理健康的四句箴言

心理专家根据职场人际关系的特点,总结出四句箴言,对职场人调整人际关系与心理健康保健十分有用。

(1)把自己当成别人——用平常心看待自己的得失荣辱,把自己的得失荣辱看作发生在别人身上,不因自己情绪的变化而影响人际关系。

(2)把别人当成自己——一个人只有设身处地通过角色互换,才能善解人意地去"急别人之所急,痛别人之所痛"。

(3)把别人当成别人——尊重别人,不干涉对方的隐私,做到内外有别、男女有别,不冒犯对方的心理边界。

(4)把自己当成自己——这意味着在自知的基础上建立起自尊和自信,扬长避短,更成熟地与别人相处。

四、职场人际交往的重要准则

作为社会性的人,人们相互交往,建立某种人际关系是为了满足各自不同的物质和精神的需要。因此,人际关系的本质是人的需要,借由需要而衍生出各种利益关系,利益交换成为人际交往的核心，在职场尤为如此。建立和维护良好的职场人际关系，除了遵循平等、尊重、真诚、友爱等人际交往的一般原则之外，共同获益、承担责任和交往有界也极为重要。

（一）共同获益

共同获益是互惠原则的具体体现。"互惠"是人类社会普遍存在的现象，合作共赢是我国对外交往的黄金法则。所谓"投桃报李"，说的就是人们总是尽量以相同的方式回报他人。

在职场中，我们若想与某人保持长期稳定的关系，就需要保证双方在这种关系中都能获益。双方互惠性越高，关系就越稳定。当其中一方总是付出与收益不成正比时，这种关系就会迅速弱化。所以，在职场，同事对你有帮助，你就要适时予以反馈和回报。

> **好文续航**

互惠互利、构建防疫利益共同体

2020年是中国-东盟自由贸易区全面建成10周年，在全球新冠肺炎疫情蔓延的情况下，中国和东盟实现了互为第一大贸易伙伴的历史性突破。双方不仅经贸合作逆势增长，更是"携手抗疫，共克时艰"。

托萨鹏是泰国东部罗勇工业园里一家铝箔生产企业的仓库管理员，他们工厂的原材料都是从中国进口。自新冠肺炎疫情暴发以来，工厂从来没有因为原材料供应短缺而停过一天工。他说："在中国正经历新冠肺炎疫情的时候，我们工厂的原材料还有库存，所以我们还能继续生产。后来中国很快就控制住了疫情，及时给我们泰国仓库供货，所以对我们生产没有造成太大影响。"泰国兰实大学外交与国际问题研究院院长颂蓬·尚官本说："中国经济在疫情后快速复苏，能够给全球贸易和经济体系的复苏带来积极信号，特别是作为与中国为邻的泰国乃至整个东盟，我们都期盼中国经济的快速复苏能够拉动我们的经济，给我们带来切实的好处。"

不仅在经贸合作中积极合作，中国与东盟国家在合作抗疫中也互帮互助。2020年3月初，缅甸向中国捐赠200吨大米，缅甸政府及社会各界也纷纷向中国捐款捐物。随后，4月，由国家卫生健康委员会组建的中国医疗专家组和中国人民解放军援缅医疗专家组先后奔赴缅甸，通过捐赠全自动核酸提取仪、培训检测人员新增实验室等方式，将缅甸的单日最高核酸检测量提高了3倍。

新冠肺炎疫情期间，共有62个国家和7个国际组织向中国提供了疫情防疫物资等援助，很多感人故事让国人铭记于心。"滴水之恩，当涌泉相报"，在自身仍在抗击疫情和人力物力紧缺的情况下，中国开始回报世界：向世界卫生组织捐款2 000万美元支持世卫组织开展抗击新冠肺炎疫情国际合作，帮助发展中国家提升应对疫情的能力，加强公共卫生体系建设；向韩国和日本等国家捐赠口罩和试剂盒等抗疫物资，出口急需的医疗物资和设备；向意大利、伊朗和伊拉克派遣医疗专家团队；向世界分享中国防疫智慧与方案，包括七版诊疗方案和六版防控方案，已经翻译成多语种分享给世界各国。

从有形的人财物到无形的防疫经验与智慧，中国毫无保留地贡献给了世界，展现了大国担当。这必将大力促进对全球新冠肺炎疫情的有效阻击，这是通过互惠互利诠释和构建人类命运共同体的有效实践。

（资料来源：根据新浪财经资料改编。）

知识链接：构建人类命运共同体，中国彰显大国担当

（二）承担责任

所谓责任，就是一个人分内的事情。责任的一个重要特点就是客观存在，不能依照个人的意愿而进行更改。责任是一个人的立身之本，职场中每一个人都扮演着自己的角色，都有自己的责任和使命，只有那些勇于承担责任的人才有可能被赋予更多的使命，获得更多的荣誉。

每个进入职场的人都被赋予两大责任：完成分内的工作；与同事友好相处，共同提高团队的工作效率。社会分工越细，越需要合作。团队合作是现代企业组织运行的基本形式。职场人际交往中的互惠更多地体现为团队合作。扮演好自己的角色，承担相应的责任，做好分内的事，在职场人际交往中，合作才有基础。

每个人都应该对所担负的任务充满责任感。一个人责任感的强弱决定了他对待工作的态度。有责任感的人会努力、认真地工作，圆满完成自己的任务。职场责任感体现在三个阶段：第一个阶段——做事之前，要想到后果；第二个阶段——做事过程中，尽量让事情向好的方向发展；第三个阶段——事情做完之后，出了问题敢于承担责任。

？【问题求解】

这是对工作负责的态度吗？

小杨是某公司的一名职员，该公司主要提供广告策划服务业务，为企业提供产品宣传。

最近，小杨有一个有意向的合作项目，但总是谈不好，先后交了三份广告宣传方案建议书，客户仍不满意。项目费用不高，而客户又有太多要求，小杨有点不耐烦了，准备放弃这位客户。当他找到经理时，经理看了小杨写的方案建议书后问道："是否和客户进行过详细交流？"小杨说因为要跟其他客户谈业务，所以一直没时间和这位客户交流。经理又问："是否对该企业的需求进行过调研？"小杨说广告宣传基本上就是这个框架，没有调查。经理听后，很生气地说："你这是对工作负责的态度吗？没有经过调研，没有和客户交流，随便做个方案，有哪位客户会接受？"

如果你是小杨，为了扭转局势，你打算如何面对经理和客户？

（三）交往有界

人与人交往过程中的心理距离被称为边界，心理边界是一堵"心理围墙"，为我们确立了一个心理范围，我们可以在这个范围内探索内部和外部世界，也保证我们不被侵犯。人的个性不同，扮演的角色不同，心理边界也不同。

职场中，在个人与集体、公事与私事、上级与下级、平级之间有着不同的边界距离。不同性格、不同职业、不同成长背景的人，其边界意识都不一样。在职场上，始终有一条看不见的"一米线"，让你与同事保持着舒服、安全的心理距离。所以，职场交往要培养角色感和边界感，准确地自我定位，在情绪、信息、关系上的表达都要有所节制，"知分寸，懂进退"。只有保持恰当的行为界线，才能尊重他人、保护自己。边界感如果不恰当，人与人之间的和谐关系就会被打破。事实证明，职场人际冲突大都与边界模糊有关。

案例品读

距离上司该多远？

吴娜刚参加工作时，抱着走群众路线的想法，尽量远离上司，和同事打成一片。她认为只要认真做事，就能在公司立足，可是三个月试用期还没到，就被炒了鱿鱼，因为上司觉得她"表现平平"。不久吴娜又找到另一份工作，吸取上次的教训，她频频在上司眼前晃悠：开会时总抢着坐在上司的旁边，隔三岔五主动汇报工作。同事们渐渐地远离她，认为她太爱出风头，上司也认为她好表现、不踏实。

其实上司分很多种，性格有亲和的、严肃的、冷漠的，管理风格有民主的、放任的、专制的。不同的性格和风格，决定了上司与你之间的"距离"。

【活动体验】

直面上司的批评

初入职场的新人，不可避免地因"粗心大意"的工作疏忽和失误而受到上司"批评"。下面是几种常见的上司批评方式，请你根据不同的批评方式判断上司的工作风格，并说说你打算如何与这类上司相处。

（1）这么简单的事情做成这个样子，我真是怀疑你的基本工作能力。我们需要重新评估你的工作能力，看你是不是真的适应这份工作。

（2）你已经不是学生了，职场没有那么多改正的机会给你。我真担心你的工作能力是否能胜任你目前的职位，你回去好好想想吧！

（3）这次的工作失误很严重，你需要加紧努力，迎头赶上。可能这个工作任务还不是你目前的能力可以控制的，有什么问题和困难，你要及时和我沟通。

交互测试：职场人际关系概述

主题二　职场人际交往策略

没有人能避开人际关系，职场新人要适应职场环境、展开事业宏图，努力提高自己的人际交往能力，用心经营职场人际关系，学会与上司、同事、下属的相处之道是非常必要的。所谓相处之道，简单地讲就是要懂得人心、顺乎人情。

知识链接：如何快速从校园人转变为职场人

一、知彼知己

"知彼知己，百战不殆"，攻城略地如此，人际交往亦如此。在职场纵向和横向关系中，交往的双方或多方都是关系的主体。作为主体的存在，每个人都有自己的个性特点、需要、感受，都有自己的角色分工。职场中的知彼知己，就是要了解自己、同事、上级的个性差异、价值取向和工作职守，把握和尊重彼此的心理边界。知彼知己，应该重点从以下三个方面做起。

（一）了解自我并正确定位

要做到"知己"：首先要了解自己的性格、兴趣、能力和需要；其次要了解基本工作常识和自己的岗位职责，正确定位自我角色，认真做好自己分内的事。职场人际关系是工作关系，有的职场新人常常把自己的情感需求或期许带到工作中，如有人以为上司会像老师那样包容自己的缺点和失误，同事会像好朋友那样帮助自己解决困难，这些非职场情感往往会给人际关系带来伤害。究其原因，是职场新人不能够准确地定位自己在职场中的角色所致。

（二）了解他人和职场规则

要做到"知彼"：一是要了解人的差异性。人与人之间的差异性表现在许多方面，如性格、气质、兴趣、能力、文化背景等。在职场中，不同的人无可选择地组成工作团队，同事、上下级之间要尽可能地相互了解，尊重各自的差异性，尊重彼此的心理边界，这样职场人际关系才能和谐。二是要认真了解企业文化，包括那些成文的和不成文的规则。企业文化是企业所形成的具有自身个性的经营宗旨、价值观念和道德行为准则的综合，是企业的精髓与灵魂。"国有国法，家有家规"，企业也有企业的规章制度，不论你是谁，是什么身份，都要遵守规则。有的规则不一定是明文规定，它也有可能"潜在水下"，职场新人要用心留意此类职场潜规则。

（三）换位思考

正因为每一个人都是不同的个体，所以在职场交往中要特别注意换位思考。换位思考就是换个角度看问题，设身处地地站在别人的角度为别人着想。站在上司的角度考虑，要把公司的业绩搞好，我们就得多花时间，多付出精力（当然公司也会因此发现你的价值）；同时，对上司指导和监督下属工作的行为，我们也会有更多的理解和体谅。

换位思考，不仅要"己所不欲，勿施于人"，有时"己之所欲，亦勿施于人"。将自己的好恶、价值观强加给别人的行为，不仅令人生厌，而且也会破坏人际关系的和谐。

【活动体验】

知己知彼

为了更好地了解自己和他人，请完成下面的句子：

（1）当我加入一个新团队时，我比较认同的是＿＿＿＿＿＿＿＿（团队目标、人际氛围、领导者风格）。

（2）当我来到一个新环境时，如果＿＿＿＿＿＿＿＿，我会感到特别舒服。

（3）当人们第一次看到我时，他们＿＿＿＿＿＿＿＿。

（4）当人们保持沉默时，我感到＿＿＿＿＿＿＿＿。

（5）当上司＿＿＿＿＿＿＿＿（高兴、难过、自豪、悲哀），我感到很恼怒。

（6）当同事＿＿＿＿＿＿＿＿（高兴、难过、自豪、悲哀），我感到很恼怒。

（7）在一个团队中，我最害怕＿＿＿＿＿＿＿＿。

（8）在一个团队中，我最喜欢＿＿＿＿＿＿＿＿。

（9）那些真正了解我的人认为我是＿＿＿＿＿＿＿＿。

（10）＿＿＿＿＿＿＿＿的时候，我感到与他人非常亲近。

（11）＿＿＿＿＿＿＿＿情况下，我最容易与同事发生冲突。

（12）最近让我感到非常困扰的人际问题是＿＿＿＿＿＿＿＿。

二、态度积极

要树立并表达积极的态度。积极的态度有助于个体保持活力，充满工作热情，提高工作效率；而消极的态度则会浪费个体精力，阻碍个人职业发展。态度积极的人，周围的同事收到的是"热情"的信号，更愿意主动接近；态度消极的人发出的是"不友好"的信号，同事自然会刻意疏远。同时，积极的态度还会给周围的同事带来正面影响，促进同事提高工作效率；消极的态度像烂苹果一样，给周围同事的正常工作造成负面影响。因此，可以说，积极的态度是无价之宝，它将助你事业成功。

（一）主动交往

初入职场的人，因为羞怯、自卑而不好意思或不敢主动与同事、上司交往，等待别人来跟自己"打招呼"，这种把交往的主动权交给别人的做法，不利于人际关系的建立。

"往而不来，非礼也；来而不往，亦非礼也。"人际关系是在一来一往中建立和发展起来的。主动的人给人自信、热情、尊重他人的印象，容易令人产生好感。主动对人友好，能够使人产生受重视的感觉，从而使他人更愿意与你交往，也更容易得到他人的帮助。

203

> 【知识点拨】
>
> **主动打招呼利于建立良好人际关系**
>
> 打招呼是联络感情的手段、沟通心灵的方式和增进友谊的纽带，主动跟别人打招呼，是积极主动交往的表现。
>
> 主动打招呼所传递的信息是"我眼里有你"。谁不喜欢自己被别人尊重和注意呢？见了领导主动打招呼，说明你心中敬重领导；见了同事主动打招呼，说明你眼里有同事；见了下属主动打招呼，说明你体恤下属。要永远记住：你眼里有别人，别人才会心中有你。如果见了领导躲着走，见了同事装作没看见，给同事和领导留下的印象是没有礼貌、不合群。
>
> 主动打招呼所传递的信息是"我自信"。每个人都希望别人看到自己的自信，那么我们就应该首先养成主动跟别人打招呼的习惯。从今天开始，见到单位的同事和领导，主动跟他们打招呼："您好，小王！""您好，李总！"很快，你就会给别人留下自信热情的印象。
>
> 所以，请主动与人打招呼吧！

（二）与人为善

在利益交织、竞争激烈的职场，一个有积极心态的人表现为能与人为善。一个能够从细微处体谅和善待他人的人，一定是一个与人为善的人，必定有很好的人缘，这种人缘就是他成功的基石。

身在职场，我们免不了要与各种各样的人打交道，每个人都有着不同于他人的生活规律与习惯个性，对此我们要抱有开放的态度，对他人友善。

身在职场，竞争是不可避免的，但不要把每个人都当作自己的竞争对手。职场中的竞争应该是良性竞争，在竞争中合作、在合作中竞争，才能达到共赢。很多事情不是凭一己之力就可以顺利完成的。

善良真诚地对待他人是建立良好人际关系的必要条件。在职场中与人交往时，只要我们能够多一份爱心、多一份理解、多一份善良、多一份同情，我们就能够为自己编织出圆融的人际网络，使自己的职场生涯平坦且顺畅，也会因此而更容易走向成功。与人为善的同时，也成就了自己良好的人际关系，你的职场天空会变得更加灿烂明媚，你的人生道路也会更加平坦笔直。

> 案例品读
>
> **一块面包救了自己**
>
> 在第一次世界大战中，有一种特种兵的任务是：深入敌后抓俘虏回来审讯。因为当时打的是堑壕战，大队人马要想穿过两军对垒的前沿无人区是相当困难的，但一个士兵悄悄地爬过去溜进敌军的战壕相对来说容易得多。大战时期，参战双方都有这方面的特种兵。

有一位德国士兵曾经多次成功地完成这样的任务，现在他又出发了。他再一次熟练地穿过两军阵地前的区域，出人意料地出现在敌军战壕中一个落单士兵面前。这个士兵当时正在吃东西，由于毫无防备，一下子就被缴了械。这个吓破了胆的士兵手中还举着刚才正在吃的面包。就在这时，他做了一件可能是他这一生中最重要的事情：他本能地分了一些面包给面前的敌人。他面前的这个德国士兵忽然被这个举动深深地感动了，以至于不忍心将其抓走。虽然德国士兵知道上司会大发雷霆，但还是转身离开战壕，穿过无人区，两手空空地回到了自己的营地。

（三）拓展人脉

　　人脉是经由人际关系而形成的人际脉络，其实质是一种利益共同体。职场人脉可以提供更多的信息、机会和助力。

　　好莱坞流行着一句话："一个人能否成功，不在于你知道什么，而在于你认识谁。"人脉是战略资源，不是每一个人都有好身世、好运气，所以，在职场要通过自己的努力来建立、发展、储备有价值的人际关系，拓展自己的人脉。

　　"罗马不是一天建成的"，职场人脉的形成有一个渐进的过程，这个过程中我们也会碰到困难，但是只要我们保持乐观的心态，积极主动、与人为善，就会建立属于我们自己的人际网络，它会引领着我们走向成功！

好文续航

人脉经营之道

　　拓展人脉并不意味着漫无边际地建立无数关系。成功建立关系网的关键是选择适合的人，建立稳固的关系。

　　所谓适合，首先是指适合自己，要与那些和自己的生活工作领域有关的人打交道；其次，就数量而言，关系网并不是越大越好，太大就会因疲于应付而叫苦连天。

　　所谓稳固，就是要在"适合"的前提下，尽可能地让关系网的结构少些动荡，网上的节点少些变化。因为编织关系网需要全方位投入，变化频繁不仅是对关系网的破坏，也会增加投入。同时，相互关系维持得越持久，关系网才会越牢固，越有价值。

　　那么，怎样保持稳固的人际关系呢？首先，要经常保持联系。关系就像一把刀，常磨才不会生锈。若是半年以上不联系，你就可能失去这位朋友。其次，要进行必要的"感情投资"。记下与关系网中的人有关的一些重要日子，比如生日，在这些特别的日子里，哪怕只给对方打个电话，他们也会高兴万分。此外，要不断地提升自我，增加个人魅力。素质高而有魅力的人更容易得到别人的接纳，这是人之常情。因为人的潜意识里都渴望与比自己优秀的人建立关系。

> 【知识点拨】
>
> ### 如何保持积极的心态？
>
> **1. 善于发现同事和上级的优点**
>
> 世界上没有完美的人，但每一个人必定有自己的优点。一个懂得欣赏别人、尊重别人的人会过得很愉快，同时别人也会同样地欣赏和尊重他。
>
> **2. 善于发现企业的积极因素**
>
> 世界上没有完美的岗位，所有的工作或职业都含有积极和消极的因素，对积极因素关注越多，就越容易保持积极的态度。
>
> **3. 警惕态度消极的同事**
>
> 情绪是会传染的，经常和消极的人在一起，自己也会不知不觉地变得消极。
>
> **4. 及时修复受损的心态**
>
> 如果有人有意或无意地伤害了你的积极态度，你必须在第一时间采取所有可能的措施修复受损的态度，避免让伤害升级。如果你不马上采取行动，那么你的积极态度将被他人"偷走"。
>
> **5. 经常评估自己的态度**
>
> 常常调整你的态度，就会让其朝着积极的方向发展。

三、有效沟通

案例品读

原来如此

一对老夫妇，结婚50年来相敬如宾。金婚纪念日这天，在吃早餐时，老太太想：50年来，我每一天都为丈夫着想，早餐吃面包时，我都把最好吃的面包头让给他吃，今天我该享受这个美味了。于是，她切下了面包卷带奶油的那头给自己，把剩下的底部给了丈夫。不料丈夫很高兴，吻了吻她的手说："亲爱的，今天你给了我最大的享受。50年来，我从没吃过面包卷的底部，那可是我最爱吃的，但我一直想，你一定也是喜欢吃面包卷的底部。"这个故事深刻说明了沟通的重要性。

善于表达，勤于沟通，良好的语言表达和沟通能力，是现代职场上必不可少的核心技能，任何工作都少不了。当上司需要物色管理人员时，他选择的通常会是那些善于与他人沟通的人，而不是那些"闷葫芦"。因为善于沟通的人，更能够领会上司的意图，更善于调节实际工作中的各种矛盾。能否与同事、上司、客户进行有效的沟通，越来越成为现代企业注重的核心技能。

有效沟通是指通过有效的交谈、倾听和同理心来了解自己的真实面目和别人对自己言行的真实反应，准确地理解和评价别人所表现出来的真实的思想、情绪状态和行为，并对别人做出恰当而又为社会所接受的反应。所以，要想与人有效地沟通，需要学会表达、聆听，并具有同理心。

（一）表达

用尊重、真诚的态度，真实准确地表达自己的思想和情感，哪怕是对别人的意见和批评，往往也易于被人接受。情感交流在沟通中发挥着黏合剂的作用，情感交流成熟的人更容易得到别人的信任和爱，更能成为好的伙伴和合作者。比语言表达更能影响对方的是非语言的表达。研究表明，高达93%的沟通是非语言（一个人表达自己的全部意思=7%的言辞+38%的声音+55%的表情）。

表达还要选择合适的沟通渠道。如出行要选择路线和交通工具，沟通亦然，要根据沟通的内容、需要及沟通渠道的性质，采取不同的沟通方式：从沟通的速度方面考虑，利用口头和非正式的沟通方法，就比书面的和正式的沟通好。从反馈性能来看，面对面交谈，可以获得立即的反应，而书面沟通，有时则得不到反馈。从可控性来看，在公开场合宣布某一消息，对于其沟通范围及信息接收对象毫无控制；反之，选择少数可以信赖的人，利用口头传达某种信息则能有效地控制信息。从接收效果来看，同样的信息，可能由于渠道的不同，被接收的效果也不同——以正式书面通知，可能使接收者十分重视；反之，在公共场合所提出的意见，往往会被对方认为讲过就算了，并不会加以重视。

（二）倾听

倾听是一种通过积极的听来完整地获取信息的方法，它是一种重要的沟通技能。有450名商业专业的大学毕业生接受了"在工作中需要什么沟通技能"的问卷调查，他们回答说，倾听是获得成功的最重要技能。

科学研究发现，在我们为沟通花费的时间中，有45%用于倾听，30%用于说话，16%用于阅读，9%用于写作。我们花在倾听上面的时间远远多于说、读、写三种沟通形式。虽然我们花在"听"上的时间最多，但在沟通中却往往忽略它，而专注于"说"，以为能说会道就是沟通能力强。

"倾"听是有层次之分的。真正的倾听要做到"五到"，即不仅要"耳到"，更要"口到"（声调）、"手到"（用肢体表达）、"眼到"（观察肢体）、"心到"（用心灵体会）。当我们能用心去倾听别人说话时，才有可能真正理解对方的思想和感受，对方才会感到被尊重、被理解，从而提高沟通的有效性。

> 【知识点拨】
>
> ### 学 会 倾 听
>
> **1. 集中精神地听**
>
> 首先要保持视线接触，听人讲话要注视对方，微微含笑，但也不要死盯着对方，一动不动。一般来说，双方保持视线接触的时间要占到谈话时间的60%左右。其次，尽量不要接打电话，不要看公文或手机。
>
> **2. 用体态语言进行反馈**
>
> 倾听时借助得体的体态语，主动而及时地做出反应，表达对说话人的肯定和欣

赏，这对说话人是极大的鼓舞。如果你对他的话表示欣赏和赞同，就可以不时地点头微笑，或者跷起拇指。当对方发现你在热情注视他时，会更加乐意与你交谈，就会努力地把自己最好的想法说出来与你分享。如果你想让对方继续讲下去，进行更深入的交谈，可以把椅子移近些，缩短空间距离，或将身体前倾，也可以给他倒杯茶，鼓励他继续讲。

3. 适时提出自己的见解

对方说话时，你可以不失时机地重复他说话的某一部分，如"正如您指出的意见一样，我认为……""我完全赞成您的看法……"也可以适时提问，凭借你提的问题，让对方知晓你在认真听他说话。

4. 切忌打断对方的话

无论你多么想把话题转到别的事情上去，也要等对方讲完以后，再岔开话题。切勿随意插嘴，这不只是个人修养的体现，更是为了让对方的诉说需要得到满足，从而赢得对方的好感。

（三）同理心

同理心是一个心理学概念，又被翻译成同感、共情等，最早由人本主义大师卡尔·罗杰斯提出。同理心指的是在人际交往过程中，能够体会他人的情绪和想法，理解他人的立场和感受，并站在他人的角度思考和处理问题，其意与我们平常说的"善解人意""感同身受"相近。

同理心是一种高水平的认知能力，它能让人想象到别人的感受，或自己在他人的处境下会有怎样的感受。拥有同理心的人不仅能设身处地地从别人的角度去体会并理解别人的情绪、需要与意图，还能把这种理解以关切、温暖、尊重的方式表达出来。

同理心还涉及情感因素：我——作为另一个个体，仅仅是想象到你的感受还不够，我还要跟你一起感同身受。

无论是在工作还是在日常生活中，一个有同理心的人会先把自己的意见放到一旁，认真倾听他人的想法，体察他人的意愿，当别人表达意见时，不仅理解他的立场和情感，还会设法使对方明白你已经完全了解他的想法。这么做，除了表达尊重和诚意外，还能获得对方充分的信任——就像一个善解人意的医生可以靠悉心倾听来获得病人的彻底信任一样。

【知识点拨】

培养同理心四步法

（1）摆脱自我中心，学会换位思考。
（2）增强对他人的需要和情绪反应的敏感度。
（3）倾听并增强对他人的理解力。
（4）反馈，表达你对他人的理解与感受。

四、化解冲突

冲突是一种对立的状态，表现为两个或两个以上相互关联的主体之间的紧张、不和谐、敌视，甚至争斗关系。人与人之间存在着个性、价值观、行为方式、利益的不同，在互动过程中，冲突在所难免。

对于人际关系来说，冲突可以带来挑战，也可以带来机遇。冲突的负面功能主要表现在：由于心存芥蒂，使得双方沟通不良，情感隔膜，甚至相互诋毁，相互拆台；或者由于互不相让、恶意攻击导致双方关系破裂。但是，冲突也可以有很强的正面功能，这类似于俗话说的"不打不相识"。正面功能主要有两方面：一方面，双方把隐藏的不满、误解公开表达出来，可以通过辩论而得以澄清、化解，从而消除隔阂、增进理解、加深关系；另一方面，双方把各自的看法及其理由摆出来，通过建设性的争论，可以形成"头脑风暴"，彼此激发新思想，最后找到解决问题的更好方案。因此，在职场中正确对待和处理冲突，对良好人际关系的建立显得尤为重要，具体包括以下途径。

（一）预计和控制

预计冲突是正确了解冲突，并建设性地处理冲突，避免在冲突中付出不必要的更大代价的最有效途径。一般情况下，如果一个人在毫无准备的情况下被直接卷入冲突，那么要在冲突过程中保持冷静和理性是十分困难的。人是情绪化的动物，在过于激动的时候，思维会受到明显的干扰，很难保持对事情的正确判断。在激情之中做出对人际关系有害乃至犯罪行为的事是很有可能的。因此，面对职场冲突，要了解自己的情绪，控制情绪，避免过激行为。

（二）同理和对话

"人同此心，心同此理"，学会用同理的方式去体验别人为什么会做出像他所想的那种言行，可以有效地帮助我们正确理解别人，避免判断的错误，有效地避免人际冲突。

理性地与冲突对方做深度对话，表达自己的观点和感受。情真意切地表达自己的感受，比起指责对方更易化解冲突。

（三）回避或合作

回避是指在冲突的情况下采取退缩或中立的倾向。采取回避态度并不能解决问题，甚至可能给今后的发展带来不利影响。但在以下两种情况下，回避可能是明智之举：一是冲突的内容或争论的问题微不足道，或只是暂时性的，不值得耗费时间和精力来面对这些冲突；二是冲突的对方是上司，作为下属，如果不顾上司的权威，公开顶撞上司，让上司下不来台，就会破坏团队的正常运作。

合作是指冲突双方愿意共同了解冲突的内在原因，分享双方的信息，共同寻求对双方都有利的方案，采用这一管理方式可以使相关人员公开地面对冲突和认识冲突，讨论冲突的原因和寻求各种有效的解决途径。

（四）重建和修复

人际冲突如果处理得当，就事论事，一般不会给人际关系带来太大危害；但如果处理不当，伤害会随之而来。当我们感到自身或关系受到伤害时，要及时采取措施，重建我们的积极态度和自信，并修复关系，避免让伤害进一步升级。当人际关系紧张时，只要双方或多方都做出一些重建和修复的努力，其关系就可能回到原来的轨道，并且有望变得更好。虽然人际关系紧张并不完全是你的责任，但是要弄清楚你该对它负哪些责任，并承认这一点。人往往只会修复他所承认的那部分责任，并为此做出改变。因此，百分之百承担自己的那部分责任并努力修复，可以再次构建良好的人际关系。

> **? 【问题求解】**
>
> 我该怎么"跟上司谈"？
>
> 爱华的上司常常嘲讽她，并且给她安排一些"吃力不讨好"的工作，这让爱华感到很受伤。于是，爱华鼓起勇气，主动要求与上司进行一次对话。
>
> 如果你是爱华，该与上司怎样进行这次对话？需要用到哪些策略？

交互测试：职场人际交往策略

主题三　职场新人人际关系

入职后的 1~3 年通常被称为"新人期"，是每个职场人士必经的阶段。这个阶段的主要任务是将在学校学得的相关知识与技能转化为实际的工作能力，建立职场人际关系，积累职场经验。职场人际关系的建立和维护对我们实现职业目标与顺利开展工作极为重要。

职场新人需要处理的主要人际关系有与上司的关系、与同事的关系以及与客户的关系。

一、与上司相处

最重要且最难把握的职场人际关系就是与顶头上司的关系。这是因为，职场人际关系从某种意义上说是一种利益关系。上司作为部门的负责人，对下属的利益拥有直接决定权。处理好与上司的关系，有利于融入团队，顺利开展工作。

职场新人在与上司相处的时候，往往会陷入两个"误区"：一个是对上司敬而远之，把与上司发展关系的行为都看作巴结谄媚，以为只要自己努力工作，上司就一定会知道、会肯定；另一个是对上司超乎寻常的热情，竭力讨好，一有机会就在上司面前表现自己。这些做法都不妥当，与上司相处，最佳的做法应是服从的行为和热情的态度。

（一）理解上司

所谓上司，首先他（她）是一个领导者。在职场中，职位与责任、权力是相应的，职位越高，权力越大，责任也越大。作为领导者，他（她）要统领所在的部门或组织完成既定的目标任务，以保障公司事业的长足发展。其次，他（她）是一个顾问，其工作之一是评估你的潜力是否得到了发挥。有时他（她）可能需要纠正你犯的一些错误，给你提一些工作建议；有时他（她）也会与你进行心与心的对话。最后，他（她）还是一名教师，不仅会教你如何安排工作，也影响着你对工作、公司的态度。

对上司的认识不要因情绪而片面化。上司也是人，肯定优点缺点都有。有的上司很挑剔但勇于承担责任，有的上司脾气不好但能力出众。无论上司是一个什么样的人、你是否喜欢，其能走到今天的这个位置一定有其过人之处，值得新入职的我们敬佩、尊重和学习。在工作中，员工"讲上司坏话"通常会被认为是缺乏职业道德与职业忠诚的表现。

（二）适应上司

不同的上司有不同的领导风格，但大体可以分为专制型、放任型和民主型三种，这三种不同的管理风格会形成不同的团队氛围。

1. 专制型领导

这类领导通常比较严厉，重视通过约束和控制等方式建立一个严密的团队。这类领导希望下属能够做到准时、有秩序、有效率。尽管专制型领导看起来冷酷、无法接近，但他们也可能非常关注下属，并经常帮助下属。事实上，那些对安全性、技术性和效率要求很高的工作，常常迫使上司成为专制型领导。作为专制型领导的下属，可能会对上司心存畏惧，但是，只要具有较强的服从意识和执行力，工作能力会得到较快提升，工作满意度和工作绩效通常比较高。

2. 放任型领导

这类领导完全不同于专制型领导，他们主张营造轻松自由的团队氛围，很少在工作中干涉、约束和控制下属，既不监督工作，也不检查结果，一切都有赖于下属的自制力。因此，在这样的团队里，除非团队成员的自主能力和自律能力超强，否则团队成员往往不能合理安排时间，缺乏目标，容易意志消沉而致使职业生涯陷入危险的境地。这一点对初入职场的人来说尤为如此。

3. 民主型领导

这类领导一般有较强的专业能力和洞察力，他们把自己当作团队中的一员，不凌驾于其他团队成员之上，又能保持领导的权威地位。现代企业提倡民主型管理，但是，现实工作中，能真正地始终做到民主管理的领导并不太多，很多领导游走在专制和放任之间。

作为下属，赞同不赞同上司的领导风格并不重要，重要的是要适应其领导风格和管理方式，用实际行动表明你希望成为其支持者，这样才能对自己的职业发展大有裨益。

（三）高效工作

与上司有效地沟通，要多聆听、多记录。与上司沟通的目的是了解上司的意图，获得支持，把握自己未来的工作方向，统一步调，达到良好的工作效果。同时，也是为了使上司更多地了解你。特别是当你和顶头上司之间出现问题时，更要和其开诚布公地沟通交流，以增进相互理解，达成谅解，修复关系。

执行上司的指令，要根据指示制订出相应的方案，迅速行动，随时汇报，及时总结。在上司布置任务时，要避免问"为什么要这样做？"面对上司的批评甚至指责，辩解和理由一般都会被解释为"顶撞"，职场新人应切记这一点。

【活动体验】

复盘——高效工作必备技能

结构化复盘是一个神奇的职场敏捷学习方法,它能改变职场人"只会干活,不会思考"的工作方式,更能让职场新人学会如何对照目标去对待工作,更敏锐地发现问题、发现盲区、发现机会,继而实现快速而有突破性的成长。

一个合格的职场新人,如果希望得到快速成长,最好的方法就是养成每日复盘的习惯。在每天工作完成之后,从执行区进入学习区,可以问自己这几个问题:

(1) 今天我做了哪些工作?每一项的达成标准是什么?

(2) 所做的事分别有什么产出?

(3) 做这些事,分别花了多少时间?

(4) 哪些事是应做的?哪些事是不该做的?哪些事没有做?

(5) 有哪些事完成得比较好?经验是什么?

(6) 有哪些工作完成得不理想?是由什么原因导致的?该如何改进?

【知识点拨】

如何构筑与上司的信赖关系?

在工作中处理好与上司的关系是你的责任,也是一门学问。如何构筑与上司的信赖关系?这里为你提供十条建议。

1. 不要戴着有色眼镜看上司

在生活中,有些人对权威人物怀有偏见而不自知。如果将这种偏见带到和上司的关系中来,是非常危险的,对上司也是不公平的。我们要摘掉自己的有色眼镜,公平地看待新上司。这样上司不仅会感受到你的尊重,你也会获得他的尊重。

2. 以平常心面对上司

每个人都会有状态不好的时候,你的上司也不例外。在上司易怒的时候,努力避免激怒他。有时上司的某些行为可能会让你费解,你要泰然处之。

3. 不要畏惧上司

畏惧是一种可怕的情绪,在它的作用下,你将很难专心愉快地工作,而且上司也不会重用你。若实在无法改变这种状况,你可以考虑向人力资源部门提出调换部门,或者必要的话,选择辞职。

4. 适时主动地接近上司

选择在上司事情不多、压力不大的时候跟他谈论你的困惑或你的工作想法很重要。但在上司忙于工作或情绪糟糕的时候尽量不去打扰他(她)。但如果你的事情很紧急、很重要,相信上司会给你发言的机会。

5. 不要妄图和上司成为"密友"

任何时候都要提醒自己:你和上司之间终究是一种商业关系,在拉近你们距离的同时，与其交往不要变得过于亲密。

6. 让上司成为你的"良师"

努力让上司认可你、关注你、成为你的良师，这非常重要。如果你积极与上司建立良好的关系，上司可能会成为你的职业发展顾问。

7. 在第一时间向上司承认错误

人无完人，孰能无过？如果你犯了错误，应该马上向上司坦承，不要让别人来告诉他你犯的错误，然后告诉上司你将采取什么样的补救措施，或者征求其补救意见，这会赢得上司对你的信任和宽恕。

8. 不要越级汇报工作

破坏你与顶头上司良好关系最直接的方式，就是越过他向更高层领导汇报你的工作。任何时候你都应该首先向顶头上司汇报。

9. 不要姑息抱怨

抱怨上司可能会酿成你与上司间的误会和冲突，进而破坏你们的关系。因此，当你的抱怨合情合理时，主动跟上司倾诉才是明智的做法。

10. 充分了解你的上司

相当一部分管理者自身并不喜欢担任"上司"这一角色，其从事管理工作可能迫于种种压力。作为下属，你应该充分考虑这种可能性，更加全面、客观地理解"上司"这一角色。

二、与同事相处

同事，顾名思义，就是"一同共事的人"，大家朝夕相处，一起度过的时间甚至比和父母、亲人还要多。与同事相处得法，不仅可以使自己做一个受人喜爱的同事，还可以使同事成为自己职业人生的最大财富。

（一）保持均衡

把握平衡，保持和谐关照的近邻关系是处理同事关系的要点。有的职场新人只注重与上司建立良好的关系，而忽视与周围同事建立和谐的工作关系，这是不可取的做法。职场上，心怀大局的上司不会因为与你保持超乎寻常的亲密关系而疏远其他下属，因为这会导致部门内其他成员的不满。即便你与顶头上司有着亲密关系也不见得是件好事，因为它也许会影响你与周围同事的关系。

有的职场新人容易犯这样的错误：只注重与一两位同事保持良好的工作关系，而忽视与其他同事建立良好的工作关系，以个人好恶为标准，与同事交往，喜欢的就抱成一团，不喜欢的就置之不理。如果只重视与一两个同事之间的横向工作关系，那么，与其他同事的工作关系必然恶化，影响整体效率，而与上司的纵向工作关系也会受到影响。

虽然我们需要不断地修炼，完善自身个性，但如果待人接物的方式一以贯之，形成自己的风格，也能赢得他人的理解和尊重。

虽说与他人交往时，必要的让步、妥协是应该的，但不要过分牺牲自己去讨好别人，讨好所有人是根本不可能的。此外，不要盲目地被资深员工"牵着鼻子走"，在工作中一定要有自己的主见。

（二）珍惜友情

由于职场竞争的存在，同事的友情有时会被人们忽略、猜疑、伤害，乃至背叛。但其实每个人都渴望广交朋友，并得到朋友的友情，我们的许多朋友是由同事发展而来的，因此要加强交流，增进友谊。可于繁忙的工作之余，寻找和创造机会，主动和同事交往，相互了解并发展友谊。

在职场上交友要分清公与私。作为同事，谈工作时，公事公办；作为朋友，谈交情时，互谅互让。所有与工作有关的事情都是公事，只要是公事就有原则、纪律和程序，要按章办事，如果在工作中将私人情感掺和进去，往往会影响彼此的友谊。

（三）情绪自律

身处职场，人们会因各种因素而产生焦虑、恐惧、愤怒等情绪，情绪具有横向蔓延性和垂直传递性，负面情绪会彼此感染，影响我们的人际关系，进而影响团队效率，应当采取有效的预防措施，有效地管理自己的情绪。

不要把公事以外的个人情绪带进工作中，少把个人情绪宣泄给别人。有效管理情绪包括以下几种做法。

1. 气愤时要平息愤怒

美国心理学家欧廉·尤里斯教授提出了能使人平心静气的三项法则：首先降低声调，继而放慢语速，最后胸部挺直。降低声调、放慢语速都可以缓解情绪冲动，而胸部向前挺直，就会淡化冲动紧张的气氛，因为情绪激动、语调激烈的人通常都是胸部前倾的，当身体前倾时，就会使自己的脸接近对方，这种讲话姿态能人为地造成紧张局面。

2. 避免陷入牢骚中无法自拔

负面情绪久而久之会演变为抱怨和牢骚。根据美国无线网络广告公司对1 060名成年员工的调查显示，约70%的美国人说，同事中有人总是发牢骚，其中67%的人承认他人不停地抱怨会影响自己的工作效率。抱怨具有传染性，如果你发现自己陷入和周围人相同的负面思维惯性时，需要尽快在自己的脑海里重构积极的想法。如果某人说："我恨星期一，周末太短暂了。"不妨试着反向思考："我很高兴在周末得到了休息，我准备好对付那个大项目了。"

3. 用放松训练缓解焦虑情绪

可通过学习腹式深呼吸，或有系统地绷紧与放松身体各部分的肌肉而达到松弛。研究显示，松弛训练比用药物（如酒精、镇静剂等）来放松自己更有益处。其他的松弛方法还包括听音乐、看电视、读书和散步等。当一个人在沉思、冥想或从事缓慢的松弛活动时（如肌肉松弛训练、瑜伽、打坐等），在其体内会产生一种宁静气息，使心跳、血压及肺部氧气的消耗降低，而使身体各器官得到休息。运动也可以纾解每天积攒的压力与紧张情绪，并使人保持身心健康。

> 【知识点拨】
>
> **职场"菜鸟"的快速合群法**
>
> 1. 品行优良
>
> 品质比技术更重要。对于职场新人来说,在学校里学的知识永远无法替代实践工作经验,刚入职场的你要想仅凭借专业知识获得企业青睐几乎不可能。企业向你抛出橄榄枝的原因首先是对你品质和修养的肯定,其次才是你的学识和专业。
>
> 2. 责任心
>
> 遇到大事,我们都会认真处理,谨慎对待,但很多时候责任心却体现在琐碎的工作小事上。很多新人忽略了这一点。实际上,你做每件工作、每一件事,都是在向上司或同事展示自己的学识和价值,只有做好它们,才能真正赢得信任。
>
> 3. 踏实勤奋
>
> 我国"90后""00后"的职场新人,因为从小生活条件大多相对优越,使其容易忽略自己的缺陷和不足,因此,踏实勤奋就成为步入职场后的"必修课"。
>
> 4. 谦虚谨慎
>
> 孤芳自赏、恃才傲物只会让自己失去很多学习机会,作为职场新人,不管你曾经获得多少奖学金有过多大的学业成就,从走出校门的那一刻开始,一切从零开始,本着谦虚谨慎的态度"多干活儿少说话"是职场铁律。刚参加工作,有想法、有创意、有抱负是好事,但切忌锋芒毕露、自作主张。
>
> 5. 沟通协作
>
> 沟通协作有助于新手更快地融入团队。想要得到别人的尊重,首先得尊重别人。想让同事亲近你,首先要主动友善地亲近身边的同事,态度积极地询问和请教问题,总会得到对方同样友善的回应,使双方更快、更友好地熟络起来,这不仅有利于自身的成长,也有利于工作沟通和协作。

三、与客户相处

狭义地讲,客户就是购买我们产品、方案以及服务,能够使我们企业获得利润或利益的个人和组织。各个岗位上的工作者都有自己服务的对象,其中某些岗位所要服务的对象非常明确,比如餐厅服务员、银行出纳员、医生以及销售人员等。当然也有些岗位所要服务的对象并不那么明确,例如机械师、软件工程师、营养师等。

企业的利益来自客户资源的保持以及不断地拓展,赢得客户是企业发展必备的基础,职场新人必须学会与客户和谐相处。以下是三种行之有效的方法。

(一)提供服务

树立解决问题、优质服务的观念是第一要务。即使没有明确服务对象的工作者,也需要培养积极的客户服务态度。当人们在工作中树立了积极的客户服务意识时,无论从事何种职业,处在何种岗位,其中所有的人都会受益。

解决问题是提供优质服务的核心。我们与客户合作的目标及责任就是协助其解决问题,应尽己所能帮助客户解决困难,甚至一些与工作无关的私事。在不损害公司利益的前提下,制度与流程只是我们内部应履行的手续,不应成为我们无法为客户解决问题或拖延解决的理由和借口。尤其当客户提出合理的要求时,不要认为这是在给自己或公司"添麻烦"。

了解客户需求是提供优质服务的前提,尊重、热情、周到、及时是提供优质服务的准则。灵活掌握、粗中有细是提供优质服务的技巧之一。"粗",是说跟客户相处不要每件事都那么较真,对人宽容,也是善待自己;"细",是对关键的环节一定要仔细把握,不能有丝毫差错。另外,就是要做到有据可查,对客户所提的需求,都需要留痕(有记载),比如邮件、短信、微信、QQ等。

(二) 建立信誉

人无信不立。获得客户信任至关重要。唯有相互信任,关系才会不断升华。这样,即使发生难以避免的意见不一致,也可以使我们有充分的进退余地,便于做好服务工作。具体需要:

(1) 诚信守约。不向客户提供伪劣产品,不向客户承诺无法兑现的服务等,遵守并按时兑现向客户的承诺。

(2) 换位思考。如果我们能时时处处站在客户的角度考虑问题,并与客户同舟共济,那么客户的信任也一定会日益增长。

(3) 树立口碑。口碑是最好的广告。把自己过去的成绩和他人的评价引荐通报给客户,有助于建立自身良好的信誉。

(三) 守住底线

美国著名政治家本杰明·富兰克林说:"保留他人的面子和自尊,是人际交往的底线。"坚决不做违反原则和损害己方利益的事——这是我们与客户交往的底线。

但在以下情况下,可以考虑放弃客户或要求客户按我方的原则来办理:

(1) 客户存在诈骗及恶性欠款的可能。

(2) 客户要求的价格、付款条件、服务等损害了我方利益,而且在将来,我方的长期利益也无法弥补眼下的损失。

(3) 客户坚持要求我方冒法律风险,或违反我方的基本财务纪律。

不反对业务之外的交往,如闲暇时间与客户一起打球、吃饭、旅游等,通过此类交往,可以增进私人感情,有助于发展和巩固与客户的关系,但是务必要谨记"吃人嘴软,拿人手短"这句至理名言。

> **案例品读**
>
> #### 服务意识决定成败
>
> 徐毅和王宁都是某金融公司的软件设计师。他们在工作中都很专业且敬业,但他们的客户服务意识却大相径庭。
>
> 徐毅每一次设计软件之前都会和上司进行商讨,听取他的想法和意见,但从不向客户和一线工作人员进行调查,更不与他们交流。徐毅经常得到上司的赞扬,

因为他的设计方案总能比较顺利地获得通过,提前完成任务。

　　王宁则不然,他在设计之前常常花大量的时间了解终端客户对产品的要求,然后根据收集上来的资料设计软件。他这样做当然费时费力,而且不能很快得到上司的赞扬。但是,稍后的事实证明,他设计的软件更能得到客户的青睐,给企业赢得更多的效益,因为他的产品里包含了他的客户服务理念。

　　后来,公司要提拔项目部经理,王宁榜上有名,徐毅则名落孙山。

沙场练兵

优化职场人际关系

　　虽然所有的工作关系对于一个人来说都是很重要的,但是有些人际关系对一个人的职业发展具有更加重要的作用。本练习旨在帮助你检查自己是否低估或忽略了某些重要的人际关系(与重要的他人的关系)。正如一位电话安装公司的职员写的:"对我而言,这是一个非常有益的练习,因为从中我发现自己曾经忽略了对我个人发展很重要的人际关系。"

　　请列出5~10种对你目前工作最为重要的人际关系(按重要性由大到小排列)。分析你的作答结果,从中找出那些被你忽视的重要的人际关系。如果尚未参加工作,你可以以你的个人关系(朋友、家庭成员或者重要的他人)为基础完成填写。

(1) _____
(2) _____
(3) _____
(4) _____
(5) _____
(6) _____
(7) _____
(8) _____
(9) _____
(10) _____

　　补充说明:所有的职场人际关系都很重要,只重视某些人际关系而忽视另一些人际关系对于你的职业发展非常不利。

演练情境式提问

　　马丽是某仪器公司行政部的实习生。她三个月的试用期已满,按合同规定她早就该转为正式员工了。她也多次暗示上司希望能给她办理相关手续,可是上司总是以"我太忙"或"此事不急"为由一拖再拖。这天一上班,马丽决定再找上司谈谈,把这个问题解决。但是,如何正式向上司提出这个问题,马丽开始在心里琢磨……

1. 任务要求

在教室里演练。三人一组,其中一人扮演马丽,一人扮演上司,一人给予监督和评价。每个人都要轮流扮演马丽。

2. 任务实施

根据实际情况,练习向上司的提问。

3. 任务评价

(1) 自我评价:＿＿＿＿＿＿＿＿＿＿＿＿＿＿＿＿＿＿＿＿＿＿＿＿＿＿＿
(2) 同学互评:＿＿＿＿＿＿＿＿＿＿＿＿＿＿＿＿＿＿＿＿＿＿＿＿＿＿＿
(3) 教师评价:＿＿＿＿＿＿＿＿＿＿＿＿＿＿＿＿＿＿＿＿＿＿＿＿＿＿＿

破解职场人际关系烦恼

秦女士年初被提升,干上了她非常喜欢的工作。她的上司王先生是一位良师益友,对她的工作给予了很大的支持,王先生的上司吴先生对她也很认同,所以秦女士在工作上如鱼得水。但是,上个月,她的上司王先生因故离开了公司,经王先生推荐,公司从外面引进了一位李先生作为秦女士新的上司。

李先生的到来使秦女士的情况完全改变了。用秦女士的话来说:"简直要崩溃了。"事情是这样的:李先生来之后,总是对秦女士的决定做"事后诸葛亮"。有时候,甚至让秦女士将她做过的工作再按李先生自己的方式重新做一次。最不能让秦女士容忍的是,李先生不止一次在秦女士的下属面前对秦女士的工作方法表示怀疑。秦女士很苦恼,她想跳过李先生,直接和李先生的上司吴先生反映一下情况,又觉得可能会把问题搞僵。她想和李先生谈谈,又担心控制不住情绪,反而更糟。想和老上司王先生沟通一下,又担心让王先生为难。

现在秦女士该怎么办?

1. 任务要求

分组并采用头脑风暴法,为秦女士出谋划策,寻找解决方案。

2. 任务实施

五人一组进行讨论,并形成可行的解决方案;各组派代表进行方案简述。

3. 任务评价

(1) 组际互评:＿＿＿＿＿＿＿＿＿＿＿＿＿＿＿＿＿＿＿＿＿＿＿＿＿＿＿
(2) 教师点评:＿＿＿＿＿＿＿＿＿＿＿＿＿＿＿＿＿＿＿＿＿＿＿＿＿＿＿

模块七　就业政策规范

开篇引例

武汉大力推动百万大学生留汉就业创业

"从没想过我会在曾经的方舱医院里找工作，现在这里好热闹！"2020年年底，武汉某高校计算机专业应届毕业生时义强赶到洪山体育馆参加招聘会。

时义强参加的是2021届全国普通高校毕业生就业创业促进行动对接大会，200余家高校代表齐聚武汉开展校地校企对接，线上推送超过50万个岗位，约4 000名高校学生现场求职。

从2017年开始，武汉启动"百万大学生留汉创业就业工程"：买房租房打八折、落户仅靠一证、近500家企业带头落实大学生最低年薪标准……涵盖落户、安居、创业等力度空前的举措出台，释放出吸纳人才的"武汉引力"。

武汉市招才局数据显示，2017年至2019年，武汉新增留汉大学生（参加社保）109万人，其中落户45.8万人。

2020年4月份，武汉进一步加大吸引人才落户的力度，出台高校毕业生留汉就业创业二十二条政策创新措施。前10个月，武汉直接用于高校毕业生就业创业的资金支出超过5亿元。

"这些年，武汉城市建设日新月异，越来越多的科技公司把研发基地选在武汉。"1995年出生的林枫毕业于国内某"双一流"高校，2020年7月入职武汉中原电子集团有限公司，成为一名研发设计师。对于未来的武汉，他十分憧憬。

"越来越多的国内外知名企业在武汉设立第二总部、分支机构，提供了非常多的高质量就业机会。"武汉达梦数据库股份有限公司高级副总经理王婷说，公司不少员工从北上广回流而来，说明武汉的吸引力、竞争力不断增强。

随着疫后重振和产业升级步伐加快，武汉各行各业人才需求趋旺。智联招聘报告显示，2020年度，武汉秋招在线职位数同比增长308%，简历投递数同比增长119%，机械设计、生物医药、人工智能等相关职位需求大涨。

武汉市委组织部有关负责人表示，下一步，武汉将为留汉大学生提供更多的专用租赁房，更大力度减免房租，打造更低成本的创业平台，做好外地留汉大学生未就业先落户、父母随迁等人才服务工作。

（资料来源：廖君,熊琦.武汉大力推动百万大学生留汉就业创业[EB/OL].(2020-12-08)[2021-03-18].http://cx.xinhuanet.com/2020-12/08/c_139571984.htm.）

思考与探究：

你是否对我国当前的就业形势有着清晰而准确的认识？你认为如何才能充分利用国家及地方出台的一系列促进大学生就业创业政策来实现高质量就业？

主题一　就业形势与政策

就业，一头连着经济大势，一头牵着千万家庭，是最大的民生工程，也是社会稳定的重要保障。当前经济社会发展形势给高职生就业带来的机遇和挑战并存，抓住机遇，直面挑战是成功的关键。

一、就业形势

（一）高职生就业概况

近几年，在高校毕业生规模逐年扩大、经济由高速增长转向高质量发展的背景下，应届高职毕业生的就业率依然整体保持稳定。由麦可思研究院跟踪撰写的《就业蓝皮书：2020 年中国高职生就业报告》的调查数据显示，2019 届高职毕业生毕业半年后的就业率为 91.9%，与 2015 届的 91.6% 基本持平，近五年趋于平稳。从不同院校类型来看，列入中国特色高水平高职学校和高水平专业建设计划（简称"双高计划"）的高职院校就业率（2019 届 94.0%）整体高于其他高职院校（2019 届 91.4%），这也反映出就业市场对高素质技术技能人才的强劲需求。高职毕业生初次就业呈现以下三个显著特点。

1. **毕业生以直接就业为主，升本比例持续上升**

高职毕业生毕业后以直接就业（包括受雇工作、自主创业）为主，近五年来毕业生直接就业的比例均超过八成。与此同时，升本对毕业生的分流作用持续扩大，越来越多的毕业生选择在毕业后读本科。调查数据显示，高职毕业生读本科的比例从 2015 届的 4.7% 上升到了 2019 届的 7.6%；其中，"双高计划"院校毕业生的升本比例更为明显，由 2015 届的 5% 上升为 2019 届的 9.9%。2021 年全国专升本扩招至 64.2 万人，升本比例进一步扩大，这将为毕业生更高质量的就业与更好的职业发展奠定基础。

2. **毕业生待就业比例保持稳定，就业困难非待就业主因**

近五年应届高职毕业生待就业比例稳定在 8% 左右。其中"双高计划"院校毕业生待就业比例较低，近五年整体稳定在 6% 左右；其他高职院校平均保持在 8.4% 左右。从待就业人群的分布来看，毕业生大多在积极求职（2019 届 58%），这些积极求职的毕业生有六成以上（2019 届 66%）收到过录用通知，未接收录用主要是出于薪资福利以及个人发展空间等因素的考虑；除了正在求职的人外，2019 届待就业的毕业生中还有 24% 正在准备公务员考试、创业、升学、职业资格考试或参加技能培训，都有较为明确的个人职业生涯规划。由此可见，高职生待就业的主要原因是择业，而非就业困难。

3. **产业转型升级，带动信息技术领域人才需求增长**

随着信息与通信技术不断取得突破，人工智能、5G（第五代移动通信技术）、大数据等与生产服务相关的领域正快速发展，在推动产业转型升级同时，也带动了相关领域用人需求增长：

（1）信息传输、软件和信息技术服务业对毕业生的需求上升。调查数据显示，应届高职毕业生在信息传输、软件和信息技术服务业就业的比例由2015届的5.4%上升到了2019届的5.8%。该领域的薪资水平较高，且增长潜力较大，2019届在信息传输、软件和信息技术服务业就业的应届高职毕业生的月收入为4 995元，仅次于运输业的5 458元，2016届工作三年的月收入为7 865元，名列第一，且三年内晋升的比例为65%。

（2）信息技术与制造业深度融合催生了制造相关领域新兴岗位用人需求。机械设备制造业、通信设备制造业2019届高职毕业生就业比例分别为3.1%、0.8%，在该领域就业的毕业生岗位构成以机械/仪器仪表技术人员以及电器、电子技术人员为主，其中包括了物联网工程技术人员、工业机器人系统操作人员等新兴岗位，这两个新兴岗位对应的主要专业物联网应用技术、工业机器人技术2019届毕业生就业率分别为95.0%和93.8%，均高于全国高职生的平均就业率。

（二）高职生就业机遇

1. 国家政策大力扶持

高校毕业生就业是"稳就业"的重中之重。近年来，党和政府高度重视大学生就业问题，颁布了一系列的政策法规，科学开展当代大学生就业工作。各地政府纷纷推出了相应的政策措施，为大学生提供多种就业渠道。

2020年，在就业岗位数量减少的大背景下，国家相关部门出台了近40项政策：针对升学，出台了专升本、第二学士学位、硕士研究生面向国家战略和民生发展急需专业扩招的政策；针对基层就业，出台了扩大"特岗计划""三支一扶"招录规模、扩大城乡社区和基层医疗就业岗位、开发科研助理岗位等吸纳就业政策；针对参军入伍人员，出台了加大升学优惠力度、优化体检标准、直招士官入伍等政策；针对职业资格条件，出台了教师等职业资格"先上岗、再考证"等政策。除了通过各种就业创业扶持政策扩大就业渠道，还通过补贴、财税优惠等政策援企稳岗。这些政策"组合拳"在一定程度上缓解了就业压力。截至2020年9月初，当年政策性岗位吸纳280多万高校毕业生就业，较2019年同期增加70多万。

好文续航

总书记关心大学生就业

2020年7月23日，习近平总书记在中国一汽集团调研时，对几位刚毕业的大学生讲道："大学生就业，今年面临一些困难，疫情的影响。但是党和政府还是全力以赴，把它作为今年经济工作的重中之重，解决民生问题的重中之重，争取使我们的大学生都能找到工作。我们大学生的择业观也要摆正。找到自己的定位，投入到踏踏实实的工作中，实现自己的人生理想。"

模块七 就业政策规范

2. 产业结构不断优化升级

我国高校毕业生人数不断创历史新高，几乎占了每年新增就业人口的一半。随着我国受教育人口的结构不断优化，"人口红利"正在向"工程师红利"转变。国家正在努力升级产业结构以适应新时期人才发展的紧迫要求，加快培育发展战略性新兴产业、构建高效制造业供应链体系、大力发展生产性服务业，都对劳动力质量提出了新的要求，需要更多的高素质人才。例如，传统产业就业人数下降是不可逆转的趋势，我国纺织服装、皮革制鞋等劳动密集型产业，从2006年占制造业就业人数15%下降到2020年的不足10%，减少了800多万从业者。战略性新兴产业由于知识密集度高、技术创新强等特点，发展战略性新兴产业需要大批高素质技术技能人才，新能源汽车、医药、高端装备、电子信息等战略性新兴产业就业人数一直保持稳定增长。研究表明，我国战略性新兴产业中行业产品销售收入每增加1%，将会带动行业城镇青年年末就业人数增长0.7%，要高于一般情况下经济增长1%拉动就业增长0.5%的平均水平。

3. 信息服务行业流量增大

新冠肺炎疫情对传统服务业的冲击较大，但以互联网技术为基础的信息服务产业却增速明显。在诸如电子商务、在线教育、在线医疗等领域，互联网、大数据、云计算、人工智能等先进技术带动了更多平台和用户接入，整个信息服务产业的流量在疫情防控常态化背景下有较大增长。

工业和信息化部发布的《2021年通信业统计公报》指出，新冠肺炎疫情影响下，非接触性服务普及大幅提高，用户对网上购物、在线办公等移动互联网应用的依赖度加深。2021年，移动互联网接入流量消费达到2 216亿GB，比上年增长33.9%。全年移动互联网月户均流量达13.36GB/户·月，比上年增长29.2%；12月当月高达14.72GB/户·月。其中，手机上网流量达到2 125亿GB，比上年增长35.5%，在总流量中占95.9%。国家统计局发布的数据显示，2021年线上经济逆势增长，网上零售额13.1万亿元，比2020年增长14.1%。由此可以看出，互联网等信息服务产业的兴起为社会提供了大量的技术人才、服务人才岗位。对于高职毕业生来说，对新鲜事物的好奇心和接受能力会使得他们的就业优势更大，高职生可以借助我国"互联网+"和5G网络建设带来的技术变革，围绕自媒体、网络直播、电子商务等领域，有针对性地就业以及尝试创业。

4. 技术类岗位需求激增

在国家"互联网+"和"大众创业、万众创新"的政策指引下，更多大学生选择技术类岗位进行就业或创业。高职生在技术类岗位的就业过程中优势明显，主要体现在新事物接受能力、知识水平、探索精神和服务意识等方面。

智联招聘携手淘榜单共同发布的《2020年春季直播产业人才报告》显示，当年春节复工后一个月内，网络直播、在线教育这一类技术岗位人才需求量逆势猛增，如直播行业招聘职位数在一个月内同比上涨83.95%，招聘人数增幅更是达132.55%，平均招聘月薪达9 845元，直播岗位七成不限学历和经验，主要靠实操技能取胜。具备一定信息素养和专业知识的高职毕业生对于技术类岗位有较高竞争力，这为解决高职生就业问题提供了一个新思路。高职生要认清形势，不妨围绕这些紧俏技术类岗位进行职业规划和岗位选择。

> **好文续航**

小微企业是高职生就业的理想平台

小微企业是小型企业、微型企业、家庭作坊式企业、个体工商户的统称。中国产业调研网发布的《中国小微企业行业现状调研及发展趋势分析报告(2021—2027年)》显示，小微企业是经济发展的生力军。截至2021年8月，我国小微市场主体已达6 715.5万家。其中，小微企业3416.3万家，占小微市场主体总数的50.9%；个体工商户3 299.2万家，占小微市场主体总数的49.1%。小微企业成为扩大就业的重要支撑，对保就业、促民生起到重要作用。据国家统计局抽样调查显示，每家小型企业能带动8人就业，一家个体工商户带动2.8人就业，小微企业大约提供了75%的城镇就业机会。

但小微企业优质人才匮乏，求贤若渴。市场调查显示，小微企业永远是人才需求面广、数量大的雇主，招聘市场上常年不断招聘的企业往往是小微企业。小微企业员工学历普遍偏低，企业中具有大学文凭的员工比例远远低于高中(职高、中专)、初中、小学文凭的员工比例，因此这类企业对高素质技术技能型人才格外青睐。

(三) 高职生就业挑战

1. 劳动力市场需求暂时低迷

新冠肺炎疫情暴发以来，世界经济遭遇重创。如美国2020年实际国内生产总值萎缩3.5%，创1946年以来最大年度跌幅。疫情使全球失业人口猛增。国际劳工组织发布的数据显示，2020年二季度全球超过3亿名全职雇员停止工作，16亿劳动者面临生计威胁，超过4.36亿家企业面临生产经营风险。在世界百年未有之大变局下，作为世界第二大经济体，中国经济虽持续回暖，但部分行业的用人招聘延迟甚至缩减、取消，整个市场招聘需求较疫情暴发之前暂时下滑。由中国人民大学中国就业研究所利用智联招聘大数据发布的中国就业市场景气指数显示，与2019年同期相比，2020年一季度大学生招聘需求人数减少了16.77%，求职申请人数则增加69.82%。从BOSS直聘发布的行业观察数据来看，备受高职毕业生关注的广告、汽车、金融、房地产、专业服务和消费品行业，新增应届生岗位均不同程度下降。此外，由于海外疫情影响导致出口贸易相关企业业务不振，相关专业毕业生将会面临严峻的就业挑战。

2. 人才市场结构性供过于求

2019年我国高等教育毛入学率达到51.6%，在学总人数达到4 002万人。这两个数字表明，我国已经实现了从高等教育大众化到普及化阶段的跨越，已经建成世界上最大规模的高等教育体系。高等教育由精英教育转入大众化阶段，再进入普及化时代，大学生数量大幅增长。2000年全国普通高等学校共有应届毕业生107万人，2011年达到660万人，2020年达到874万人，2021年达到909万人，2022年毕业生将超过1 000万人。2011—2021年高校应届毕业生数量增长情况，如图7-1所示。

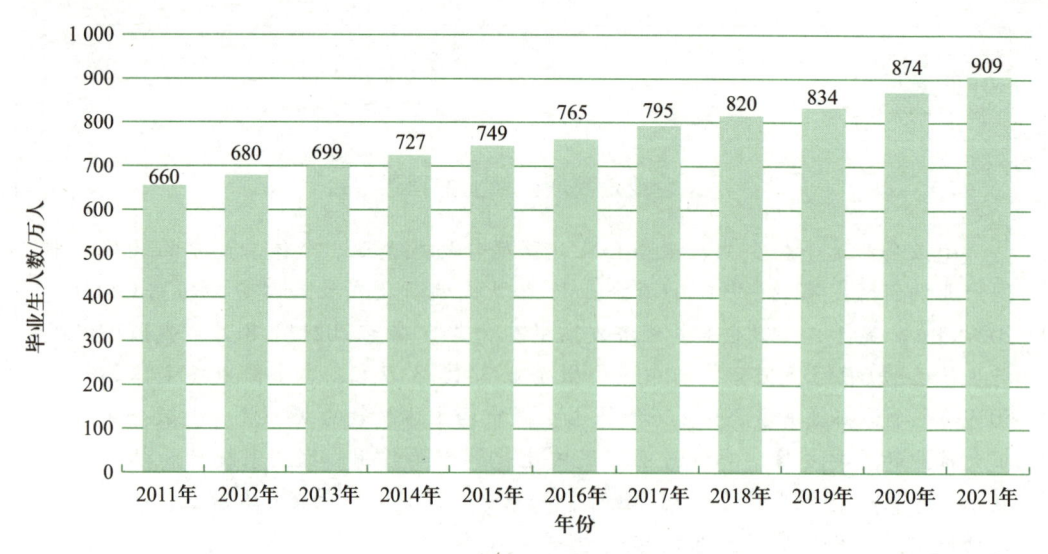

图 7-1 2011—2021 年高校应届毕业生数量增长情况

此外，由于我国经济结构调整和区域经济结构、职场、经验准入要求等市场需求因素发生的变化与大学生适应这一变化所需的知识结构、专业素质、职场经验、就业观念、信息占有、高校分布和专业人数分布不匹配，引发了职位空缺和失业并存的"结构性失业"现象。所以，出现大学生就业困难的局面并不是大学生太多了，而是结构性过剩，也就是劳动力供求不一致，导致大学生结构性失业，如专业设置和社会需求不相适应，学生素质和社会需求不相适应，大学生就业观念滞后、区域结构性矛盾等。

3. 社会对毕业生的要求越来越高

随着社会突飞猛进地发展，当代社会对大学毕业生的综合素质能力要求越来越高。

（1）社会对毕业生素质要求提高。就业的竞争实质上就是人才的竞争，用人单位对毕业生的素质要求越来越高，已从"数量型"转为"质量型"，用人观不再固守"用人所学"与"学有所用"，而是逐步形成了"不求所有，但求所用"的用人新模式。从众多用人单位的招聘条件来看，看重的综合素质包括较高的政治身心素质和高尚的道德、强烈的事业心和责任感、踏实肯干和吃苦耐劳的创业精神、扎实的基础知识和宽广的知识面、较强的动手能力和实践能力及工作经历、较强的适应能力和团队精神等。综合素质高的毕业生备受青睐，就业面宽，机会多，选择机会大；而综合素质低者不可避免地陷入"就业难"和"难就业"的困境。

（2）当前社会仍存在偏离实际需求的人才资源高消费现象。部分企业单位仍存在片面追求高学历、名校毕业生的用人导向，有的甚至任意拔高学历门槛，从而造成"高学历低就业"的人才浪费现象。某些实操性较强的用人单位，也跟风要求招聘名校毕业生或研究生，这让众多高职毕业生望而却步。究其原因：一是某些用人单位没有对所有岗位进行人力资源适配度的科学分析，导致盲目设定高学历门槛；二是用人单位认为通过提高招聘门槛可有效筛选过多竞争者；三是这种导向被一些用人单位认为是重视人才的表现，较高的高学历员工占比可以用来"装点门面"。这一盲目的人才高消费现象，影响着社会的人才观和价值观，影响着教育系统中的成才观和教育观，也影响着教育现代化的进程，冲击了我国教育与人力资源的正常社会生态。在当前拔尖创新型人才和高技术技能人才短缺的情况下，急需匡正过度追求高学历、名校的社会用人导向，以科学的社会用人导向引导社会的人才观、价值观和教育观的改变。

4. 毕业生的就业期望值居高不下

就业期望值居高不下是当下高职毕业生就业工作中的主要难题。高职院校毕业生对自己个人能力及就业形势认识不清、眼高手低的情况仍普遍存在。不少大学毕业生感叹"找不到理想的单位"的同时，又有许多基层一线、偏远地区的用人单位急需人才又招聘不到合适的大学毕业生，这就反映出毕业生求高薪、求舒适、求名气的心态仍普遍存在。目前高职院校毕业生中以事业发展为重的并不占多数，大多数毕业生的就业期望体现在：能到大城市的大机关、大企业等大单位工作；能去的单位声誉好、工作条件好、生活待遇好、有进修机会，甚至离家比较近的单位工作；等等。

对于没有方向的航行，任何风都是逆风。在就业形势较为复杂、严峻，机遇与挑战并存的背景下，大学毕业生"慢就业"不可取，守株待兔不可取，挑三拣四更不可取。无论职业目的地在何处，都需要迈开脚步前行。完成高职学业，如不准备继续深造，就该丢弃消极应对的就业心态，尽早就业，服务社会，成就自我，这是时代赋予青年的责任担当，是有为青年应有的模样。

二、就业政策

就业政策是党和国家在一定的历史阶段和历史条件下，为了促进经济发展和社会进步，为劳动者创造就业条件、扩大就业机会所制定的行为准则。大学毕业生就业政策是国家就业政策的重要组成部分，对大学毕业生的就业具有重要意义。

为了使大学毕业生具有宽松的就业环境和更多的就业机会，国家进行了一系列大学毕业生就业制度改革，及时制定并调整了适应新形势的大学毕业生就业政策。我国的毕业生就业政策变迁经历了以"统包统配"为主要特征的计划调控阶段和以"双向选择、自主择业"为特征的市场调控阶段。大学生就业政策演变与我国社会主义市场经济体制的变革紧密相关。

大学生就业政策结构分为三类：一是中央一级国家机关制定的总体规划性、指导性就业政策；二是省一级的地方政府制定、实施的地方就业政策；三是就业服务机构、工会、共青团等群团组织制定的具有鼓励性、引导性和倡议性就业政策。

（一）国家大学生就业政策

目前，国家对大学生就业的政策主要包括：

（1）鼓励高校毕业生到基层和艰苦地区工作。

（2）党政机关录用公务员和国有企事业单位新增专业技术人员和管理人员，应主要面向高校毕业生，公开招考或者招聘，择优录用。

（3）鼓励各类企事业单位特别是中小企业和民营企业聘用高校毕业生，政府有关部门要为其提供便利条件和相应的服务。对企业跨地区聘用的高校毕业生，省会及省会以下城市要认真落实有关政策，取消落户限制。

（4）鼓励高校毕业生自主创业和灵活就业。

（5）为高校毕业生办理户口和人事档案手续提供便利。

（6）毕业半年以上未能就业并要求就业的高校毕业生，可持学校证明到入学前户籍所在城市或县劳动保障部门办理失业登记。

（7）鼓励中小企业和民营企业聘用高等职业学校毕业生，对就业困难的应届高职业生，由人力资源和社会保障部门以及教育部门共同实施高职毕业生职业资格培训工程；对需要培训的应届高职毕业生进行职业技能培训和职业技能鉴定。培训费由教育系统承担，职业技能鉴定费由人力资源和社会保障部门适当减免。

好文续航

强化就业优先政策

就业是最大的民生。我国有14亿人口、9亿劳动力，解决好就业问题，始终是经济社会发展的一项重大任务。"十三五"时期，我国就业局势保持总体稳定，就业规模不断扩大，城镇新增就业人数超过6 000万人，就业结构持续优化，就业质量稳步提高。"十四五"时期，我国进入新发展阶段，党的十九届五中全会通过的《中共中央关于制定国民经济和社会发展第十四个五年规划和二〇三五年远景目标的建议》（以下简称《建议》），科学研判大势，把握发展规律，将促进就业作为经济社会发展的重要内容，提出一系列新要求，明确一系列重大任务。我们必须充分认识其重要意义，准确把握其基本内涵。

1. 坚持经济发展就业导向

解决就业问题根本要靠经济发展。《建议》提出，千方百计稳定和扩大就业，坚持经济发展就业导向，扩大就业容量，提升就业质量，促进充分就业，保障劳动者待遇和权益。推动财政、金融、投资、消费、产业等政策聚力支持就业。

2. 健全就业公共服务体系

《建议》提出健全就业公共服务体系，就是要在已有基础上，针对新形势新任务新要求，持续打造覆盖全民、贯穿全程、辐射全域、便捷高效的全方位就业公共服务体系，满足社会求职招聘创业等多方面的需求。

3. 更加注重缓解结构性就业矛盾

当前和今后一个时期，我国就业总量压力依然存在，但结构性就业矛盾更为凸显，突出表现为招工难和就业难并存，这一问题正在成为就业领域的主要矛盾。一要实施"技能中国"行动，推动落实终身职业技能培训制度，开展常态化大规模多方式的职业技能提升行动并建立长效机制。二要完善技能人才培养、使用、评价和激励机制，加强技能人才培养基础能力建设，充分发挥企业主体作用，建立健全技工院校和中等职业学校支持政策，畅通技能人才职业发展渠道。三要积极采取措施使普通高中和中等职业学校、技工院校招生规模保持大体相当，从源头上提高技能人才培养比例。四要健全职业技能竞赛体系，举办综合性的全国技能竞赛，形成以全国竞赛为主体、岗位练兵技术比武为基础的中国特色竞赛体系，更好发挥以赛促学、以赛促训、以赛促评的作用,在全社会积极营造崇尚技能、尊重人才的良好氛围。

4. 完善重点群体就业支持体系

一要着力做好高校毕业生等青年就业工作。二要积极促进农民工就业。三要扎实做好退役军人就业工作。四要健全困难群体就业援助制度。

5. 统筹城乡就业政策体系

一要推进就业制度平等,消除户籍、地域、身份、性别、行业等一切影响平等就业的制度障碍,营造城乡一体化公平就业环境。二要推进就业服务平等,实行农民工在就业地平等享受就业服务政策,和本地居民一视同仁、公平对待。三要加强权益维护,健全劳动关系协调机制,强化劳动纠纷调处,加强劳动保障监察执法,扩大社会保险覆盖范围,推进社保制度衔接。

创业是就业之源,灵活就业是就业的重要渠道,对于稳定和扩大就业具有重要意义。

(资料来源:张纪南. 强化就业优先政策(深入学习贯彻党的十九届五中全会精神)[N].人民日报,2021-01-19(9).)

进入21世纪以来,面对新形势新问题,我国出台了一系列大学生就业政策,如大学生志愿服务西部计划、"三支一扶"计划、选聘高校毕业生到村任职工作等基层就业政策、规范大学生就业服务政策、入伍服兵役政策、促进以创业带动就业政策、拓展就业升学渠道、网上就业服务、就业管理服务政策等,以引领大学毕业生积极就业,为切实解决大学生就业问题提供政策保障。

1. 大学生志愿服务西部计划

大学生志愿服务西部计划(简称西部计划)是经国务院常务会议决定,由中国共产主义青年团中央委员会(以下简称共青团中央)、教育部、财政部、人力资源和社会保障部共同组织实施的一项重大人才工程,该项目于2003年正式启动。该计划鼓励大学毕业生到西部基层进行志愿服务,服务期为1~3年,主要从事教育、卫生、农技、扶贫等工作,并大力支持志愿者服务期满后扎根当地就业创业。自2003年启动至今,在党中央、国务院的领导下,各部门对西部计划相关政策不断改进完善。

据统计,截至2019年,通过参加大学生志愿服务西部计划到中西部基层服务的大学生志愿者共计29万余人,他们为22个省区市及新疆生产建设兵团,为2 100多个旗县市区做出巨大贡献,用无悔青春建设祖国大地。大学生志愿服务西部计划引领和帮助一代代大学生树立正确的就业观,为他们到中西部、到基层、到祖国最需要的地方就业搭建一个良好的平台,促进优秀人才到偏远地区流动,一定程度上缓解大学生就业压力,为大学生服务社会、建功立业创造机会。

【活动体验】

制订我的"西部计划"

大学生志愿服务西部计划网站是共青团中央、教育部、财政部、人力资源和社会保障部联合实施项目的官方网站。

请你浏览该网站，结合自己的实际情况和具体政策措施，判断自己是否能加入"西部计划"，如果能，应该如何准备？

知识链接："中国十佳大学生村官"

2. 选聘高校毕业生到村任职工作

选聘高校毕业生到村任职工作也称作大学生"村官"工作，是党的十七大以来党中央做出的一项重大战略决策。该决策旨在培养一大批社会主义新农村建设骨干人才、党政干部队伍后备人才、各行各业优秀人才。大学生"村官"并不属于公务员身份，其岗位性质是"村级组织特设岗位"，具有一定时间的服务期限，服务期满后，可自行选择是否继续任职。具体待遇保障包括：

（1）新聘任大学生村官补贴标准按专科 2 000 元每月，本科 2 200 元每月、研究生 2 600 元每月执行，并随之同步提高。在艰苦边远地区工作的，按规定发放艰苦边远地区津贴。

（2）大学生村官聘用期间，按照当地对事业单位的规定，参加相应社会保险，并办理重大疾病、人身意外伤害商业保险。

（3）符合国家学费补偿和助学贷款代偿政策规定、聘期考核合格的大学生村官，其学费和国家助学贷款由财政补偿和代偿。

（4）在村任职两年以上，具备选调生条件和资格的，经组织推荐，可参加选调生统一招考。

（5）聘用期满、考核称职的大学生村官，经县级组织、人力资源和社会保障部门同意，可参加面向大学生村官等基层服务人员的公务员定向招录。

（6）除实行职业资格准入和专业限制的岗位之外，县（市、区）、乡镇事业单位每年在公开招聘工作人员时，要拿出一定比例定向招聘服务期满、考核称职的大学生"村官"。

（7）聘用期满、考核称职的大学生"村官"，报考研究生享受增加分数等优惠政策，同等条件下优先录取。

（8）被党政机关或企事业单位正式录用（聘用）后，在村任职工作时间可计算工龄、社会保险缴费年限。

（9）到西部和艰苦地区农村任职的，户口可留在现户籍所在地。

3. "三支一扶"计划

"三支一扶"计划是 2006 年由人事部（现人力资源和社会保障部）牵头，中共中央组织部、教育部、财政部、农业部（现农业农村部）、卫生部（现国家卫生健康委员会）、国务院扶贫办（现国家乡村振兴局）和共青团中央共同组织开展的高校毕业生到农村基层从事支教、支农、支医和扶贫工作的简称。招募对象主要为全国普通高校应届毕业生，并应具备以下条件：政治素质好，热爱社会主义祖国，拥护党的基本路线和方针政策；学习成绩合格，具有相应的专业知识；具有敬业奉献精神、遵纪守法、作风正派、身体健康。具体优惠政策包括：

（1）各级人事、教育、财政、农业、卫生、扶贫和团委等部门，要积极制定优惠政策，鼓励服务期满的"三支一扶"大学生扎根基层。原服务单位有职位空缺需补充人员时，应优先考虑接收服务期满考核合格的"三支一扶"大学生。县、乡各类事业单位，有职位空缺需补充人员时，也应拿出一定职位专门吸纳这部分毕业生。服务期满自主创业的，可享受行政事业性收费减免、小额贷款担保和贴息等有关政策。应届毕业生自愿到国家需要的艰苦地区、艰苦行业基层工作，服务达到国家规定年限，并符合相应条件的，可享受国家助学贷款代偿政策，具体办法另行制定。

（2）服务期满考核合格的"三支一扶"大学生，报考党政机关公务员的，可以通过适当增加分数以及其他优惠政策，优先录用。到西部地区和艰苦边远地区服务两年以上，服务期满后三年内报考硕士研究生的，初试总分加10分，同等条件下优先录取。对于已被录取为研究生的应届高校毕业生参加"三支一扶"项目的，学校应为其保留学籍。

（3）各级人事、教育、农业、卫生、扶贫等部门要制定切实有效措施，采取多种手段，充分挖掘本系统就业岗位，积极吸纳"三支一扶"大学生进入本系统工作。各级人事部门要为"三支一扶"大学生建立专门的人才库，广泛收集各类用人单位的岗位需求信息，动员各类用人单位接收"三支一扶"大学生，有针对性地提供就业指导和推荐，帮助其落实就业单位。

（4）服务期满考核合格的"三支一扶"大学生，根据本人意愿可以回到原籍或到其他地区工作。凡落实了接收单位的，接收单位所在地区应准予落户。进入国有企事业单位的，由接收单位按照所任职务比照同等条件人员确定其职务工资标准，其服务期限，计算为工龄。在今后晋升中高级职称时，同等条件下优先评定。

4. 农村义务教育阶段学校教师特设岗位计划

为了切实提高师资，特别是农村师资水平，加强农村教师队伍建设，2006年，教育部、财政部、人事部（现人力资源和社会保障部）、中央机构编制委员会办公室下发《关于实施农村义务教育阶段学校教师特设岗位计划的通知》（教师〔2006〕2号），联合启动实施"特岗计划"，公开招聘高校毕业生到"两基"（基本实施九年义务教育和基本扫除青壮年文盲的简称）攻坚县农村义务教育阶段学校任教。特岗教师聘期三年。

5. 入伍服兵役政策

2009年，财政部、教育部、总参谋部（现中央军事委员会联合参谋部）联合印发《应征入伍服义务兵役高等学校毕业生学费补偿和国家助学贷款代偿暂行办法》（财教〔2009〕35号），通过实施学费补偿和国家助学贷款代偿等财政优惠政策，鼓励高校应届毕业生积极加入应征入伍服兵役的队伍中。2009年，女兵征集制度也做出了较大幅度的调整，由过去的推荐报名变为全面面向社会普遍报名征集，这在全国也属于首次，通过对入伍服兵役政策的完善，进一步吸引高校应届毕业生的加入，在一定程度上缓解大学毕业生的就业压力。主要优待政策包括：

大学生参军入伍在"四优先"（优先报名应征、优先体检政审、优先审批定兵和优先安排使用）、学费资助、士兵提干、复学（入学）保留学籍、专科升本科、本科读研、专业调剂和退役安置等方面享受优待政策。

2011年，财政部、教育部、总参谋部联合印发《应征入伍服义务兵役高等学校在校生学费补偿国家助学贷款代偿及退役复学后学费资助暂行办法》（财教〔2011〕510号），这是鼓励大学生参军入伍的又一项优惠政策。

2011年10月29日，新修改的《中华人民共和国兵役法》规定，从2011年起我国高校在读大学生纳入正常征集的对象，并将普通高等学校毕业生的征集年龄放宽到了24周岁。

2012年，国防部征兵办出台五大优惠政策鼓励大学生参军入伍，这五个方面的优惠政策是：优先参军政策；优先选拔使用；考研升学优惠；享受学费补偿和国家助学贷款代偿；就业安置优惠。

从2013年开始征兵工作由冬季改为夏秋季征兵（2016年时间调整为2月初开始）。

2015年，相关政策文件提到，希望各高校能够进一步完善高校学生参军入伍优惠政策、认真落实鼓励高校学生入伍已有的政策措施、切实加强征集高校学生入伍的宣传动员。

案例品读

一腔热血卫国　大学应征入伍

肖思远，1996年出生，河南新乡延津县人。入伍前，他是河南农业职业学院汽修2014级3班的学生。2016年5月，肖思远看到了学校里的征兵通知，他应征入伍。河南农业职业学院的杨老师说，"大学生应征入伍对个人专业能力和综合素质要求都比较高。肖思远能应征入伍，一定是很优秀的。"

祖国西部边陲，喀喇昆仑高原，因在边境冲突中誓死捍卫国土，中央军委为五名官兵授予荣誉称号、记一等功，他们是团长祁发宝、营长陈红军、战士陈祥榕、肖思远、王焯冉。

肖思远牺牲后，战友们整理遗物时，看见他在一篇战地日记中写道："走在喀喇昆仑，我们就是祖国的界碑，脚下的每一寸土地，都是祖国的领土，无比自豪！"

肖思远16岁的弟弟时常梦见哥哥端着枪威武的样子。他下定决心：到了18岁，接替哥哥入伍，把哥哥的精神传下去！

（资料来源：赵丹. 边境冲突牺牲烈士肖思远入伍前所在学校：开学后将开展悼念活动［EB/OL］.（2021-02-19）［2021-03-18］. http：//news. hnr. cn/djn/article/1/1362736007723749376.）

【活动体验】

讲述我身边携笔从戎的同学

请你了解身边"大学生应征入伍"的同学或事迹，与同学分享给同学并谈谈自己的真实感受。

6. 促进以创业带动就业的政策

根据2015年《政府工作报告》部署，国务院印发《关于大力推进大众创业万众创新若干政策措施的意见》（国发〔2015〕32号），这是推动大众创业、万众创新的系统性、普惠性政策文件。同年，各部门出台了一系列相关政策通过发展众创空间、加快构建支撑平台、进一步做好新形势下就业创业工作、深化高校创新创业教育改革、建立部际联席会议制度和政策协调联动机制、政策措施落实情况督查督导机制，形成强大推动力。

（二）地方性大学生就业政策

地方政府在促进高校毕业生就业过程中，承担着指导、调控和监督的责任。其通过制定政策来传达对毕业生就业指导的精神并且为就业工作中具体的操作提供指导和依据。可以说，能否保障高校毕业生高质量地顺利就业，地方政府和政策起着举足轻重、不可或缺的作用。依据国家大学生就业政策，结合各地具体情况，各地方出台了一系列促进大学生就业的政策。主要包括以下几个方面。

1. 创造就业岗位

地方政府对各地教育部门和其他相关部门进行引导，努力为高校毕业生提供就业岗位，在原有的就业方式基础上开辟新的就业途径，根据经济发展的形势与产业升级，为毕业生在文化产业、信息产业、现代服务业等新兴的产业发掘就业岗位。地方政府除扩大岗位需求外，为帮扶企业、减轻用人负担，为部分用人单位提供补贴。

2. 扶持创新创业

地方政府牵头，集中优质资源，推动创新创业热潮发展，将创业平台、创业培训向高校校园推广延伸，为高校学生提供与时俱进、符合时代特色且有针对性的创业实训讲座。为通过审核高校毕业生提供创业担保贷款，为部分符合条件的学生提供一次性的创业补贴，政府与其他社会组织合作，通力助力毕业生创业，为他们提供多方向、多渠道的帮助与选择机会。

3. 提供就业宣传与服务

高校学生可主动从当地的人事考试网站、就业服务网获取工作招聘、实习招聘的信息，还可以从社会上的公共就业服务机构，如本地的人力资源市场、街道人才服务中心获得就业相关资讯和服务。除公共服务组织外，经营性机构包括中介组织、提供人力资源服务的企业也是高校毕业生获取就业信息和就业服务的来源。

4. 提供见习机会

从2009年开始，国家为促进大学生就业，统一确立了一些大型企业和事业单位作为大学生见习基地，三年内有100万左右刚离校的大学毕业生在国家指定的见习基地进行了实习。地方政府组织了部分用人单位和高校学生的双向选择，有专门人员帮助高校学生与实习单位联系对接，高校毕业生未就业回到原籍的可以申请当地人力资源和社会保障部门提供的实习机会。

5. 税务、户籍、安居等方面政策

各级政府积极为高校毕业生解决毕业后档案、户口等方面的限制和障碍：若高校毕业生选择到中小企业就业，政府为其免费办理社会保险接续、人事档案管理、转移等手续。若用人单位招录非本地户籍的高校毕业生，各地根据具体情况取消和减少落户限制。

6. 提供补贴

政府为用人单位也提供一定的补贴，主要有社会保险补贴政策和公益性岗位补贴政策。社会保险补贴政策是指为鼓励就业困难人员灵活就业，减轻其以个人身份缴纳社保等必须费用的压力，或为降低企业的用人成本，鼓励其吸纳就业困难人员就业，对上述个人或单位在缴纳社会保险费用后实行先缴后补，给予一定费用补贴。就业困难的高校毕业生以个人身份缴纳社会保险的，在申报未就业或灵活就业后，条件允许的地方政府给予一定数额的社保补贴，补贴具体方式及数额由各地省级财政、社保部门规定执行。

公益性岗位补贴是指由政府或其他用人单位开发的符合社会公共利益需要的服务性岗位或协助管理岗位，安置就业困难人员和属于就业困难人员的高校毕业生就业的，给予一定期限、一定额度的工资性补贴。

> 【活动体验】
>
> 就业政策知多少？
>
> 请你调查学校所在地和就业目标地的大学生就业政策并与同学们分享。

（三）群团组织就业扶持政策

青年就业关系民生改善、经济发展和国家未来。为进一步加强对长期失业青年的就业帮扶，增强其职业素养和就业意愿，提高劳动参与率，推动实现更高质量和更充分就业，中华全国总工会、共青团中央制定了一系列就业扶持政策。

1. 金秋助学和阳光就业行动

2009年中华全国总工会和教育部联合发出《关于开展"困难职工家庭高校毕业生阳光就业行动"的通知》，明确对困难职工家庭高校毕业生优先安排实习培训、优先推荐就业，并对那些享受国家优惠政策后经济上仍有困难的职工家庭高校毕业生酌情发放就业补贴，以确保他们不因经济困难而影响求职就业。该活动持续至今。

全国总工会要求各级工会进一步整合社会力量，充分运用基金会、公益项目等平台媒介，动员社会资源，形成多元化助学和促就业力量。同时，引导企业特别是国有企业、劳动关系和谐企业，优先吸纳困难职工家庭高校毕业生，实现社会资源与困难职工子女上学、就业需求精准对接。各级工会还将创新帮扶机制，把经济资助与学业帮助、人文关怀、能力培养结合，把重要时间节点帮扶与日常助学救助结合，建立完善定时联系、关心回访平台和回访辅导等机制，关注特殊职工家庭子女的心理健康，实现帮扶救助常态化、经常化、日常化。

2. 青年就业创业见习基地

青年就业创业见习基地是共青团服务青年就业创业的一项重要举措。目标是建立5 000个比较规范的统一品牌的共青团"青年就业创业见习基地"。全团始终把就业创业见习基地作为一个统一品牌推动，募集基地的工作由地市以上的团组织完成。见习基地建立的标准主要包括：为合法经营、依法纳税并处于正常生产经营状态的企事业单位，有提供见习岗位的意愿和接收见习人员的能力；具备国家法定安全生产条件；每年至少安排一期见习，每期一般为 2 至 3 个月，岗位数量不少于 10 个；见习岗位的工作内容需具备一定的技术技能含量，见习基地不以短期劳务用工为主要功能；能够为见习人员提供人身意外伤害保险和一定的基本生活补助；见习结束后，能够为见习人员出具见习鉴定；同等条件下，可以优先录用在本单位见习的青年。

3. 青年就业启航计划

2019 年，人力资源和社会保障部、共青团中央联合印发《关于实施青年就业启航计划的通知》（以下简称《通知》）。《通知》提出，将 16~35 岁有劳动能力、失业一年以上的青年纳入计划，以"就业启航，梦想扬帆"为主题，建立健全覆盖求职创业全过程的帮扶机制，使有需要的失业青年都能得到相应就业政策和服务帮扶。《通知》从五个方面明确了具体帮扶举措：

（1）摸清基本情况。对失业青年定向摸排登记，了解掌握家庭情况、失业原因、求职意向、技能水平等基本信息，建立实名信息数据库。

（2）开展实践指导。开展志愿服务、主题展览、团体职业指导等实践活动，组织失业青年参观人力资源市场、技工院校和企业园区，增强职业认知。对有求职意愿的青年开展一次职业素质测评，量身定制一份"就业启航计划书"，帮助合理确定职业定位，积极就业。

（3）提升就业能力。将有培训意愿的失业青年组织到职业技能提升行动中，有针对性地提供培训项目，使之至少掌握一种专项技能。对希望接受技能教育的，推荐就读职业院校、技工院校。对缺乏工作经历的，提供就业见习机会，提升岗位适应能力。

（4）扶持自主创业。组织有创业意愿的失业青年参观创业园区、孵化基地、众创空间，感受创业氛围。开展创业创新培训，帮助提升创业能力。为符合条件的失业青年提供创业担保贷款、一次性创业补贴、场租补贴等支持。

（5）实施托底帮扶。将建档立卡贫困家庭、城乡低保家庭、零就业家庭和残疾失业青年作为重点援助对象，提供专门的职业指导和心理咨询服务，组织专场招聘活动，优先向企业推荐。开展调查回访，跟踪了解就业情况、工作生活难题、意见诉求等，积极帮助解决，促进稳定就业。

好文续航

"团团微就业"共青团服务青年就业平台上线

2020 年，由中国青年报社开发的"团团微就业"共青团服务青年就业平台已上线，平台聚合地方人才引进政策和企业用人需求，聚焦大中专毕业生，提供特色化的线上就业服务，让"毕业生"秒变企业"培训生"，第一批次提供岗位 7 000 余个，涉及企业近 500 家。平台同步推出"团团微就业"小程序和中国青年报客户端两大入口，最大程度提高企业招聘效率以及学生的择业效率，使青年人才和企业 HR 随时随地"云上"交流。未来将通过线上线下相结合的方式，搭建中央媒体、地方政府、高校毕业生三方之间的就业桥梁，为大中专毕业生提供持续的就业服务。

"高校毕业生流动性强，城市是他们的就业主阵地，这更需要城市间携手发力，共同做好他们的就业工作。"人力资源和社会保障部就业促进司有关领导表示，此次活动以城市为主体，发挥各方优势，建设日常化的就业信息服务平台，搭建中央媒体、地方政府和高校毕业生三方的对接桥梁，充分体现了中国青年报社作为中央主流媒体，服务国家稳就业保就业大局的担当作为，体现了各参与城市将促进高校毕业生就业和引才育才紧密结合、推动城市创新发展的远见卓识。

据悉，该行动旨在贯彻落实共青团十八大总体部署，深入推进共青团投身打赢脱贫攻坚战三年行动，实现共青团"帮助10万名建档立卡贫困家庭大中专毕业生就业"的工作目标。共青团中央于2020年2月迅速启动了共青团"千校万岗"线上就业服务季活动，时至当年9月，全团共举办各类线上招聘活动361场，累计20万个企业提供岗位647万个，参与学生超过400万人次。上线就业指导课，累计观看人数2 500多万人次。本次活动自筹备以来，得到了各地的大力支持。

主题二　就业制度与法规

一、就业制度

就业制度是指关于人们合法获取就业机会、维护社会就业行为的根本规定。与大学生密切相关的就业制度主要有职业资格证书和劳动就业准入制度、劳动合同制度和人事代理制度等。

（一）职业资格证书和劳动就业准入制度

职业资格证书是劳动就业制度的一项重要内容，也是一种特殊形式的国家考试制度。它是指按照国家指定的职业技能标准或任职资格条件，通过政府认定的考核鉴定机构，对劳动者的技能水平或职业资格进行客观公正、科学规范的评价和鉴定，对合格者授予相应的国家职业资格证书。

所谓就业准入制度，是指根据《中华人民共和国劳动法》和《中华人民共和国职业教育法》有关规定，对从事技术复杂，通用性广，涉及国家财产、人民生命安全和消费者利益的职业（工种）的劳动者，必须经过培训并取得职业资格证书后方可就业上岗的制度。

职业资格证书制度是一项国际通行的行业准入制度，各国之间开展的职业资格互认更使其成为国际执业的"通行证"。推行职业资格证书制度，构建专业人才执业资格制度体系，是专业技术人才队伍建设的需要。

我国原劳动和社会保障部根据国家经济和社会发展的要求，以及各行业职业的特点、性质，规定从2000年7月1日起在全国范围内对超过上百个职业实行就业准入。就是说，如果从事某类职业（工种）必须持职业资格证书上岗。如人力资源管理人员、企业信息管理师、项目管理师、心理咨询师、电子商务师、营销师（推销员）、职业指导人员、秘书等。其实，某些职业（专业）由于其技术性、专业性强而约定俗成地很早就实行了职业资格证书制度，如律师、注册会计师、电工、锅炉工等。很多行业都有自己的职业资格证书与就业准入制度，比如旅游行业就有导游员资格证书、旅行社经理资格证书、国际领队资格证书、酒店管理人员资格证书、景区管理人员资格证书、旅游行业管理岗位资格证书等几十种职业资格证书。而随着我国经济的飞速发展，科学技术水平的不断提高以及各行各业规范化的发展，一些原没有规定的职业也逐步实施了职业资格证书制度，最终目标是绝大多数职业岗位都将实施职业资格证书制度。

经过多年发展，我国职业资格证书制度取得了一定的成效，但在发展中也存在一些问题，主要涉及以下几个方面：一是有关职业资格证书制度的法律法规不完善；二是职业资格证书"多头管理"；三是职业资格证书设置的不科学性。

截至2017年9月，人力资源和社会保障部公示了国家职业资格目录清单，列出职业资格140项，其中，专业技术人员职业资格59项，技能人员职业资格81项。2021年1月12日，为贯彻落实国务院"放管服"改革要求，结合近年来国务院有关部门职责调整、行政审批事项改革等情况，拟对2017年公布的《国家职业资格目录》专业技术人员职业资格部分进行调整。调整后，拟列入专业技术人员职业资格58项，其中，准入类31项，水平评价类27项。

> **好文续航**

读懂 1+X 证书

2019年2月，国务院印发的《国家职业教育改革实施方案》（简称"职教二十条"）中明确提出，从2019年开始，在职业院校、应用型本科高校启动"学历证书+若干职业技能等级证书"制度（以下称1+X证书制度）试点工作。

1. 什么是1+X证书制度？

简单而言，"1"是学历证书，是指学习者在学制系统内实施学历教育的学校或者其他教育机构中完成了学制系统内一定教育阶段学习任务后获得的学历文凭；"X"为若干职业技能等级证书。1+X证书制度就是学生在获得学历证书的同时，取得多类职业技能等级证书。学历证书全面反映学校教育的人才培养质量；职业技能等级证书则是毕业生、社会成员职业技能水平的凭证，反映职业活动和个人职业生涯发展所需要的综合能力。

"1"是基础，"X"是"1"的补充、强化和拓展。学历证书和职业技能等级证书不是两个并行的证书体系，而是两种证书的相互衔接和相互融通。书证相互衔接融通是1+X证书制度的精髓所在。

2. 为什么实行1+X证书制度？

把学历证书与职业技能等级证书结合起来，探索实施1+X证书制度，是"职教二十条"的重要改革部署，也是重大创新。1+X证书制度试点工作将按照高质量发展的要求，坚持以学生为中心，深化复合型技术技能人才培养培训模式和评价模式改革,提高人才培养质量,畅通技术技能人才成长通道,拓展就业创业本领,缓解结构性就业矛盾。

3. 如何处理"X"证书与职业资格证书关系?

实行1+X证书制度之后,职业学校是否继续推行"双证书"制度(学历证书和职业资格两种证书制度),如何处理"X"证书与职业资格证书等的关系是各方需要深入思考的问题。实际上,在职业院校开展职业资格证书教育和培训活动具有普遍意义。

(1) 职教法第八条规定:"实施职业教育应当根据实际需要,同国家制定的职业分类和职业技能等级标准相适应,实行学历证书、培训证书和职业资格证书制度。"

(2) 不少行业从业条件设置了必须取得相应职业资格证书的要求。

(3) 目前职业学校承担了大量面向社会从业人员的职业资格培训工作,这是职业学校的重要办学功能,需要保留。

可以说,双证书制度为1+X证书制度提供了实践基础,但1+X证书制度在概念、定位、"X"证书开发建设主体、运行机制、管理模式等方面都发生了根本的变化,更重要的是1+X作为一个整体成为学校职业教育的制度基础,"1"与"X"教育培训对象相同、内容互补、目标同向,相比双证书中两种证书之间关系有了质的区别。因此,在广泛推行1+X证书制度过程中,是否保留国家职业资格证书教育需要按照专业人才培养要求和就业要求,由各职业学校自主确定,并纳入人才培养方案中。

(资料来源:根据中国职业技术教育网资料改编。)

【活动体验】

我所了解的1+X证书

请和其他同学一起查阅资料,整理截至目前已公布的1+X证书目录。同时讲解与自己专业相关或目标行业内所涉及的职业技能等级证书。

(二) 劳动合同制度

劳动合同制度是指专门规范劳动合同的制度。劳动合同与每一个劳动者息息相关,是每一个劳动者走上工作岗位与用人单位发生劳动关系时都必须签署的协议。劳动合同的内容包括劳动者与用人单位经过平等协商后达成的关于权利和义务事项的条款。

我国的劳动合同制度从20世纪80年代中期开始试点,在20世纪90年代得到大力推行,至今已在城镇各类企业中广泛实施。我国法律规定,用人单位与劳动者依法建立劳动关系,应该书面订立有固定期限、无固定期限或以完成一定的工作为期限的劳动合同;在订立劳动合同过程中,劳动关系双方必须遵循平等自愿、协商一致的原则。

实行劳动合同制度,明确了劳动者与用人单位双方的权利和义务,保障了劳动者择业自主权和用人单位的用人自主权。

应针对劳动合同制度实施现状,依照我国现行劳动法律规定全面推行劳动合同制度。加强宣传,在社会上形成自觉签订劳动合同的氛围。先要在各级领导中进行宣传,使其认识到劳动合同法律制度在经济社会中的作用;再要对企业进行宣传,使其认识到用工签订劳动合同是企业最起码的职责;还要对劳动者进行宣传,使他们认识到签订劳动合同是保护自己的合法权益。

对拒不签订劳动合同的企业依法进行处罚。运用劳动监察的职能对各类企业签订劳动合同情况进行专项检查,对未签订劳动合同的企业按我国现行劳动法律规定和各省的有关规定进行处罚,促进企业自觉签订劳动合同。对劳动合同制度运行中的关键环节和难点问题,劳动监察部门应主动出击,及时检查,通过劳动年检、日常巡视和专项整治活动,及时发现制止和纠正违法违规行为,确保劳动合同制度实施工作顺利进行。

?【问题求解】

可否拿到工资差额补偿?

2021年5月,王某进入某照明有限公司,并负责公司内的生产工作。但是该公司没有在法律规定的时间内与王某形成正式上的劳动合同。同年9月,王某向该公司提出离职的请求,当日该公司就准许其离职。2021年10月,王某办理完离职手续后,去当地仲裁委员会提出了仲裁。王某的仲裁请求是,公司应当向其支付自2021年6月到同年10月期间,因没有按照法律规定设定书面劳动合同而产生的双倍工资差额。

请查阅相关制度,分析王某的仲裁请求能否得到支持?为什么?

(三) 人事代理制度

人事代理制度是指政府下属的各级人才服务机构按照国家有关人事政策法规要求,接受各类用人单位或个人委托,在一定的服务项目范围内,提供人事管理和人才交流服务的管理模式,是实现人才的使用权和所有权相分离的一项全新的人事管理制度。人事代理的管理主体是政府人事部门所属的人才服务机构,管理客体是用人单位或个人,管理依据是国家有关人事政策法规,管理方式是签订人事代理委托服务协议,提供包括人事关系、工资关系、人事档案、社会保险统筹等全方位服务。

1. 人事代理的服务对象

人事代理的服务对象可以分为单位代理和个人代理两大类:

(1) 单位代理。其服务对象包括:非国有企事业单位,包括三资企业、股份制企业、私营企业、乡镇企业、民办非企业单位等;与政府部门脱钩的社会中介服务机构、合伙制中介服务机构等;实行人员聘用制的事业单位及新批准成立的事业单位及事业单位新进工作人员;建立现代企业制度的国有企业集团(公司)、国有控股公司、政府机构改革后无上级主管部门的国有企业。

(2) 个人代理。其服务范围包括：离校未就业高校毕业生；自谋职业或自主创业的高校毕业生；各类非国有企业聘用的人员，未办理单位委托的个人；辞职、辞退和解除聘用合同的人员；各类事务所、社会中介组织及民办非企业单位聘用的人员；自费出国留学人员和留学回国人员；其他人员，如由教育部（原国家教委）备案或审定的"五大生"——广播电视大学（电大）、职工大学（职大）、职工业余大学（业大）、高等学校举办的函授大学（函大）和夜大学（夜大）的毕业生。

2. 人事代理的服务内容

受不同地区经济发展、财政能力等因素的影响，各地开展人事代理的内容不尽相同。人事代理服务内容普遍包括以下几个方面：

（1）档案管理服务。主要为社会人才提供人事档案管理、档案查阅和档案材料增补完善业务；为大中专毕业生办理转正定级手续；依据人事档案出具档案托管证明，提供各类政审类服务。

（2）职称评价服务。主要负责承办非国有单位、实行新人事管理体制的国有单位、无主管上级单位、社会中介组织单位专业技术人员职称评价工作，对工程、教师等行业开展职称认定、职称评审等工作，接受卫生系列职称考试报名初审。

（3）社会保险代理服务。主要从事灵活就业人员社会保险代缴服务，为社会人才代缴养老保险、医疗保险，办理养老退休、住院报销、社会保险关系转移等。

（4）户籍婚育服务。成立人才中心集体户，提供户籍挂靠和人才引进服务，满足区域用人单位对高层次人才的需求，为地区经济社会发展提供智力保障。开具户口托管证明、无犯罪记录证明等相关材料。同时，发挥虚拟社区功能，在准生证、独生子女证等婚育证件办理及保障房申请公示方面发挥初审作用。

（5）毕业生就业服务。发挥"人才市场"促进就业的作用，在运行上实行"两个牌子、一套人马"，主要从事开展毕业生未就业登记与统计工作，毕业生就业见习计划的实施，组织开展人才交流活动，以组织召开人才招聘会、发布招聘广告、提供就业推荐等形式提供人才交流方面的服务。

（6）流动党员管理服务。成立有党支部（或党总支），主要负责流动党员管理、教育和服务工作，包括日常提供流动党员党费的收缴、党员组织关系的接转、预备党员的转正、党员的教育、培养、发展，党务政策的咨询解释等服务。

（7）大学生创业服务。主要从事服务项目包括：对地区创业环境和创业扶持政策进行研究，为政府科学决策提供依据；聘请创业辅导专家，开展创业政策咨询和创业培训，提高创业成功率；办理小额贷款、创业贷款等手续、为创业者提供金融支持；对创业典型进行宣传，提高全社会创业氛围。

【活动体验】

绘制人事代理流程图

查阅有关资料并结合所学知识，完成人事代理流程图绘制任务。并结合流程图，把办理人事代理的相关注意事项分享给同学。

二、就业法律法规

在我国，法律法规是指中华人民共和国现行有效的法律、行政法规、司法解释、地方性法规、地方规章、部门规章及其他规范性文件以及对于该法律法规的不时修改和补充。我国就业相关法律法规主要有《中华人民共和国劳动法》(以下简称《劳动法》)和《中华人民共和国劳动合同法》(以下简称《劳动合同法》)，掌握就业法律法规是维护从业者相关利益的最有力武器。

> **？【问题求解】**
>
> 违规操作而受伤是工伤吗？
>
> 赵某应聘成为武汉某五金制品厂的一名工人，双方约定试用期3个月，试用期满办理各项社会保险。工作中，赵某在工作中右手小拇指被冲床压断。工厂立即派人将其送到医院治疗，并垫付医疗费2万余元。厂方经过仔细的事故调查，确定事故原因是赵某在带班师傅离开之际擅自开动冲床，从而导致事故发生。这种做法违反了工厂《车间操作规定》中关于"工人试用阶段必须由带班师傅现场指导方可开动压力车床，禁止独自操作"的规定。
>
> 像赵某这种违章操作而受伤的情况，工厂应该赔偿吗？

（一）劳动法

我国《劳动法》是国家为了保护劳动者的合法权益，调整劳动关系，建立和维护适应社会主义市场经济的劳动制度，促进经济发展和社会进步，根据《中华人民共和国宪法》而制定颁布的法律。劳动法作为维护人权、体现人本关怀的一项基本法律，在西方甚至被称为"第二宪法"。

我国《劳动法》内容主要包括：劳动者的主要权利和义务；劳动就业方针政策及录用职工的规定；劳动合同的订立、变更与解除程序的规定；集体合同的签订与执行办法；工作时间与休息时间制度；劳动报酬制度；劳动卫生和安全技术规程等。

1. 劳动者的权利

（1）平等就业的权利。《劳动法》规定，凡具有劳动能力的公民，都有平等就业的权利，即劳动者拥有劳动就业权。劳动就业权是有劳动能力的公民获得参加社会劳动的切实保证按劳取酬的权利。公民的劳动就业权是公民享有其他各项权利的基础。如果公民的劳动就业权不能实现，其他一切权利也就推动了基础。

（2）选择职业的权利。《劳动法》规定，劳动者有权根据自己的意愿、自身的素质、能力、志趣和爱好，以及市场信息等选择适合自己才能、爱好的职业，即劳动者拥有自由选择职业的权利。选择职业的权利有利于劳动者充分发挥自己的特长，促进社会生产力的发展。这既是劳动者劳动权利的体现，也是社会进步的一个标志。

（3）取得劳动薪酬的权利。《劳动法》规定，劳动者有权依照劳动合同及国家有关法律取得劳动薪酬。获取劳动薪酬的权利是劳动者持续行使劳动权不可少的物质保证。

（4）享有休息休假的权利。《劳动法》规定，劳动者有权享受休息休假。为此，国

知识链接：有关年假规定及年假计算方法

模块七　就业政策法规

家规定了职工的工作时间和休假制度，并发展劳动者休息和休养的设施。

（5）获得劳动安全卫生保护的权利。《劳动法》规定，劳动者有获得劳动安全卫生保护的权利。这是对劳动者在劳动中的生命安全和身体健康，以及享受劳动权利的最直接的保护。

（6）接受职业技能培训的权利。《劳动法》规定，劳动者有权接受职业技能培训。为此，国家通过各种途径，采取各种措施，发展培训事业；各级人民政府应当把发展职业培训纳入社会经济发展规划；用人单位则要建立职业培训制度。以此保障劳动者为实现自身的劳动权而拥有必要的职业技能。

（7）享有社会保险和福利的权利。为了给劳动者患疾病时和年老时提供保障，我国《劳动法》规定，劳动者享有社会保险和福利的权利，即劳动者享有包括养老保险、医疗保险、工伤保险、失业保险、生育保险等在内的劳动保险和福利。社会保险和福利是劳动力再生产的一种客观需要。

（8）提请劳动争议处理的权利。《劳动法》规定，当劳动者与用人单位发生劳动争议时，劳动者享有提请劳动争议处理的权利，即劳动者享有依法向劳动争议调解委员会、劳动仲裁委员会和法院申请调解、仲裁、提起诉讼的权利。其中，劳动争议调解委员会由用人单位、工会和职工代表组成，劳动仲裁委员会由劳动行政部门的代表、同级工会、用人单位代表组成。

（9）法律规定的其他权利。《劳动法》规定的其他权利包括：依法参加和组织工会的权利，依法享有参与民主管理的权利，劳动者依法享有参加社会义务劳动的权利，从事科学研究、技术革新、发明创造的权利，依法解除劳动合同的权利，对用人单位管理人员违章指挥、强令冒险作业有拒绝执行的权利，对危害生命安全和身体健康的行为有权提出批评、举报和控告的权利，对违反《劳动法》的行为进行监督的权利等。

2. 用人单位权利

（1）依法建立和完善规章制度的权利。依法建立和完善规章制度的权利源于用人单位享有的生产指挥权。既然用人单位享有生产指挥权，所有用人单位有权根据本单位的实际情况，在符合国家法律、法规的前提下制定各项规章制度，要求劳动者遵守。

（2）根据实际情况制定合理劳动定额的权利。用人单位帮劳动者签订劳动合同后，就获得了一定范围劳动者的劳动使用权，并有权根据实际情况给劳动者制定合理的劳动定额。对于用人单位规定的合理的劳动定额，在没有出现特殊情况时，劳动者应当予以完成。

（3）对劳动者进行职业技能考核的权利。用人单位有权对劳动者进行职业技能考核，并根据劳动者劳动技能的考核结果安排其适合的工作岗位和奖金薪酬。

（4）制定劳动安全操作规程的权利。用人单位有权利根据《劳动法》有关劳动安全卫生标准，制定本单位的劳动保护制度，要求劳动者在劳动过程中必须严格遵守操作规程。

（5）制定合法作息时间的权利。用人单位享有根据本单位具体情况和对员工工作时间的要求，合法安排劳动者作息时间的权利。

（6）制定劳动纪律和职业道德标准的权利。为了保证劳动得以正常有序进行，用人单位有权制定劳动纪律和职业道德标准。劳动纪律是用人单位制定的劳动者在劳动

知识链接：《劳动法》工作时间相关规定

过程中必须遵守的规章制度。这是组织社会劳动的基础和必要条件。职业道德是劳动者在劳动实践中形成的共同的行为准则，也是劳动者的职业要求。当然，制定劳动纪律和职业道德标准必须符合法律规范。

(7) 其他权利。包括提请劳动争议处理的权利，平等签订劳动合同的权利等。

(二) 劳动合同法

《中华人民共和国劳动合同法》（以下简称《劳动合同法》）是为了完善劳动合同制度，明确劳动合同双方当事人的权利和义务，保护劳动者的合法权益，构建和发展和谐稳定的劳动关系而制定的法律。《劳动合同法》是规范劳动关系的一部重要法律，在中国特色社会主义法律体系中属于社会法。2007年6月29日由第十届全国人民代表大会常务委员会第二十八次会议通过，2008年1月1日起施行。《全国人民代表大会常务委员会关于修改〈中华人民共和国劳动合同法〉的决定》已由中华人民共和国第十一届全国人民代表大会常务委员会第三十次会议于2012年12月28日通过，自2013年7月1日起施行。

《劳动合同法》的颁布与实施，是在《劳动法》的基础上对劳动合同加以更为详细具体的法律规定，使我国劳动法律对劳动者权益的保护更趋合理、完善。实践证明，《劳动合同法》在保护劳动者的合法权益方面已经做出了巨大的贡献。

1. 基本原则

每一部法律都有它的基本原则。基本原则是指一部法律的最基本的规范，是一部法律的指导思想和基本准则。《劳动合同法》的基本原则，是指贯穿《劳动合同法》的最基本的规范，《劳动合同法》的其他规范受其规制、由其决定，不得与之相冲突、相矛盾，否则无效。

我国《劳动合同法》第三条规定：订立劳动合同，应当遵循合法、公平、平等自愿、协商一致、诚实信用的原则。由此我们可以把《劳动合同法》的基本原则解析为：合法原则、公平原则、平等自愿原则、协商一致原则和诚实信用原则。

? 【问题求解】

厂方该不该负责？

农民工李某进城打工，发现一张"招工告示"，上面写着："某个体砖厂大量招工，包吃住，月薪3 000元另加奖金。"于是前往位于郊区某乡村的砖厂，与老板王某洽谈。王某拿出的劳动合同最后有一行不起眼的小字"受雇人员伤亡厂方概不负责"，李某没有多想就签了合同。一个月后，李某在挖土时忽然遇到塌方，身受重伤，丧失了全部劳动能力，王某以双方签订的劳动合同中已经写明"受雇人员伤亡厂方概不负责"为由，不同意对李某进行补偿。

李某应该如何维护自己的合法权益？

微课启学：劳动合同条款无小事

2. 劳动合同

劳动合同，亦称劳动契约或劳动协议，是指劳动者与用人单位之间确立劳动关系、明确双方权利和义务的书面协议。劳动合同是劳动者实现劳动权的重要保障，是用人单位合理使用劳动力、巩固劳动纪律、提高劳动生产率的重要手段，是建立规范有效劳动关系的重要载体，是防止和减少发生劳动争议的重要措施。因此，我国《劳动合同法》第十条规定：建立劳动关系，应当订立书面劳动合同。实践中，用人单位不与劳动者签订书面劳动合同曾是一个普遍的现象，尤其是在建筑业、轻工业、服装业、餐饮服务业等劳动密集型行业内。在争议发生后，用人单位甚至不承认与劳动者之间存在的事实劳动关系，使得双方是否存在劳动关系难以确认，建立在劳动关系基础上的劳动者获得工资报酬的权利、参加工会组织和参与集体协商的权利、解除合同的经济补偿权利和社会保障权利等，都得不到有效的保障。针对此现象，我国《劳动合同法》八十二条规定：用人单位自用工之日起超过一个月不满一年未与劳动者订立书面劳动合同的，应当向劳动者每月支付二倍的工资。用人单位违反本规定不与劳动者订立无固定期限劳动合同的，自应当订立无固定期限劳动合同之日起向劳动者每月支付二倍的工资。

（1）劳动合同的主要内容。劳动合同的内容即劳动合同条款，是指双方当事人在合同中约定的各自权利、义务和其他问题的条款。根据我国《劳动合同法》第十七条规定，劳动合同应当具备以下条款：

第一，用人单位的名称、住所和法定代表人或者主要负责人。

第二，劳动者的姓名、住址和居民身份证或者其他有效身份证件号码。

第三，劳动合同期限。

第四，工作内容和工作地点。

第五，工作时间和休息休假。

第六，劳动报酬。

第七，社会保险。

第八，劳动保护、劳动条件和职业危害防护。

第九，法律、法规规定应当纳入劳动合同的其他事项。

按我国《劳动合同法》第十七条规定，劳动合同除必备条款外，用人单位与劳动者可以约定试用期、培训、保守秘密、补充保险和福利待遇等其他事项。

案例品读

保密协议该不该签？

为了保守商业秘密，某公司要求公司里从事生产、技术、经营工作的人员签订保密竞业限制协议。该公司高级工程师靳某要求，企业在保护自身利益的同时，也应该尊重职工的合法权益，把"在竞业限制期间给予一定的经济补偿"的内容补充到协议中。该公司不但没有接受靳某的要求，反而声称，谁不签字就解除谁的劳动关系。随后，靳某被该公司单方解除劳动合同关系。靳某一怒之下把该公司告上法庭，要求其支付单方面解除与他的劳动合同关系应给予的经济补偿和经济赔偿。该公司称，公司为了保护技术机密，制定的"保密竞业限制协议"没有不妥之处，至于靳某提出的经济补偿，公司在工资改革分配中已对技术、销售、生产人员给予倾斜，已经体现了经济补偿。

知识链接：竞业限制

> 省高级人民法院经过再审，判决准许靳某与公司解除劳动合同关系，公司支付其工资、经济补偿和经济赔偿金共计数万元。

（2）劳动合同的解除方式。劳动合同的解除，是指当事人双方提前终止劳动合同的法律效力，解除双方的权利义务关系。解除劳动合同主要有以下三类：

第一，双方协商解除劳动合同。《劳动合同法》第三十六条规定，用人单位与劳动者协商一致，可以解除劳动合同。

第二，劳动者单方解除劳动合同。具备《劳动合同法》规定的条件时，劳动者享有单方解除权，无须征得用人单位的同意。劳动者单方解除劳动合同，可以分为预告解除和即时解除两种情形。

第三，用人单位单方解除劳动合同。具备《劳动合同法》规定的条件时，用人单位享有单方解除权，无须双方协商达成一致意见。用人单位单方解除劳动合同主要包括过错性辞退、非过错性辞退、经济性裁员三种情形。

【知识点拨】

不得依据非过错性辞退和经济性裁员的规定单方解除劳动合同

（1）从事接触职业病危害作业的劳动者未进行离岗前职业健康检查，或者疑似职业病病人在诊断或者医学观察期间的。
（2）在本单位患职业病或者因工负伤并被确认丧失或者部分丧失劳动能力的。
（3）患病或者非因工负伤，在规定的医疗期内的。
（4）女职工在孕期、产期、哺乳期的。
（5）在本单位连续工作满15年，且距法定退休年龄不足5年的。
（6）法律、行政法规规定的其他情形。

（3）劳动合同的终止条件。劳动合同终止是指劳动合同的法律效力依法被消灭，即劳动关系由于一定法律事实的出现而终结，劳动者与用人单位之间原有的权利义务不再存在。

狭义的劳动合同终止是指劳动合同的双方当事人按照合同所约定的权利和义务都已经完全履行，且任何一方当事人均未提出继续保持劳动关系的法律行为。

狭义的劳动合同终止条件包括：一是合同期满终止；二是双方约定终止；三是职工入伍或出国；四是职工退休、退职或死亡；五是用人单位破产、解散或撤销等。

广义的劳动合同终止包括劳动合同的解除。劳动合同终止，原有的权利义务不再存在，是指合同终止之后，双方不再执行原劳动合同中约定的事项，并不是指劳动合同终止之前发生的权利义务关系消灭，如用人单位在合同终止前拖欠劳动者工资，劳动合同终止后劳动者仍可依法追讨。

❓【问题求解】

该不该得到经济补偿？

高某是上海某公司的非全日制员工，由于公司战略结构调整，要整体搬迁至外地，经协商后，公司与高某在内的十几名员工就劳动合同的变更未达成一致，公司遂提出解除与高某等人的劳动合同，其中全日制员工按照其工龄每满一年拿一个月的经济补偿金，但是像高某这样的非全日制员工则没有任何经济补偿金。高某向公司提出，尽管自己是非全日制员工，但同样为公司做出了很大的贡献，应当和全日制员工一样享受经济补偿金。

高某的诉求是否合理？法律依据何在？

交互测试：就业制度与法规

主题三 就业工作基本程序

为做好普通高等学校(含研究生培养单位)毕业生(含毕业研究生)就业工作，更好地为经济建设和社会发展服务，维护毕业生和用人单位的合法权益，根据国家的有关法律和政策，制定了《普通高等学校毕业生就业工作暂行规定》(教学〔1997〕6号)。高等学校毕业生的就业工作，都是由各高校有关部门按照教育部统一部署开展的。毕业生就业工作程序分为就业指导，搜集发布信息，供需见面及双向选择，编制就业方案，毕业生资格审查、派遣、调整、报到等阶段。

微课启学：毕业报到流程

一、高校就业工作流程

每个年度，各高等学校一般按照以下流程开展毕业生的就业工作：

(1) 国家有关部门制定毕业生就业政策，确定就业工作实施意见。

(2) 教育部门和高校对毕业生资格进行审查、统计、汇总和公布毕业生资源信息，向地区、用人单位提供毕业生需求信息，了解社会需求情况。

(3) 高等学校和各级毕业生就业指导机构对应届毕业生进行就业指导与教育，帮助毕业生根据自身特点和社会需求选择职业，落实就业单位，或者自主创业。

(4) 组织"供需见面，双向选择"活动。按教育部和省级毕业生就业主管部门规定，每年11月末至下一年的5月中旬，各级就业主管部门将通过毕业生就业市场，采取多种形式举办毕业生和用人单位参加的"供需见面，双向选择"的洽谈活动，为毕业生求职择业创造条件、提供服务。供需双方意见一致即可签订《全国普通高等学校毕业生就业协议书》(以下简称《就业协议书》)。

(5) 制定毕业生就业方案。毕业生与用人单位"双向选择"，签订《就业协议书》报就业主管部门审核，纳入毕业生就业方案。随着高校毕业生就业制度改革的不断深化，就业方案的编制方式也将随之不断地变化。

(6) 毕业生就业派遣工作。每年6月底至7月中旬，由省级毕业生就业主管部门按照毕业生就业方案办理省内各高校毕业生《全国普通高等学校本专科毕业生就业报到证》(以下简称《就业报到证》)和有关派遣手续。各高校在完成全部教学计划后，按照国家要求，根据就业方案从 7 月 1 日开始为毕业生办理离校派遣手续。在派遣过程中如出现特殊情况需要调整改派的，经学校同意后由省毕业生就业主管部门审核批准方可办理。

（7）毕业生报到与接收。已落实就业单位的毕业生，在规定时间内持《就业报到证》到工作单位报到，用人单位凭《就业报到证》并按当地有关要求和规定办理接收手续和户口关系，回家庭所在地二次就业的毕业生继续通过就业市场落实就业单位。在此期间，在本地区找到单位的，由当地就业主管部门办理派遣手续。毕业生如在其生源地之外的地区找到就业单位的，经生源地毕业生就业主管部门签署意见后仍可经毕业院校所在地区的省级毕业生就业主管部门办理改派手续。

【活动体验】

绘制高校就业工作流程

按照所学知识绘制"高校就业工作流程图"，并和同学讨论总结毕业生在每个阶段应完成的任务和注意事项。

【知识点拨】

毕业生资格审查

毕业生资格审查，就是审查毕业生是否具备毕业生的资格。高校就业部门将详细核实毕业生的姓名、性别、民族、生源地、所学专业、培养方式、学籍变动情况等。毕业生资格审查结束后，将形成全校的毕业生数据库，上报省级教育主管部门和教育部，作为证明毕业生身份的唯一依据。学校方面也将根据该数据库发放《就业协议书》和推荐表等材料。毕业生对资格审查的结果有异议的，需及时向学校就业部门反映，以妥善解决。

二、毕业生就业流程

与高校就业工作相适应，毕业生的就业也有相应的流程。在就业流程中，要特别注意以下事项。

（一）办理《就业报到证》

毕业生的《就业报到证》由中华人民共和国教育部及省、自治区、直辖市高校毕业生调配部门签发，毕业生凭《就业报到证》到工作单位报到，其他证件无效。

《就业报到证》由原派遣证转化而来，是毕业生到就业单位报到的凭证，也是毕业生参加工作时间的初始记载和凭证。毕业生到就业单位报到时，必须持《就业报到证》。学校相关部门依据《就业报到证》为毕业生办理档案投递、组织关系转移和户籍迁移等手续，就业单位所在地公安部门凭《就业报到证》为毕业生办理落户手续，就业单位凭

知识链接：
毕业生就业流程图

《就业报到证》为毕业生办理相关工作手续。

《就业报到证》只能在全日制本专科大学生毕业时规定的时限内获得，一旦错过就不能补办。《就业报到证》必须妥善保管，不论什么原因，凡自行涂改、撕毁的《就业报到证》一律作废。如《就业报到证》遗失，应由毕业生本人提出申请，经学校上报省级毕业生就业主管部门批准并予以补发。有的毕业生未与单位签约，自认为没有《就业报到证》，实际上这部分学生按国家规定已被派往生源地省级毕业生就业指导中心。

对于一部分毕业生，有关部门是不发《就业报到证》的，如继续升学的毕业生（如专升本）、申请出国留学不参加就业的毕业生和办理暂缓就业的毕业生等。

（二）到用人单位报到

毕业生到用人单位报到需要的材料包括《就业报到证》、毕业证、户口迁移证、党（团）关系介绍信、毕业生个人档案等。持以上证件到单位报到后，还要及时办理落户手续（由个人或用人单位办理），查询个人档案并和用人单位签订劳动合同。

（三）档案转递程序

毕业生档案是学生毕业前家庭情况、学校成绩、政治思想表现、身体状况等情况的文字记载材料，是用人单位选拔、聘用毕业生的重要依据。用人单位往往根据毕业生人事档案中反映的品德、才能和专业特长，将其安排到适当的工作岗位。因此，学生毕业后，其档案能否正确、及时、安全地到达用人单位是非常重要的。为了保证转寄学生档案的安全性，档案被密封后，均通过学校所在省、自治区、直辖市机要通信局转寄，机要通信是比普通邮政更为保密、安全、准确的档案转递渠道。

【知识点拨】

毕业后的档案去向

（1）办理了暂缓就业的毕业生，档案由学校移交省级高校毕业生就业指导中心集中保管，期限两年。

（2）在国企、事业、公务员单位落实就业的，将档案直接寄送到单位的人力资源部门。

（3）在其他单位就业并在人才市场或人才交流中心办理了挂靠手续的，将档案寄到相关的人才市场或人才交流中心。

（4）申请出国的毕业生，将档案寄送到生源地人力资源和社会保障局。

（5）考研、专升本的毕业生，将档案寄送到录取学校。

（6）回生源地人事局报到的毕业生，将档案寄送到当地人力资源和社会保障局。

（7）延长学年的毕业生，将档案保留在学校学生档案室，在学生完成学业时再根据具体情况寄出。

（四）毕业生改派

毕业生改派是指学校向主管部门上报就业计划之后，毕业生领取《就业报到证》后，因各种原因无法到派遣单位就业，而申请改签就业协议并重新办理《就业报到证》的行为。

就业是一项严肃的工作。派遣计划的形成是由学校在毕业生和用人单位供需见面、双向选择之后报经主管部门批准的，毕业生的派遣需按计划进行，计划一经下达，毕业生不得随意变动。但遇下列情况时，可以申请改派：一是错派，没有这个用人单位，比如用人单位已经撤销或其隶属关系发生了变化；二是调配不当，院校在按单位委托，代选毕业生调配过程中，所选的毕业生所学专业与用人单位要求不一致；三是毕业生本人遭受无可抗力因素或其他特殊原因。改派的程序如下：

（1）毕业生向原分配单位提出改派申请，说明改派原因。

（2）原单位同意改派后，出具将毕业生退回学校或同意将毕业生改派到其他单位工作的公函。

（3）属于调配不当的毕业生，由学校为其重新联系接收单位，或经学校同意由毕业生自行联系接收单位。

凡在原派遣单位所在省（自治区、直辖市）内用人单位之间调整的，由学校就业部门审核同意后，报上级毕业生主管部门审批并办理改派手续。省（自治区、直辖市）外调动按相关省（自治区、直辖市）毕业生主管部门的相关规定办理。毕业生调整改派手续必须在毕业后两年内办理，逾期则不再办理有关调整改派手续。

好文续航

毕业知识快问快答

1. 什么是待就业毕业生？

待就业毕业生是指有就业愿望但尚未就业的毕业生。

2. 什么是已就业毕业生？

已就业毕业生包括以下几种类别：

（1）毕业生与用人单位签订了就业协议的。

（2）毕业生与用人单位签订了劳动合同，或持有用人单位出具的接收函件、就业函或工作证明等的。

（3）定向、委培毕业生有回原单位定向就业协议的。

（4）毕业生自主创业，自由职业等灵活就业的。

（5）升学（如专升本、考取研究生）的。

（6）出国（境）学习、工作的。

（7）参加国家或地方项目（如"志愿服务西部计划""村干部计划"等）的。

（8）参军入伍的。

3. 什么是灵活就业毕业生？

灵活就业包括以下两种类型：

(1) 自主创业。创立企业(包括参与创立企业)或者是新企业的所有者、管理者，包括个体经营和合伙经营两种类型。

(2) 自由职业。以个体劳动为主的一类职业，如作家、自由撰稿人、翻译工作者、中介服务者、某些艺术工作者等。

4. 高等学校毕业生毕业证书丢失可否补发？

按照国家规定，高等学校毕业生毕业证书遗失后，由本人向原毕业学校申请，经学校查有实据，可开具《毕业证明书》，不能补发毕业证书。《毕业证明书》具有毕业证书的效力，出国使用者可由公证处公证。

5. 毕业时未落实就业单位的毕业生怎么办？

根据国家有关规定，凡毕业时仍未落实工作单位的毕业生，原则上回原户籍所在地区就业，档案、户口转回原籍。两年内找到接收单位的，仍予办理就业手续；两年后找不到接收单位的，自谋职业。

6. 毕业生报到后如何办理户口转移手续？

毕业生高校时已落实工作单位的，需经当地政府人事部门批准，到用人单位报到后，凭用人单位出具的证明、用人单位与毕业生签订的《就业协议书》、毕业生所持的《毕业证书》和《就业报到证》，到当地公安部门办理落户手续。上述户口可转入家庭所在地，也可转入单位集体户口，符合单独立户的，允许其单独立户。

7. 如何管理毕业生档案？

不允许个人保存档案。目前我国对档案的管理主要有单位管理和社会管理两类：有档案管理权限的企事业单位可直接接收、管理档案；无档案管理权限的企事业单位，主要包括公有制和非公有制(个体、私营、外资)在内的中小企业，可以由各地的人才交流中心、政府批准的人才服务机构为高校毕业生提供档案管理、人事代理、社会保险办理和接续等方面的服务。

三、就业协议

《就业协议书》是普通高等学校毕业生和用人单位在正式确立劳动人事关系前，经双向选择，在规定期限内确立就业关系、明确双方权利和义务而达成的书面协议，是用人单位确认毕业生相关信息真实可靠以及接收毕业生的重要凭据，也是高校进行毕业生就业管理、编制就业方案以及毕业生办理就业落户手续等有关事项的重要依据。协议在毕业生到单位报到、用人单位正式接收后自行终止。就业协议一般由教育部或各省、自治区、直辖市就业主管部门统一制表。

(一)《就业协议书》的基本内容

(1) 高校毕业生基本情况，应包括：姓名、性别、身份证号、专业、学制、毕业时间、学历和联系方式等。

(2) 用人单位基本情况，应包括：单位名称、组织机构代码、单位性质、联系人及联系方式和档案接收地等。

(3) 高校毕业生和用人单位约定的有关内容，可包括：工作地点及工作岗位；户口迁入地；违约责；协议自动失效条款、协议终止条款；双方约定的其他事宜。

(4) 各方应严格履行协议，任何一方若违反协议，应承担违约责任。

(5) 其他补充协议。

（二）就业协议签订原则

1. 主体合法原则

签订就业协议的当事人必具备合法的主体资格。对毕业生而言，就是必须要取得毕业资格，如果学生在派遣时未取得毕业资格，用人单位可以不予接收而无须承担法律责任。对用人单位而言，用人单位必须具有从事各项经营或管理活动的能力，单位应有录用毕业生计划和录用自主权，否则毕业生可解除协议而无须承担违约责任。

2. 平等协商原则

就业协议的双方在签订就业协议时的法律地位是平等的，一方不得将自己的意志强加给另一方。学校也不得采用行政手段要求毕业生到指定单位就业（不包括有特殊情况的毕业生），用人单位亦不应在签订就业协议时要求毕业生交纳过高数额的风险金、保证金。双方当事人的权利义务应是一致的。除协议书规定内容外，双方如有其他约定事项可在协议书"备注"内容中加以补充确定。

（三）就业协议签订步骤

就业协议的订立一般要经过两个步骤，即要约和承诺。

1. 要约

毕业生持学校统一印制的就业推荐表或复印件参加各地供需洽谈会（人才市场），进行双向选择，或向各用人单位寄发书面材料，应视为要约邀请，用人单位收到毕业生材料，对毕业生进行考察后，表示同意接收并将回执寄到高校毕业生就业工作部门或毕业生来人，应为要约。

2. 承诺

毕业生收到用人单位回执或通过其他方式得到用人单位答复后，从中做出选择并到学校毕业生就业工作部门领取《就业协议书》，与用人单位签订协议，即为承诺。由于毕业生就业工作比较繁琐，比较具体，有时很难明确分为要约和承诺两个步骤。比如，有的毕业生参加公务员考试，达到面试线后，到用人单位参加面试、体检，用人单位也对毕业生进政审、阅档，表示同意接收，在这种情况下，毕业生应与该用人单位签订就业协议，而不应再选择其他单位。又如，用人单位到学校挑选毕业生，毕业生自己主动报名，经学校积极推荐，用人单位也表示同意接收，但要回到单位后再正式发函签协议，在这种情况下，毕业生也应安心等待与用人单位签约，而不能出尔反尔，以未正式签协议为由，置学校信誉于不顾，在这过程中与其他单位签约，也会浪费了其他毕业生的就业机会。

模块七 就业政策法规

> **好文续航**
>
> 就业协议与劳动合同
>
> 就业协议与劳动合同是用人单位录用毕业生时所订立的书面协议，但两者分处两个相互联系的不同阶段：
>
> （1）毕业生就业协议是毕业生在校时，由学校参与见证的，与用人单位协商签订的，是编制毕业生就业计划方案和毕业生派遣的依据。劳动合同是毕业生与用人单位明确劳动关系中权利义务关系的协议，学校不是劳动合同的主体，也不是劳动合同的见证方，劳动合同是上岗毕业生从事何种岗位、享受何种待遇等权利和义务的依据。
>
> （2）毕业生就业协议的内容主要是毕业生如实介绍自身情况，并表示愿意到用人单位就业、用人单位表示愿意接收毕业生，学校同意推荐毕业生并列入就业计划进行派遣。劳动合同的内容涉及劳动报酬、劳动保护、工作内容、劳动纪律等方方面面，更为具体，劳动权利义务更为明确。
>
> （3）一般来说就业协议签订在前，劳动合同订立在后，如果毕业生与用人单位就工资待遇、住房等有事先约定，亦可在就业协议备注条款中予以注明，日后订立劳动合同对此内容应予认可。
>
> （4）就业协议是毕业生和用人单位关于将来就业意向的初步约定，对于双方的基本条件以及即将签订劳动合同的部分基本内容大体认可，并经用人单位的上级主管部门，高校毕业生和用人单位签字盖章承诺履行协议，高校不作为第三方。高校只在"有关信息及意见"一栏填写（或制作长条章加盖）学校的联系电话、邮箱、邮寄地址及相关意见等信息。一经毕业生、用人单位、高校、用人单位主管部门签字盖章，即具有一定的法律效应，是编制毕业生的就业计划和将来可能发生违约情况时的判断依据。

（四）就业协议解除

为了维护就业协议书的严肃性和学校的声誉，毕业生与用人单位签订了《就业协议书》后，毕业生和用人单位都应认真履行协议。倘若毕业生因特殊原因要求违约，应承担违约责任。已签订《就业协议书》的毕业生，如要违约，需办理解约手续：首先，到原签协议书的单位办理书面同意的解约函（盖单位公章）；然后，向学校毕业生就业工作部门提出书面申请（阐明解约理由），并附上单位及上级人力资源和社会保障主管部门审核同意的解约函；最后，学校毕业生就业工作部门根据有关规定审批换发新的《就业协议书》。就业协议的解除分为单方解除和二方解除两种方式。

1. 单方解除

单方解除包括单方擅自解除和单方依法或依协议解除：

（1）单方擅自解除协议。属违约行为，解约方应对另一方承担违约责任。

（2）单方依法或依协议解除。这是指一方解除就业协议有法律上的或协议上的依据，如学生未取得毕业资格，用人单位有权单方解除就业协议，毕业生录用之后，可解除就业协议，或依协议规定，毕业生未通过用人单位所在地组织的公务员考试，用人单位有权解除协议，此类单方解除，解除方无须对另一方承担法律责任。

2. 双方解除

双方解除是指毕业生和用人单位双方经协商一致，取消原订立的协议，使协议不发生法律效力。此类解除因是双方当事人真实意思表示一致的体现，双方均不承担法律责任，双方解除应在就业计划上报主管部门之前进行，如就业派遣计划下达后双方解除，还须经主管部门批准办理调整改派。

【知识点拨】

违约带来的不良后果

《就业协议书》一经毕业生、用人单位签署即具有法律效力，任何一方不得擅自解除，否则违约方应向权利受损方支付协议条款所规定的违约金，从实际情况来看，就业违约多为毕业生违约。

毕业生违约，除本人应承担违约责任，可能还要支付违约金外，往往还会造成其他不良的后果，主要表现在：

就用人单位而言，用人单位往往为录用一毕业生做了大量的工作，有的甚至对毕业生将要从事的具体工作也有所安排。同时毕业生就业工作时间相对比较集中，一旦毕业生因某种原因违约，势必使用人单位的录用工作付之东流，用人单位若另起炉灶，选择其他毕业生，在时间上也不允许。从而给用人单位工作造成被动。

就学校而言，用人单位往往将毕业生违约行为认为是学校的行为，从而影响学校和用人单位的长期合作关系。用人单位由于毕业生存在违约现象，而对学校的推荐工作表示怀疑。从历年情况来看，一旦毕业生违约，该用人单位在几年之内不愿到学校来挑选毕业生。面对激烈的就业竞争，用人单位需求就是毕业生择业成功的前提，如此下去，必定影响今后学校的毕业生就业工作。同时影响学校就业计划方案的制定和上报，并影响学校的正常派遣工作。

就其他毕业生而言，用人单位到校挑选毕业生，一旦与某毕业生签订就业协议，就不可能再录用其他毕业生。若日后该毕业生违约，有些当初希望到该用人单位工作的其他毕业生由于录用时间等原因，也无法补缺，造成就业信息的浪费，影响其他毕业生就业。

因此，毕业生在就业过程应慎重选择，认真履约。

交互测试：就业工作基本程序

> 📝 **沙场练兵**

解析劳动纠纷

案例一

2019年4月，即将大学毕业的马莉与学校及甲公司签订了一份《就业协议书》。协议约定：马莉毕业后必须在甲公司服务5年，否则要赔偿公司1万元。2019年8月，马莉到公司工作后又与该公司签订了3年期限的劳动合同，约定试用期为4个月，在试用期内可以提前书面通知甲公司解除本合同并在工作交接完毕后离开公司。3个月后，马莉认为自己不适应这份工作，按劳动合同要求向公司提出书面辞职，而甲公司以未交纳违约金为由不予办理解除劳动合同的有关手续。马莉向该市劳动争议仲裁委员会申请仲裁，要求解除与被告签订的劳动合同被驳回。马莉遂向法院提起诉讼。

请分析：你认为法院应该如何判决？马莉是否需要交纳违约金？

案例二

王某等10名大学生毕业后被某化工厂录用。该厂以种种理由一直未与他们签订劳动合同，直到工作3个月后，厂方才与其签订了为期3年的劳动合同。但是，细心的王某发现之前干的3个月没有计入合同，于是找到厂领导理论。厂领导解释说："劳动关系是从签订劳动合同后才建立的，从法律上讲，没有签订劳动合同就不能说你跟厂里有劳动关系。"

请分析：厂长的话是否正确？厂里的做法是否违反了相关法律规定？

案例三

某职业学院计算机专业毕业的张某在一家私营企业上班。企业经常要求加班，但并不支付加班工资，有时一周内加班多达20小时以上，法定节假日也不给休假时间。此外，公司规定，因病、因事休息的，休息1天扣发5天工资。张某多次向企业经理提出支付加班工资的要求，均遭到拒绝。经理还说："我们公司就是这样，如果你觉得公司加班多了，完全可以走人。"张某很无奈，但又不知道该怎么办。

请分析：该公司的做法是否侵犯了张某的合法权益？如果你是张某，应该怎么办？

案例四

2021年"五一"劳动节期间，某机械设备公司接待来客参观，决定产品调试车间8名职工加班一天，之后另安排1天让这8名职工休息。6月初领工资时，8名职工都没有领到加班工资，向公司质疑。公司称"五一"劳动节加班是工作需要，而且已经另行安排了补休，不再发给加班工资。8名职工不服，向当地劳动争议仲裁委员会提出申诉，请求补发"五一"劳动节加班工资。

请分析：公司是否应该补发加班工资？当地劳动仲裁委员会应该如何裁决？

读懂"心中那座城"

作为一名在校大学生，你准备毕业后到哪个城市就业？请搜集你就业目标城市政府制定的地方就业政策，进行分析整理后，在课堂上以3~5分钟的演讲形式与同学分享，以此加强就业准备并锻炼自身的语言表达能力。

参考文献

[1] 刘艳红，郭志敏，罗晓蓉. 职业生涯规划[M]. 2版. 北京：高等教育出版社，2020.
[2] 贵州省教育厅. 大学生职业生涯规划与就业创业指导读本[M]. 3版. 北京：高等教育出版社，2020.
[3] 何玲霞，袁畅. 大学生职业发展与就业指导[M]. 北京：高等教育出版社，2020.
[4] 王伯庆. 2020年中国高职生就业报告[M]. 北京：社会科学文献出版社，2020.
[5] 傅小兰，周红玲，谢彤. 心理健康教育[M]. 北京：科学出版社，2020.
[6] 邰葆清. 大学生就业与创业指导[M]. 3版. 北京：高等教育出版社，2020.
[7] 戴裕崴. 高职生职业生涯规划与就业创业指导[M]. 4版. 北京：高等教育出版社，2018.
[8] 由建勋. 大学生职业发展与就业指导[M]. 北京：高等教育出版社，2018.
[9] 罗伯特·里尔登. 职业生涯发展与规划[M]. 4版. 北京：中国人民大学出版社，2018.
[10] 钟谷兰，杨开. 大学生职业生涯发展与规划[M]. 2版. 上海：华东师范大学出版社，2016.
[11] 马蜂，胡广龙. 基本职业素养[M]. 天津：天津大学出版社，2012.
[12] 张国玉. 新职业的动力机制与发展趋势[J]. 人民论坛，2021(1)：24-28.
[13] 詹奉珍，王静. 自我决定理论视角下的大学生就业竞争力研究[J]. 就业与保障，2020(15)：59-60.
[14] 雷杰，程金鹏，向春芬，史楠楠. 武汉百万大学生留汉创业就业政策存在问题的研究[J]. 创新创业理论研究与实践. 2020(4)：188-191.
[15] 孙善学. 对1+X证书制度的几点认识[J]. 中国职业技术教育，2019(7)：72-76.
[16] 刘万振，姜星海. 我国大学生就业政策研究综述[J]. 中国大学生就业. 2019(24)：34-37.
[17] 吴立波. 职业资格制度改革对职业教育的影响及对策[J]. 科教导刊（电子版）. 2017(31)：21-22.
[18] 东岳. 职场新人莫忘四项权利[N]. 安徽日报，2020-10-14(10).
[19] 周倩. 新世纪以来我国大学生就业问题研究[D]. 济南：山东省科学院，2020.
[20] 张宝阳. 辽宁省大学生就业政策问题与对策研究[D]. 大连：辽宁师范大学. 2019.
[21] 田桂行. 西安市未央区人事代理存在问题及对策研究[D]. 西安：西北大学，2019.
[22] 乐谱. 我国地方政府促进高校毕业生就业政策的效应研究——以陕西省为例[D]. 陕西师范大学. 2018.

郑重声明

高等教育出版社依法对本书享有专有出版权。任何未经许可的复制、销售行为均违反《中华人民共和国著作权法》，其行为人将承担相应的民事责任和行政责任；构成犯罪的，将被依法追究刑事责任。为了维护市场秩序，保护读者的合法权益，避免读者误用盗版书造成不良后果，我社将配合行政执法部门和司法机关对违法犯罪的单位和个人进行严厉打击。社会各界人士如发现上述侵权行为，希望及时举报，本社将奖励举报有功人员。

反盗版举报电话　（010）58581999　58582371　58582488
反盗版举报传真　（010）82086060
反盗版举报邮箱　dd@hep.com.cn
通信地址　北京市西城区德外大街4号
　　　　　高等教育出版社法律事务与版权管理部
邮政编码　100120

资源服务提示

授课教师如需获得本书配套教学资源，请登录"高等教育出版社产品信息检索系统"（http://xuanshu.hep.com.cn/）搜索本书并下载资源，首次使用本系统用户，请先注册并进行教师资格认证。也可发送电邮至资源服务支持邮箱：chenlei@hep.com.cn，申请获得相关资源。

联系我们

高教社高职就业创业教育研讨QQ群：1035265438（学科交流 样书服务 意见反馈）